기학의 모험 2

기학의 모험 2
ⓒ 철학아카데미 2004

초판 1쇄 발행일 · 2004년 7월 19일
초판 2쇄 발행일 · 2005년 5월 16일

지은이 · 조동일, 정세근, 박소정, 김병삼, 박석준, 김시천
대담자 · 김시천, 이정우
펴낸이 · 이정원

펴낸곳 · 도서출판 들녘
등록일자 · 1987년 12월 12일
등록번호 · 10-156
주소 · 서울 마포구 서교동 394-14 명성빌딩 2층
전화 · 편집 (02)323-7366 영업 · (02)323-7849/팩시밀리 · (02)338-9640
홈페이지 · www.ddd21.co.kr

ISBN 89-7527-427-6 (04150)
ISBN 89-7527-425-X (세트)

＊ 값은 뒤표지에 있습니다/잘못된 책은 구입하신 곳에서 바꿔드립니다.

기학의 모험 2

조동일·정세근·박소정·김병삼·박석준·김시천 지음
김시천·이정우 대담

氣를 통해 문화를 말하다

들녘

기획의 말

氣學의 새로운 시대를 맞이하며

이번에 3부작으로 출간하는 기학 연구서는 氣 개념을 중심에 놓고서 다양한 사유들을 대화시키기 위해 마련되었다. 우리는 사물을 서로 다르게 보는 다양한 관점들을 교차시킴으로써 역동적이고 입체적인 사유, 21세기라는 시대에 걸맞은 새로운 기학을 창출하고자 한다. 이는 개인적이고 일회적인 시도에 그쳤던 혜강 최한기의 노력을 오늘에 계승해 현대 기학을 세우려는 시도이기도 하다. 이는 현대 학문을 광범위하게 흡수하면서도 한국적 색깔이 은은하게 배어나는 독창적인 철학을 창조하는 작업이기도 하다.

어떤 개념이 일상적으로 자주 그리고 의미심장하게 사용되면서도 그 명료한 의미, 깊은 사상적 함축을 부여받지 못하고 있을 때, 철학자는 지적 추동력推動力을 느끼게 된다. 氣 개념은 우리 일상에서 매우 자연스럽게 쓰이면서도 그 충분한 사상적 의미를 부여받지 못하고 있는 개념이다. 그것은 이 개념이 현대 학문의 장 속에서 어떻게 이해되어야 할지가 분명하게 해명되어 있지 않기 때문이다.

그렇기 때문에 이 개념을 둘러싼 지적 작업들은 고전 텍스트들의 테두리 내에서는 충분한 활력을 얻을 수 없다. 기존의 담론공간의 테두리를 깨고 나와서 많은 바깥들과 만나고 많은 타자들과 이야기해야만 되는 것이다. 우리가 여기에서 현대 기학을 위한 몇 가지 시도를 준비한 이유가 여기에 있다. 이 시리즈는 수많은 사상들과 만나고 수많은 사유들과 이야기하면서 기학을 오늘날의 시대에 걸맞게 재창조하기 위해 마련되었다.

우리의 시도는 일종의 여행과도 같다. 여행을 떠나는 사람들에게는 다양한 장비들, 체력적 훈련, 명확한 목적지 등이 필요하다. 그러나 여러 가지 여건이 미비하거나 또는 목적지가 분명하지 않을 때 그 여행은 모험의 성격을 띠게 된다. 우리가 이 연작을 통해 떠나게 될 여행은 모험에 가깝다. 무엇을 논해야 하는지, 어떻게 논해야 하는지, 어떤 길로 가야 하는지 하는 가장 기초적인 문제들 자체가 정비되어 있지 못한, 그래서 어떤 결과를 낳을지 누구도 예상할 수조차 없는 그런 막연한 작업이기 때문이다.

그러나 모험에는 미지의 세계가 불러일으키는 호기심, 험한 길을 하나하나 개척해 나가는 보람, 그리고 새로운 창조가 가져오는 기쁨이 있다. 이 시리즈는 아직 거칠고 불완전한 출발에 불과하다. 그러나 그것은 우리에게 창조의 기쁨을 가져다 줄 미래를 위해 기획되었다.

'기학의 모험'을 준비한 이들을 대표하여

이정우

차 례

기획의 말 氣學의 새로운 시대를 맞이하며　004
프롤로그 '기'에서 '씨'까지, 기를 통해 문화를 말하다　008

첫째 마당 문화 속에 살아 움직이는 氣

1강 문학, 氣의 문학론을 찾아서 _조동일　015
　　서두의 논의 | 기학과 이학 | 타당성과 유용성 | 생극론의 의의 |
　　변증법에서 생극론으로 | 앞으로의 과제
　　열·린·대·화　035

2강 회화와 서예, 氣로 채우는 無의 여백 _정세근　046
　　기의 문화와 회화 | 서예의 운명
　　열·린·대·화　084

3강 음악, 소리로 듣는 氣 _박소정　100
　　시작하는 말 | 기로 이해되는 음악/소리 |
　　바람으로 일으킨 음악/소리: 삼뢰三籟 이야기 |
　　내면에서 들려오는 소리―氣로 들어라 |
　　동아시아와 서구 음악론의 차이: 혜강과 한슬릭 |
　　실제 음악에서 나타나는 양상들
　　열·린·대·화　119

둘째 마당 생명으로 살아 숨쉬는 氣

4강 침, 氣—神을 깨워 치료하는 예술 _김병삼 133
기를 실제로 느낄 수 있는가? | 경락과 기 | 침을 맞을 때 기의 변화 |
치신治神과 침
열·린·대·화 154

5강 한의학에서 음식과 氣 _박석준 164
공기는 음식이 아니다 | 분류의 문제 | 의식동원醫食同源의 의미 |
음양과 오행 그리고 유類 | 몸을 통해 기를 본다

6강 음식 속의 氣味를 찾아서 _박석준 193
음식과 약의 기미 | 몸이 음식과 관계하는 데 영향을 주는 요소들 |
큰 의사는 병이 아니라 사회를 고친다
열·린·대·화 224

7강 표정, 氣와 情을 통해 본 '몸의 현상학' _김시천 236
'몸의 현상학'을 찾아서 | 氣, 보이지 않는 몸 | '바람'의 형이상학 |
몸, '저절로 그러함'의 세계 | '심성'에서 '심정'으로 |
거센 바람에서 상쾌한 바람으로 | 표정, 몸의 안에서 밖으로
열·린·대·화 275

에필로그: 기획대담 추상에서 구체로, 인식에서 감응으로 285

프롤로그

'기'에서 '끼'까지, 기를 통해 문화를 말하다

어떤 재치 있는 철학자는 "기氣의 키가 조금만 더 컸더라면!" 하는 말로 현대 동아시아 기 담론의 공허함을 핀잔한 적이 있다. 아무리 정교한 개념의 자를 갖다대어도 기는 서구에서 말하는 물질이나 정신 어느 하나로 규정하기에는 '키가 작았던' 것이다. 2천5백여 년이나 되는 장구한 역사를 가진 기도 근대 서구라는 무서운 잣대로 측정하면 얼마나 왜소하게 비쳐지는지 잘 보여주는 이야기다.

어쩌면 기는 고대 중국의 철학자 혜시惠施의 말처럼 "너무나 커서 바깥이 없고, 너무나 작아서 안이 없는(至大無外, 至小無內)" 기묘한 것인지도 모른다. 기와 관련된 논의 전체를 통관하기에는 너무나 넓고, 기의 개념을 정확하게 분석하기에는 그 내용이 너무나 섬세하다. 그래서 기를 제대로 이해하기 위해 우리는 천체망원경과 전자현미경을 다 동원해야 한다.

우리가 철학에서 기를 말할 때, 기와 관련된 논의는 늘 애매모호하거나 어딘가 부족해 보인다는 인상을 들게 한다. 서구 근대의 철학과 과학이라는 잣대에 비추어보면 기의 애매성으로 인해 그 안에 도무지 무엇이 들어 있는지 내용물을 확인하기가 어렵기 때문이다. 하지만 우리의 눈을 돌려 기의 주변을 살펴보면 상황은 전혀 달라진다. 철학의 영역을 벗어나 문학, 과학, 예술, 의학, 종교의 영역까지 조망하는 넓은 시야에서 기를 바라보면 "아하, 기의 세계가 이렇게도 크고 넓구나!" 하고 우리는 소스라치며 놀라게 된다.

달리 말해 동아시아인의 삶 속에서 氣는 '기'라는 근엄한 철학적 개념에서 살아 움직이는 인간들의 몸이 드러내는 '끼'에 이르기까지 기묘막측한 이야기들로 가득하다. 이미 출간된 『기학의 모험 1』이 조금은 엄숙한 방식으로 역사 속의 '기'와 앞으로 펼쳐질 미래의 '기'의 개념을 모색한 것이라면, 이 책은 동아시아인의 문화 속에서 살아 움직여온 '끼'의 흔적들을 더듬고 있다.

『기학의 모험 2』에 담긴 '끼'의 향연은 2003년 봄에 철학아카데미에서 행했던 기획강좌에 바탕을 둔 것으로써, 문학(조동일), 회화와 서예(정세근), 음악(박소정), 침구(김병삼), 음식과 기미氣味(박석준), 얼굴 표정(김시천)이라는 세부적인 주제들을 통해 전통 기 문화의 단면들을 더듬으면서 기 본래 몸뚱이의 윤곽을 그려내고자 했다.

물론 이 책이 전통 문화 가운데 기와 관련된 모든 영역을 망라하는 것은 아니다. 특히 풍수지리風水地理, 기공氣功, 병법兵法, 도교의 연단술과 같은 중요한 영역이 제외된 것은 아쉬운 일이지만, 이러한 주제들은 앞으로 이어질 『기학의 모험 3』에서 과학 분야에 대한 논의와 함께 다루어질 예정이다.

우리는 이 기획이 기학氣學에 관한 완벽한 논의라고 생각하지 않으며, 또한 기학의 모든 것이라고 생각하지 않는다. 아울러 기학이 모든 것을 해결해주는 열쇠이거나 신비한 가르침이라고도 보지 않는다. 다만 현대 사회에서 기와 관련된 논의가 전통 학문의 기에 관한 논의의 풍성함을 담아내지 못하고 있다는 것에 대해 반성할 필요성을 제기할 뿐이다.

이 책이 나오기까지 많은 분들의 도움이 있었다. 무엇보다 2003년 봄 '기학의 모험—기의 문화를 찾아서'라는 철학아카데미의 강좌를 수강하면서 이 기획을 성원하고 또 날카로운 질문을 통해 필자들에게 자극을 주었던 수강생 여러분의 도움이 컸다. 이러한 도움은 각 장에서 수강생과 필자가 나눈 질의·응답을 실은 '열린대화'에 고스란히 담겨 있다. 『기학의 모험 1』에 참여했고 이 기획에도 많은 도움을 주신 김교빈·이현구 선생님, 갖가지 조언과 더불어 토론으로 성원해준 김홍경·전호근 선생님, 책을 엮는 과정에 적극적으로 지원해주신 철학아카데미의 조광제·박정하 선생님, 그리고 기획 초기부터 지원을 아끼지 않은 들녘 출판사의 여러분께 감사드린다.

또한 필자들의 사진작업을 맡아 수고한 이휘인 선생, 각 장에 실린 '열린대화'를 원고로 풀어준 전묘숙 씨와, 인문학 편집자의 안목에서 기획 과정부터 책의 출간까지 세심한 조언과 도움을 준 김찬 씨에게도 고마운 마음을 전한다.

마지막으로 까다로운 기획자의 요구에도 불구하고 훌륭한 원고를 만들어준 여러 필자들께 진심으로 감사드린다. 이 책이 나올 수 있었던 것은 필자들의 적극적인 공감과 참여가 있었기 때문이다.

인사동 철학아카데미에서
이정우 · 김시천

첫째 마당

문화 속에 살아 움직이는 氣

1강
문학, 氣의 문학론을 찾아서

서두의 논의

오늘날 학문의 세계는 미세하게 분화되고 또 분화된 영역들끼리 서로 교섭이 없어 커다란 폐단을 낳고 있다. 개별 학문의 주권을 절대적인 것으로 인정할 때, 인문학론도 학문일반론도 공허한 이름에 그치고 만다. 인문학 또는 학문 일반을 새롭게 논의해야 하는 이유는 분과 학문의 경계를 넘어서 함께 다루어야 할 공통된 문제점들이 수없이 많기 때문이다. 공통의 쟁점을 두고 논의하는 것이 학문 통합의 최선이다. 하지만 동서 학문의 충돌이 심각한 현 시점에서 학문의 새로운 길을 모색한다는 것이 쉬운 일은 아니다.

서양 근대 학문의 도전이 걷잡을 수 없이 닥쳐옴에 따라 동아시아 학문 또는 한국 학문의 전통을 계승하고, 우리 학문의 독자적 노선을 설정한다는 것은 간단한 문제가 아니게 되었다. 나는 지난 수년간 한국의 문학사와 철학사는 물론 세계 문학사를 아우르는 넓은 지평에서, 학문에 새로운 방향을 설정하기 위해서는 어떠한 기본 원리에 입각해야 하는가를 구체적으로 보여주기 위해 노력했다. 특히 새로운 학문의 바람직한 원리를 우리 철학에서 다시 찾을 수 있다는 희망이 실질적인 것이 되게 하기 위해 새로운 거대 이론 재창조의 실질적 지남을 모색해왔다. 이를 나는 '생극론生克論의 역사철학'이라 명명해왔다.

생극론은 역사철학 가운데 적용 범위가 가장 넓고, 이치의 타당성이 월등하다는 것을 논의의 출발로 삼는다. 생극론은 물질과 정신, 투쟁과 화합, 승리와 패배, 선진과 후진의 관계를 올바르게 파악하여 변화의 원리와 방향을 꿰뚫어보는 통찰력이 있다. 생극론은 새로운 사상이 아니라 동아시아 철학의 오랜 전통 가운데 한 가닥을 한국에서 특별하게 발전시킨 것이다. 이 성과를 이어받아 발전시키는 작업을 수행했다.

여기서는 생극론적 역사철학이 연원하는 배경이 되는 기 철학氣哲學적 배경을 살피면서 그것이 문학사를 바라보는 거대 이론으로서 변증법을 대체할 수 있는 매우 효율적인 이론임을 밝히고, 나아가 그것이 문학의 제 양상에 어떠한 의미를 제시하는지 살피고자 한다.

기학과 이학

氣의 개념은 理와 氣의 상관 관계 속에서만 밝혀진다. 기 자체만을 가지고 "이런 것이 기다" 또는 "저런 것이 기다"라고 말하는 것은 철학적으로는 의미가 없다. '기'는 늘 '이'와의 상관 관계 속에서 철학적으로 규정되면서 문제가 되어왔다. 조선시대 철학사에서 가장 중요한 논쟁이 되었던 기일원론氣一元論과 이기이원론理氣二元論의 갈등과 대립은 바로 '기'와 '이'의 관계를 어떻게 볼 것인가를 둘러싸고 일어났던 것

「태극도」

주돈이는 태극-음양-오행-만물의 생성 과정을 태극이 음양을 낳고 음양은 오행을 낳으며 다시 여기서 만물이 생기는 것으로 보았다. 그리고는 다시 만물 속에 오행이 들어 있고, 오행 속에 음양이 들어 있으며, 음양 속에 태극이 들어 있다고 본 것이다.

이다.

  우리가 흔히 볼 수 있는 「태극도太極圖」에서 동그라미는 태극太極을 가리키고, 그 안에서 구분된 것은 음양陰陽 또는 양의兩儀를 나타낸다. 이기이원론은 '이'와 '기'가 겹치기는 해도 별개의 개념이라고 보지만, 기일원론은 태허太虛, 일기一氣와 같은 개념을 사용하면서 이기의 이원성을 부정한다는 점이 다르다.

기일원론과 이기이원론은 각각 용어의 유래가 다양하고 관련된 용어의 쓰임새가 복잡하므로 논의를 많이 해야 한다. 하지만 이를 숫자로 표시하면 어느 쪽으로도 치우치지 않아서 개념 이해가 훨씬 쉬워진다. 즉 영(0)은 없음의 총체, 일(1)은 있음의 총체, 그리고 이(2)는 있음이 나눠져 있는 양상으로 표시해보는 것이다. 기일원론이란 0과 1은 2와는 별개의 영역이라 함으로써, 2의 현상이 아무리 타락해도 0과 1의 원리는 불변의 가치가 있다는 이원론을 논파하고, 0·1·2 사이의 간격을 없애고자 했던 이론이다.

　우리가 세계를 철학적으로 규명하고자 할 때 가장 먼저 던지는 중요한 물음은 '없음(無)'과 '있음(有)'의 관계다. 이에 대해서는 두 가지 대답이 있을 수 있다. 한 가지는 "처음에는 아무것도 없었다," 즉 무에서 유가 생겨났다고 하는 것이다. 예컨대 하느님이 아무것도 없을 때 천지를 창조했다(*creatio nihilo*)고 하는 것은 없음에서 있음으로 옮아왔다는 것이다. 그래서 없음에서 있음으로 옮아왔다는 것은 언젠가는 없음으로 되돌아갈 수 있다는 뜻이기도 하다.

　이와 다른 대답은 무시무종無始無終, 즉 처음도 끝도 없이 계속 이렇게 움직여왔다는 대답이다. 처음부터 끝도 없이 움직인다. 있음과 없음을 말할 때, 없음이 있음이고 있음이 없음이고 무가 유고 유가 무여서, 유와 무가 서로 겹쳐지거나 양면 관계로 이렇게 움직일 따름이라고 보는 주장이 이에 해당한다. 이와 기를 둘러싼 논의는 바로 이러한 문제와 직접적으로 관련된다. 앞서 이야기했던 이기이원론 또는 理學과 기일원론 또는 氣學은 이에 대해서는 동일한 견해를 보인다.

　그러면서 이학과 기학은 0·1·2의 관계를 다르게 본다. 이학에서는 '無極'이라고 한 없음의 총체 0, '太極'이라고 한 있음의 총체 1은 '理'이고, 있음이 둘로 나누어진 음양 2는 '氣'라고 한다. 기학에서는 없음의 총체 0은 '太虛', 있음의 총체인 1은 '一氣'라고 하는 용어를 쓰면서, 그 둘과 2인 음양은 모두 '氣'라고 한다. 즉 기의 양상에서 차이가 있을 따름이라고 한다.

여기서 이학과 기학은 완전히 다른 방향으로 갈라진다. 기란 무엇인가 하는 이야기의 가장 중요한 본론이 여기서 시작한다. 어떻게 본들 무슨 상관이 있느냐거나, 이런들 저런들 무슨 상관이 있느냐거나, 쓸데없는 공리공론이고 개념의 위기라고 할 수도 있지만, 바로 이 논점에 우리가 현실적으로 제기할 수 있는 수많은 문제가 집약되어 있다.

대립과 싸움은 '기'에서 일어나고, 조화와 화합은 '이'에서 이루어진다는 것이 이학의 핵심 논점이다. 그 둘은 차원이 다르다는 말이다. 기학에서는 대립과 싸움도 조화와 화합도 기의 양상이라고 한다. 대립과 싸움을 넘어서서 조화와 화합이 별개의 것으로 따로 존재하지 않는다고 한다.

우리는 현실에서 수많은 대립을 경험한다. 현실의 수많은 대립이 현실 자체에서 해결되는 것이 아니라 현실 너머에 있는 '이'의 세계로 되돌아가거나 '이'를 추구해야만 해결된다고 이학에서는 주장한다. '이'와 '기' 사이에는 넘을 수 없는 어떤 선이 있고, 이것이 만약 같다고 하면 천하대란이 일어난다고 경계한다. 이황李滉은 '理氣非一物(이기비일물)', 즉 이와 기는 한 물건이 아니라는 것을 변증한 바가 있다. 이와 기가 다르다고 해야 이 세상의 혼란이 수습되고 가치관이 분명해진다고 했다.

기학의 견해는 이와 다르다. 서경덕徐敬德은 '虛則氣(허즉기)'라는 명제로 없음이 있음이라고 하고, 다시 '一而二(일이이)'라고 하면서 나인 기가 둘로 나누어져 있다고 한다. 0이 1이고, 1이 2라는 말이다.

1은 상생相生이고, 2는 상극相克이다. 1은 '이'이고 2는 '기'라고 하는 이학에서는 상생이 상극일 수 없다. 상생을 이루려면 2의 대립상을 넘어서는 별개의 원리를 받아들여야 한다. 그러나 기학은 1과 2가 모두 '기'의 양상이라고 한다. 2가 그 자체로 1일 수 있다고 한다. 상생이 상극이고 상극이 상생이라는 生克論이 그래서 성립된다.

기학을 소중하게 여기는 이유는 바로 생극론을 제시하기 때문이다. 기를 내세우고 기학을 논하면서 생극론에 대해서는 아는 바 없다면 하는 말이 모두 헛것이다. 핵심은 놓치고 변죽만 울리면서 공연히 소란을 피우게 된다.

타당성과 유용성

이학과 기학의 시비와 그 역사적인 전개를 어떻게 이해할 것인가? 수많은 논자가 그 일을 하고 있는데, 작업의 원리는 무엇인가? 오늘날 왜 그 문제를 거듭 논하는가? 이에 관해 세 가지 태도가 있다.

첫째는 어떤 것이 성리학의 정통이냐, 즉 어떤 것이 성현聖賢의 생각인지 가리자는 것이다. 장지연張志淵의 『조선유교연원朝鮮儒教淵源』은 조선 유학을 처음으로 정리해서 쓴 책인데, 이 책에서 장지연은 이학을 정통이라고 결론지었다. 오늘날에도 같은 방식으로 철학을 논하고, 철학사를 정리하자는 사람들이 적지 않다. 그러나 우리는 성현을 존숭하려고 학문을 하지 않는다. 진리를 찾고자 할 따름이다. 우상숭배는 배격해야 한다. 성현이라는 사람들은 참고가 되는 발언을 하고 논쟁의 대상이 되므로 소중하다.

두 번째 방법이 이학과 기학을 분리해 고찰하는 것이다. 현상윤玄相允의 『조선유학사朝鮮儒學史』 이후 이른바 철학사를 연구하고 저술하는 학자들은 대부분 이학의 흐름과 기학의 흐름을 각기 사실 차원에서 정리하고 서술한다. 그렇게 하는 것이 객관적인 태도를 견지하면서 학문을 하는 태도라고 여긴다. 맞느냐 틀리느냐 하는 문제는 언급하지 않음으로써 편파적이지 않으려고 한다. 그러나 이것은 잘못이다. 철학은 맞고 틀리는 것을 논하는 학문이기 때문이다. 우리에게 진정으로 필요한 것은 해설가가 아니라 바로 선수다. 나는 이것이 옳다고 생각한다고 주장하는 데서 진리를 탐구하는 학문이 시작된다고 믿는다. 철학은 그 일을 정면에서 맞닥뜨리고 선두에 나서야 하는데 직무유기를 일삼는다.

나는 그 둘 다 거부한다. 이학은 틀리고 기학은 맞다고 선언한다. 0·1·2가 모두 '기'의 양상이라고 한다. 그런 근거에서 相生이 相克이고 상극이 상생이라는 生克論을 제시한다. 그렇다면 이황은 틀렸고 서경덕이 맞다는 말인데, 또 하나의 우상숭배가 아닌가 하는 반문을 받을 수 있다.

기학이 맞다는 것을 입증하는 작업을 여기서 길게 전개해도 의문을 해소하기 어렵고, 잘못 길들여진 사람들을 설득하지 못한다. 그래서 차선책을 찾는다. 타당성은 잠시 보류해두고 유용성을 거론하자. 전통 학문을 이어 발전시켜서 '오늘날 학문'이라는 제품을 생산하는 데 어떻게 이용하느냐 하는 것이 유용성이다. 오늘날 우리 학문의 긴요한 과제는 서양 학문과 토론하는 것이다. 학문의 세계에는 올림픽만 있을 뿐 전국체전이란 있을 수 없다. 우리 선조가 훌륭한 학문을 했다고 말할 수 있어도, 즉 타당성이 있다 해도, 학문의 보편적인 논쟁에서 그것이 오늘날의 문제를 해결하지 못하면 유용성이 없는 것이다.

이학이 성현의 가르침이라는 주장으로 오늘날의 학문을 어떻게 발전시킬 수 있는가? 이학과 기학의 전개를 각기 고찰하는 작업이 새로운 이론을 만드는 데 어떤 기여를 할 수 있는가? 서양 학문과 논쟁하는 것이 당면한 과제임을 분명하게 하고 이에 대해 대답해보라.

오늘날 당면한 문제를 해결할 수 없는 무력한 학문은 유용성이 없다.

나는 기학에서 가져온 생극론으로 새로운 학문을 만드는 작업을 해왔다. 그래서 낸 여러 책 가운데 『소설의 사회사 비교론』(전3권)이 특히 중요하다.

문학 이론 가운데 소설에 관한 것이 가장 복잡하다. 오늘날 소설 이론 중 가장 주목받는 것이 변증법의 소설 이론이다. 나는 그 책에서 변증법의 소설 이론을 논박하면서 생극론의 소설 이론을 정립했다. 기학의 유용성을 소설 이론의 영역에서 보여주었다.

그렇다면 왜 이학이 아닌 기학으로 그 작업을 했는가 하는 의문이 들 수 있다. 이학은 서정시에 관한 이론은 어느 정도 세울 수 있다. 현실적으로는 나누어져 있다 하더라도 이러한 조화의 세계를 추구하는 것이 서정시라고 말하면, 서정시 이론은 말할 수 있다. 그러나 이 조화가 갖고 있는 성격을 윤리적·도덕적으로 규정하는 사고방식으로 서정시의 이론을 차원 높게 만들기는 어렵다. 이학은 윤리를 넘어서는 더 본원적인 조화를 말하기에 부족하다. 차라리 기독교의 신앙이나, 이슬람교에서 말하는 신과 내가 하나가 된다는 것이 본원적 조화를 말하기가 수월하다.

물론 동아시아에는 천성天性이란 관념이 있다. 그런데 문제는 천天의 존재가 희미하다는 것이다. 천과 내가 하나로 합치려면 천성을 발견해야 하고, 그것을 발견하려면 윤리와 도덕을 실천하는 수밖에 없다. 천과 내가 바로 하나가 되는 체험은 결핍되어 있다. 그 점에서 기독교, 이슬람교, 힌두교보다 모자란다고 할 수 있다. 그래서 이학으로는 서정시의 이론을 애써 만들어도 불량품이 되기 십상이다. 본원적 조화를 말하기가 어렵기 때문이다. 하물며 소설 이론에서는 더욱 효과적이지 못하다. 소설 이론은 분열된 세계의 이론이기 때문이다. 분열된 세계는 비본질적인 것이고, 있어서는 안 되는 것이고, 아주 나쁜 것이다. 만약 소설 이론이란 것이 도덕적 훈계나 하면서 분열된 세계를 나무라려고 한다면 웬만한 소설은 모두 불태워야 한다.

'이'와 '기'를 둘로 보는 이학은 상생과 상극을 분리하고 가치의 등급을 부당하게 구분한다. 상생은 '이'에서, 상극은 '기'에서 이루어진다고 하면서 한쪽은 비난하고 한쪽은 칭찬한다. 그런데 궁극적으로 '이'가 무엇인가는 스스로 해명하지 못한다. 추상적 원리인 '이'는 직접 경험하는 구체적인 실체인 '기'로 해명해야 하는데 그럴 수가 없으므로 늘 성현의 가르침에 의지한다. 이학은 객관적인 검증 없이 성현의 뜻에 부합하는지 아닌지만 시비한다. 하지만 이러한 비판 없는 겸손은 현실 세계에서 무력한 이론이 되고 만다.

기학은 이와 전혀 다르다. 태극에서 음과 양은 흔히 상생과 상극의 관계로 규정한다. 태극의 형상은 상생과 상극을 아울러 보여준다. 태극 안에서 음과 양이 조화롭게 손잡고 있으면 상생 관계고, 둘이 서로 싸우고 있으면 상극 관계다. 하지만 더욱 중요한 것은 태극이 상생과 상극을 동시에 보여주고 있을 뿐만 아니라 상생이 상극이고 상극이 상생임을 말한다는 데 있다. 바로 이것이 기학이다.

상생이란 것은 둘로 갈라져 있지만 하나를 이루고 있으며, 상극은 이것이 하나로 머무르지 않고 둘로 갈라져서 싸우는 관계다. 물론 상생과 상극은 이학과 기학 모두 긍정한다. 그러나 이학에서 말하는 상생은 '이'로 말미암아 이루어지는 것이지 기가 스스로 하는 것이 아니다. 기가 이의 지시에 따라서 이루어지는 것이다. 여기에서 기는 상생을 이루지 않는다. 이가 개입을 해서, 또는 이의 조종을 받아서 이루어지는 것이다. 그러나 여기서 개입했다고 해야 하는가, 조종을 받았다고 해야 하는가는 미묘한 문제고, 이 문제 때문에 이황과 이이의 견해가 갈라진다.

이황처럼 말하면 이가 작동을 한다고 할 수 있고, 이이 식으로 말하면 이는 작동을 못하기 때문에 이가 기에 맞추어서 기를 재료로 삼았다고 할 수 있다. 어쨌든 이가 있기 때문에 상생이 이루어지는 것이지 기만으로는 이루어지지 않는다. 상극은 기 자체로 가능하다. 이러한 논리를 연결시켜보면 현실의 대립은 기만으로는 원만하게 해결될 수 없다는 주장이 나온다. 이것이 이학의 견해다.

그러나 기학은 상생도 기고 상극도 기다. 그래서 기학은 상생이 상극이고 상극이 상생이 된다. 이학에서는 상생과 상극 사이에 간극이 있다. 그러나 기학은 상생과 상극 사이에 간극이 없다. 동일하게 상생이면서 상극이거나, 아니면 상생으로 기울어지다가 다시 상극으로 기울어지거나, 그도 아니면 상극을 수단으로 해서 상생을 이루는 세 가지가 다 가능하다. 동시에 이루어지거나, 수단과 목적 관계, 표리 관계 모두 가능한 것이다. 실제 어떤 국면을 바라보면 셋 중 어떤 것을 적용해야 더 좋은가 하는 것이 나타나게 된다.

생극론의 의의

우리 사회에서는 상생이란 말을 자주 쓴다. 조화나 화합을 상생이라 하는데 특히 여야는 상생 관계에 있어야 한다는 말을 많이 한다. 그런데 정작 중요한 사실은 여야가 상생을 하는 것이지 여당과 여당이 상생을 하는 것은 아니라는 점이다. 대통령과 장관이 상생의 정치를 한다는 말은 있을 수 없다. 왜냐하면 서로 상극이 있어야 상생이 되는 것이지 상극 없이 상생이 되지 않기 때문이다. 그러나 요즘 유행하는 말을 보면 상극은 절대 없어야 되고 상생만 하라고 한다. 상생만 일방적으로 찬양한다. 이 때문에 상생이란 말은 자주 쓰면서 상극이란 말은 잘 쓰지 않는다. 신문에 나오는 빈도수를 봐도 상생이란 말이 월등히 많다.

상생이란 단어가 유행하는 것은 이 단어를 쓰는 사람들의 머릿속에 이학적 사고가 자리 잡고 있기 때문이다. 이학과 기학은 택일할 수 있는 것이고, 사람들은 자기도 모르게 이미 어떤 것을 선택하는 것이다. 대부분 이학을 선택한다. 그런데 이학과 기학의 연원을 따져보면, 이학은 중국의 주자학朱子學에서 나온 것이다. 중국에는 기론氣論의 견해를 취하는 사람은 있어도 우리나라만큼 선명하게 기학을 하는 사람은 없다. 북송 때 장횡거張橫渠가 기론의 경향을 많이 보이기는 했지만, 서경덕처럼 분명하지는 않았다.

우리나라에는 서경덕 이전에 김시습金時習이 있었고, 그보다 앞서 이규보李奎報가 있었다. 달리 말하자면, 기학은 우리가 독자적으로 형성한 것이며, 그뒤 중국에서 가져온 용어를 통해 재정립했다. 또 조선 후기로 가서 홍대용洪大容, 박지원朴趾源, 최한기崔漢綺가 기학을 다시 전개할 때 중국에서는 이러한 철학을 창조하는 작업이 중단된 상태였다. 중국에서도 왕부지王夫之, 대진戴震 등이 기론을 전개했지만 우리만큼 문제를 철저하게 다루지는 않았다.

기학은 우리가 스스로 만든 것이고 이학은 중국에서 들여온 것이다. 이학에서도 주자학의 미비점에 관해서 이황과 이이가 논쟁하고 체계를 갖추어보려고 노력했지만, 기학과 비교할 때 우리가 직접 만든 것과 가져와서 다듬은 것에는 차이가 있다.

상생과 상극 관계를 다루는 것이 기학의 진면목이라는 이야기다. 생극을 이야기하지 않고 기만 이야기하는 것은 아직도 공허한 개념의 나열에 지나지 않는다. 실제로 손발이 없는 거나 다름없다. 이러한 생극론을 소설 이론과 연결하고자 할 때 논의해야 하는 것은, 이 생극론이 변증법과 어떤 관계가 있느냐, 어떤 차이가 있느냐 하는 점이다.

변증법은 기본적으로 상극의 사상이다. 변증법에서도 모순과 통일을 말한다는 점에서 상생이 없는 것은 아니지만, 상극이 더 본질적이다. 상생은 상극의 한 양상에 지나지 않는다. 변증법은 상극 쪽으로 치우쳐 있는 사상이다. 서양의 변증법이 상극 쪽으로 잔뜩 치우쳐 있는 데 반해 상생 쪽으로 극단적으로 치우치면 형이상학이 된다.

변증법과 형이상학은 도저히 타협할 수 없다. 그러나 생극론에는 양면이 다 있다. 변증법은 투쟁에 따라 발전하는, 발전 사관이다. 그러나 상생은 조화에 따라서 무엇인가를 만들어나간다. 조화로 무언가를 만들어나가면 아주 새로운 무언가가 나오기보다 늘 비슷한 것이 나온다. 발전이 아니라 순환인 것이다. 그러나 생극론은 발전과 순환을 모두 인정한다. 발전이 순환이고, 순환이 발전이라는 것이다.

마오쩌둥의「모순론矛盾論」은 변증법을 잘 요약한 문건이다.「모순론」에서는 모순이 처음부터 있었다고 말한다. 처음에는 조화가 있었다가 나중에 모순이 생겼다고 말하는 것은 철학적으로 오류일 뿐 아니라 정치적으로도 반동이라고 못 박는다. 그렇다면 이런 의문이 생긴다. 모순이 처음부터 있다면 조화는 중간부터 생기는가? 모순이 처음부터 있었다면 조화도 처음부터 있었다고 생각해야 한다. 모순이 조화고 조화가 모순이다. 모순만 말하고 조화는 말하지 않는다면 그것은 한쪽으로 치우친 것이다.

마오쩌둥의 모순론에는 "상이한 모순은 상이한 방법으로 해결한다"는 말이 있다. 그런데 그가 말하는 모순론의 기본 모순은 계급 모순이다. 혁명으로 계급 모순을 해결해야 한다는 것이 그의 생각이다. 그러나 민족 모순에 관해서는 일언반구도 없다. 실제로 오늘날 중국을 가장 괴롭히는 것은 계급 모순이 아니라 민족 모순이다. 지구상의 인류가 피를 흘리는 것도 계급 모순이 아니라 민족 모순 때문인 경우가 훨씬 많다. 계급 모순이 어느 정도 완화되자 민족 모순이 더 깊어졌다. "계급 모순은 상극의 방법으로 해결해보자"는 말이 맞기는 하지만 계급 모순도 상극을 거쳐서 상생으로 가야 한다. 싸움만 할 수는 없다. 건설도 해야 하고 다시 앞으로 나아가야 한다.

그렇다면 민족 모순도 상극으로 해결해야 할 것인가 하고 물을 수 있다. 계급 모순은 소수의 가해자가 다수의 피해자를 괴롭히는 것이기에 다수가 단결하면 싸워서 소수를 이길 수 있다. 그러나 민족 모순은 반대로 다수의 가해자가 소수의 피해자를 괴롭히는 것이다. 피해 받는 소수가 단결해서 싸운다 해도 다수를 이길 수 없다. 테러나 무장봉기로 이를 해결하려는 것은 사태의 악순환만 가져올 뿐이다. 민족 모순은 상생으로 풀어야 한다. 계급 모순이 상극을 거쳐 상생으로 가는 것이라면 민족 모순은 상생에서 상극으로 가는 것이다. 그래서 성격이 다르다고 할 수 있다.

중국 연변대학교에서 강의할 때 마르크스나 레닌을 전공한 교수들과 이에 관해 논쟁을 한 적이 있다. 논의의 요점은 상생론과 상극론을 모두 갖추어야 한다는 것이었다. 물론 그들도 마오쩌둥의 사상이 한쪽으로 치우쳐 있음을 인정하지만 말할 수 없는 것이 현실이다. 덩샤오핑(鄧小平) 또한 상생과 상극이 같아야 한다고 인식했지만 끝내 말하지 못했다. 상극에 관해서 말한다면 변증법, 유물 변증법이 모두 옳다. 그러나 상생에 관해서도 같이 말할 수 있어야 한다. 여기에서 말할 수 있는 것은 '맞는가 틀리는가'가 아니라, '치우치는가 그렇지 않은가'이다.

변증법에서 생극론으로

변증법적 소설 이론은 상극의 이론이다. 서양에서 말하는 소설 이론은 대부분 상극 이론이다. 상생의 극단이 형이상학이라고 하는데, 형이상학으로 시는 말할 수 있지만 소설은 말하지 못한다. 소설 속의 등장인물들은 서로 갈등 관계에 놓여 있다. 인물과 인물은 서로 싸우기도 하고 화합하기도 한다. 서로 싸우는 관계와 서로를 필요로 하는 관계가 함께 있는 것, 상생과 상극의 관계가 함께 있는 것이다. 그러나 변증법적 소설 이론은 상극의 관계만 말한다. 따라서 등장인물들 간에 싸우고 둘 중 누군가가 죽어야 그 소설은 "비극적인 결말이다" "잘된 소설이다"라고 말한다.

그러나 소설에는 상극과 상생 관계가 모두 있기 때문에 서로 화합하는 결말도 훌륭한 것이다. 인도 문학은 대체로 상생의 관점이 지배적이고, 유럽 문학은 그 반대다. 그러나 동아시아 문학에는 이 두 가지가 모두 있다. 우리나라 연속극의 등장인물은 모두 체질적으로 우호적이다. 그러한 인물들 사이에 오해가 생기고, 결국은 오해가 풀려 잘 마무리된다. 아무런 적대적 관계가 없다. 그러나 우호적 인물들 사이에 화합만 있는 작품도, 적대적 인물들 사이에 갈등만 있는 작품도 모두 한쪽으로 치우친 것이다. 진정한 인간의 면모는 싸울 때 싸우고, 사랑할 때 사랑하는 것이다. 조화로운 관계와 적대적인 관계가 이리저리 움직이면서 소설이 되는 것이다. 이것이 변증법 이론과 생극론 이론의 첫 번째 차이점이다.

변증법 소설 이론의 중요한 내용 가운데 하나는, 소설이 외면과 내면, 사회 환경과 심리의 대립 관계를 그린다고 말하는 점이다. 여기서도 양자는 갈라져서 대립하고 싸우는 것으로 서술된다. 변증법의 소설

이론은 처음에 양자 중에서 외면적인 현실이 우위를 차지하고 그것이 내면을 변화시키는 게 좋은 소설이라는 백일몽 같은 생각을 하고 있었다. 그러나 사회 환경이 내면의 심리고, 내면의 심리가 곧 사회 환경이라는 것은 간과하고 있다. 즉 내면의 소설이 사회 소설이고 사회 소설이 내면의 소설인 것이다.

더 심각한 견해차는 소설사에서 나온다. 즉 소설을 누가 만들었느냐 하는 문제다. 헤겔G. W. F. Hegel과 루카치Georg Lukacs 외에도 많은 사람들이 소설은 시민의 문학으로서, 시민이 귀족을 상대로 싸우는 과정에서 만들어낸 것이라고 생각한다. 그러나 생극론은 시민과 귀족의 경쟁적인 합작품으로 소설을 본다. 귀족이 시민이 되고 시민이 귀족이 되면서 소설을 만든다는 것이다. 변증법 식으로 말하자면 근대 시민의 성장이 없는 곳에 소설은 없다. 이때 우리는 김만중金萬重의 『사씨남정기謝氏南征記』는 소설이 아닌가 하고 되물을 수 있다. 김만중은 절대 부르주아가 아니었고, 조선시대 당시에 부르주아는 없었다. 변증법적 관점으로 본다면 이런 소설은 덜된 소설이다. 그러나 유럽이 아닌 다른 많은 곳뿐만 아니라 유럽도 18세기 말까지 본다면 영국에는 시민 소설이 있었지만 프랑스나 독일에는 없었다. 생극론의 관점으로 본다면 시민의 성장 정도가 곧 소설의 발전을 보장해주는 것은 아니다. 양쪽이 생극의 양면을 얼마나 가졌느냐는 것이 문제가 된다.

또 한 가지 중요한 것은 소설이 남녀의 경쟁적 합작품이라는 점이다. 남자 같은 여자, 여자 같은 남자가 소설도 잘 쓴다. 시민이 귀족이 되고 귀족이 시민이 되는 것은 사회적 위치나 의식이 바뀌는 것이고, 남성이 여성이 되고 여성이 남성이 되는 것은 요즘 식으로 말하면 섹스는 그대로인데 젠더가 바뀌는 것이라 볼 수 있다.

루소J. J. Rousseau는 남녀가 연애편지를 주고받는 『엘로이즈』라는 소설을 썼는데, 그는 자신이 여성이나 남성 심리 묘사에 능하다고 말하면서 자신처럼 남성이면서 여성의 심리 묘사까지도 능한 사람만이 소설을 잘 쓸 수 있다고 말했다. 이 소설을 읽은 괴테가 감동을 받아 자신도 이러한 소설을 쓰고 싶다고 생각했지만, 불행히도 괴테는 여자 편지는 잘 쓰지 못했다.

그가 쓴 『젊은 베르테르의 슬픔』은 남성이 자신의 친구에게 쓰는 편지 형식으로 되어 있다. 지독히 남성 중심의 소설인 것이다. 남성 취향의 소설과 여성 취향의 소설이 있는데, 남녀 양성의 취향이 모두 있는 소설이 바람직한 소설이다. 이런 문제는 현상으로는 이야기가 많이 되었지만 남녀의 경쟁적 합작품이라는 개념을 변증법적으로 말하기는 매우 어렵다. 사실로 드러나기는 하지만 개념의 틀이 잘 맞지 않기 때문이다.

이와 달리 생극론은 개념적으로 훨씬 효과적이다. 생극론적 관점에서 소설이 남녀의 경쟁적 합작품이라는 것을 설명하려 할 때 또 하나의 중요한 개념이 등장한다. 변증법과 생극론의 중요한 차이점은, 변증법은 같은 방향으로 가면서 싸우는 것인 데 반해 생극론은 하나는 이쪽으로 또 다른 하나는 저쪽으로 가면서 싸우는 것이다. 가는 방향이 다르기 때문에 싸우는 것도 다르다. 남녀의 경쟁적 합작품이라는 것은 이런 것을 뜻한다. 소설은 남녀의 경쟁적 합작을 보여줄 뿐 아니라 남녀 관계를 소설의 내용으로 한다. 소설은 최초로 남녀 관계를 심각하게 다루며, 남녀 관계가 소설의 본론이다. 남녀 관계를 다루는 방법이 동아시아 소설과 유럽의 소설이 반대라고 보면 된다.

18세기 동아시아 소설과 유럽의 소설은 서로 만난 적이 없다. 그러나 인간이 생각할 수 있는 방향이라는 것은 하나는 이쪽에서 또 다른 하나는 저쪽에서 두 편이 작용하면서 거대한 개념 안에서 생극 관계를 가지는 것이다. 변증법으로는 이런 방식을 설명하기가 어렵다. 원래 소설은 한 명의 남자와 한 명의 여자가 만나서 잘살거나, 영원히 헤어지거나 하는 식으로 나타났다. 그러나 그렇게만 되면 흥미가 떨어지기에 좀더 복잡한 방향으로 나아가게 된다. 한 명의 남자에 여자 여럿이 관계되든가, 아니면 한 명의 여자에 여럿의 남자가 관계되는 식이다. 동아시아의 소설은 전자의 양상을 보이는데, 이것을 일부다처의 소설이라 한다. 우리나라의 『구운몽』이나 중국의 『금병매』가 그것이다.

이와 달리 유럽 소설은 후자로서 여자 하나에 남자가 여럿인데, 이런 소설을 간통 소설이라 한다. 이를 영어로는 폴리앤드리(一妻多夫, polyandry)라 하는데, 이것은 우리에게는 낯선 것이다. 동아시아, 특히 우리나라의 가족 구조는 처와 첩이 한 집에 산다. 그러나 유럽은 처와 첩의 거주가 분리되어 있고 남자가 첩의 집으로 가는 방식이다. 동아시아는 첩을 자신의 집으로 데리고 오기 때문에 남자가 첩을 독점하는 데 반해 유럽은 독점에 대한 보장이 없다. 이러한 혼인, 가족 관계의 차이가 이 두 가지 소설의 방식을 만들었다. 어찌되었든 양쪽 중 한쪽이 많아야 재미가 있는 것이다.

근대에 오면 이제 남자도 여럿이고 여자도 여럿인 복잡한 관계 양상의 소설이 나타난다. 이렇게 소설의 양상이 다르게 동아시아와 유럽에서 서로 대립하고 경쟁했지만 전체로 보면 세계 소설사를 풍요롭게 만들었다. 세계 소설사라는 큰 테두리 안에서 둘은 상극이면서 상생의 관계에 있다. 이런 것은 변증법에서는 말할 수 없다.

마지막으로 대단히 중요한 것이 하나 있다. 변증법은 맞부딪쳐 싸우는 것만을 말한다. 그러나 세상에는 맞부딪쳐 싸우는 것이 아니라 서로 본 적도 없이 멀리 떨어져 있어도 관계를 맺을 수 있는 것이 있다. 이와 같은 것을 말할 수 있어야 우리는 '세계 소설사'라는 것을 말할 수 있는 것이다. 변증법적으로 이야기하면, 유럽이 세력을 얻어 식민지를 개척하고 싸우면서 세계라는 개념이 태어났다. 자본주의·유럽의 팽창과 더불어 '세계 체제'라는 것이 생겨났다고 미국의 월러스틴은 거창하게 이야기한다. 그러나 유럽 사람들이 오기 전에도 각각의 세계는 존재했다. 그러니까 생극론은 변증법보다 파악하는 범위가 매우 넓다.

유럽 사람들은 세계 소설사를 말할 때 근대 시민이 만든 소설, 갈등 관계에 있는 것들 사이의 싸움을 말하는 소설, 그것만이 진정한 소설이라고 보았기 때문에 유럽 소설의 세계적인 팽창으로서 소설사를 말할 수밖에 없다는 것이다. 그래서 엄밀하게 말해서 세계라는 개념, '세계 소설사'라는 개념은 변증법에서 만들어내지 못하고 생극론에서 만들어냈다고 할 수 있다. 그렇다고 변증법이 틀렸다는 것은 아니다. 다만 전체 테두리는 그것보다 더 큰 것이라는 점을 지적하고 싶은 것이다.

앞으로의 과제

선조에게서 물려받은 것을 후대 사람들이 빛내는 것은 당연한 의무다. 어떤 것을 가치 있는 것으로 여기고 빛내야 할지는 문제가 되지만, 이것은 소극적인 희망이다. 적극적인 희망은 한쪽으로 기울어진 세계를 바로잡으려는 것이다. 인류가 한쪽으로 치우치면 세계가 멸망하고 만다. 이러한 더 큰 사명을 갖는 데 우리가 해야 할 일은 문화적인 능력을 갖는 것이다. 이것은 의욕만 가지고 고함만 친다고 되는 일이 아니다. 세계의 수많은 사람들을 설득할 수 있는 논리를 만들어야 하고 그 결과를 보여줘야 한다.

지구 전체를 바로잡는 데 우리 기학이 쓰일 수 있다는 것은 정말 신통한 일이다. 이 책에서 기학을 말하는 논자들은 모두 기학을 좋게 말하는, 이를테면 기학의 전도사들이라 할 수 있다. 그러나 기학에 대한 신앙 고백만으로는 소용이 없다. 그것을 어떻게 쓸 것인가, 세계를 바로잡기 위해 어떻게 적용할 것인가 하는 것이 중요하다. 남들과 함께 나누어서 학문적 타당성을 입증할 수 있는 논의를 만들어야 하는데, 기학의 장점은 바로 여기에 있다.

홍대용 같은 사람은 많은 것을 생각했던 사람이다. 박지원은 홍대용의 묘지명에, "홍대용은 마치 이 세상 사람이 아닌 것 같은 모습을 하고, 이 세상에 널리 퍼뜨려야 할 사상을 만든 사람이다"라고 했다. 이런 선인들이 생각했던 것을 우리 시대에는 실현할 수 있다. 이것이 기학이 할 일이라고 본다.

기학을 하는 다른 사람들이 자기 나름대로의 영역에서 기학을 더욱 갈고 닦는 것도 필요하지만 그것만으로는 부족하다. 철학적인 논술을 그 자체로만 이야기하면 주변 사람들도 이해하지 못한다. 그리고 남들이 알아듣게 하기는 더 어렵다. 어려운 용어를 쓰지 않아도 이해되는 그런 학문, 실제적인 유용성이 있는 기학을 하는 것이 중요한 과제가 될 것이다.

열·린·대·화

질문자 말씀 잘 들었습니다. 우선 상생, 상극의 방향성을 설명하실 때 변증법은 방향이 마주치는 방향이고 동아시아에서 하는 것은 돌아가는 방향이라고 말씀하셨는데, 그 부분이 잘 납득되지 않습니다. 달리 생각하면 동아시아의 순환 구도라는 것도 같은 충돌로 보고, 또 역으로 충돌한다는 식으로 볼 수 있지 않을까요?

조동일 핵심적인 질문입니다. 왜 이렇게 보느냐 하면 상극이 이러한 방향으로 갈 때만 상생이 됩니다. 다른 방향으로 가면 그것은 상극은 돼도 상생은 안 됩니다.

질문자 일반적으로 그렇게 이야기하고 타당성도 있는데, 그 갈등과 충돌이 일으키는 내면적인 힘에 있어서는 그것이 반드시 돌아가는 순환 구조로만 볼 수 있는 것은 아니지 않습니까?

조동일 우선 철학적 이치로 볼 때 방향은 그렇게 가야만 합니다. 이것은 철학 내부의 논제입니다. 사실은 이런 철학적 명제가 현실을 잘 포괄해주어야 옳은 것입니다. 아까 말한 남녀의 설명에서도 볼 수 있듯이 그것은 방향성이 이렇다는 것을 설명해줍니다. 한 사람은 이리로 가고 다른 한쪽은 저리로 간다는 증거입니다. 뜀박질할 때 두 사람이 같은 방향으로 뛰는 것이 아니고 한 사람은 이쪽으로, 다른 사람은 저쪽으로 뛴다는 증거입니다. 대세는 이렇습니다. 그것은 현실입니다.

　나는 문학을 하기 때문에 이렇게 큰소리 칩니다. 경제학 하는 사람은 슬픕니다. 하나도 자신 있게 말할 수가 없어요. 우리나라 경기 전망도 미국 사람이 이야기하면 그런가 보다 합니다. 그들은 모두 그것을 말할 수 있는 척도가 있습니다. 그러나 우리는 그렇지 못합니다. 오르고 내리는 것을 월가에서는 천여 명의 수학 교수가 분석해내고 있습니다. 그들이 인공위성을 타고 간다면 우리는 자전거를 타고 가는 격이라고 할 수 있습니다. 미국 가서는 이런 이야기로 큰소리 칠 수 있어요. 저는 순 국산품입니다. 그렇기 때문에 그럴 수 있는 것입니다. 경제학에서는 가서 오래 공부해도 졸개밖에 될 수 없는데, 이런 서글픈 현실을 타개하는 데 문학 쪽에서 앞서고자 합니다.

질문자 역사는 순환한다고 하셨는데 그것은 문학에도 적용되는 겁니까? 그것은 정치·경제에서만 해당되는 겁니까?
조동일 군사·정치·경제와 문학을 갈라놓으면, 이쪽이 잘 나갈 때 다른 한쪽은 못 나갑니다. 뒤쪽부터 나가면 나중에 앞쪽 것까지 확대될 수 있다는 것인데, 앞쪽 것부터 나가면 뒤쪽 것이 마비될 수 있습니다. 그래서 선진이 후진되고 후진이 선진이 되는데……. 그러나 남들이 잘하는 분야를 따라가려고 하면 역전이 일어나지 않습니다. 미국 사람들, 문학사 부분은 못합니다. 유럽 사람들은 좀 하지요.

질문자 경제력이 없으면 문학이고 예술이고 없지 않습니까?
조동일 예. 그런 말을 하는데, 적당히 배가 고플 때 좋은 게 나옵니다. 그리고 우리 형편이 어떤가 하면, 학문을 하는 데 돈이 모자라지는 않습니다.

질문자 어느 정도 경제가 됐으니까 그럴 수 있는 것 아닙니까?
조동일 우리도 여기서 더 선진이 되면 안 돼요. 선진국 사람들은 의욕이 없어요. 우리가 경계할 것은 선진국도 되기 전에 선진국병부터 앓고 있는 것입니다. 선진국되면 큰 걸 한다 하는 것은 안 됩니다. 다른 사람들 다 못했는데 우리라고 하겠습니까? 일본도 1960년대 한창 노력할 때는 문화적으로도 노력했습니다. 그러나 경제 번영을 구가한 후에는 별 볼일 없어졌습니다. 우리도 곧 타락이 옵니다. 저는 타락 전 세대인 것을 다행으로 생각하고 있습니다. 요즘 세대들은 의욕이 적어요. 의욕이 없으면 아무것도 안 돼요. 잘 먹고 잘살면 아무것도 안 돼요. 절대 빈곤 속에서 학문은 안 돼도 예술은 됩니다. 그러나 빈곤을 벗어나는 선과 의욕이 감퇴되는 선을 긋는다면, 지금은 조금 의욕이 감퇴되는 선으로 들어가고 있습니다.

유럽에서도 19세기 초 독일은 후진국이었습니다. 정치적으로는 프랑스가 선진국이었고, 경제적으로는 영국이 선진국이었습니다. 독일은 이도 저도 아니었죠. 그때 독일 사람들이 분개해서 학문과 예술에서 헤겔이 나오고 베토벤이 나오고 괴테가 나옵니다. 그러나 헤겔의 『정신현상학』은 세상에 재미없는 책입니다. 베토벤의 음악은 너무 심각해요. 괴테는 소설 잘 못 쓰는 사람입니다. 그러나 독일 사람들은 열심히 읽어줬습니다. 셋 중에서 분명히 괴테가 가장 과대평가됐어요. 독일 사람들의 열등감을 씻어준 것이 괴테입니다. 그 우뚝 선 세 사람 덕분에 독일이 문화 선진국이 되었어요. 그쪽으로 들어가서 독일이 일어난 것입니다. 그것이 정치와 경제로 파급됐다가 순환해서 독일은 문화적으로 다시 침체됐습니다.

경제에서 일본은 지금 침체기에 들어섰어도 우리와는 비교가 안 되고 중국과는 정치적으로 비교가 안 됩니다. 우리가 택할 수 있는 길은 문화밖에 없습니다. 문화는 나라에서 도와주고 정책을 잘하고 해서 되는 것이 아니라, 하는 사람의 의욕과 독자의 지지로 되는 것입니다. 베토벤이 음악을 연주하면 사람들이 모였습니다. 헤겔의 『정신 현상학』은 삼대 기적입니다. 쓴 것이 기적이고, 출판한 것이 기적이고, 많이 팔린 것이 기적입니다. 가장 신기한 기적이 세 번째 기적이에요. 독일의 독서혁명이라고 말합니다. 독서 그룹을 만들어서 헤겔의 난해한 책을 읽었다는 것입니다.

제 책이 5만 부가 팔렸습니다. 독서혁명이 일어나고 있는 거예요. 이런 강좌가 되고 있다는 것도 놀라운 것입니다. 그런데 요즘 들어 그 열의가 줄어들고 있는 것 같아 걱정입니다.

질문자   영미 문학이 전 세계 문학을 주도하는 것처럼 해왔습니다. 교수님께서는 유럽 문학이 해체되었다고 말씀하시는데요. 우리 문학이 너무 갇혀 있다는 지적도 많습니다. 그래서 다른 나라 말로 번역해 다른 나라에도 나갑니다. 다른 나라의 평가를 커다란 잣대로 보도하는 신문도 있습니다. 그런 것이 허상이 아닐까 하는 생각을 하게 됩니다.

조동일   미국을 이야기하면 문학 작품도 아시아계 사람들이나 흑인들이 바람을 일으키고 있습니다. 본래 것이 아니고 다른 쪽에서 보태주어서 연명하고 있다는 말입니다. 그 다음에 중요한 것은 자국의 독자입니다. 좋은 책과 잘 팔리는 책의 근접 정도는 그 나라의 문화 수준입니다. 그런데 우리나라는 그 근접도가 가장 높은 나라에 속합니다. 그것은 우리의 역량입니다. 그런데 그 결과가 밖으로 나갔을 때는 번역으로 해결될 수 없는 문화적 차이라는 큰 어려움이 있습니다. 그 사람들이 이해를 못 합니다.

『토지』를 번역했을 때 전혀 환영받지 못한 것이 그 번역도 어렵지만 옮겨놓아도 무슨 말인지 알 수 없기 때문입니다. 번역으로 공감을 얻으려면 우리의 특수한 것을 줄이고 보편적인 것을 써야 합니다. 그리고 작품이 너무 길어요. 요즘 사람들은 긴 작품을 읽지 않습니다.

번역하는 사람들끼리 하는 이야기가 있습니다. 한용운은 번역하기도 쉽고, 하면 잘 먹혀 들어간다고 합니다. 그러나 김소월은 번역하기가 어렵고 해놓아도 잘 안 된다고 합니다. 김소월은 너무 우리 것인 거죠.

이에 반해 한용운은 그보다 보편적인 것을 다루고 있어요.

그런데 요즘 우리나라 작품이 너무 김소월 식입니다. 보편적인 것을 써야 합니다. 그런 쪽으로 생각을 돌려야 합니다. 국내에서 지지를 얻고 독자를 얻는 것도 좋은 일이지만 안팎에서 인정을 받으려면 그렇게 해야 합니다. 제 책도 번역해놓으면 무슨 말인지 몰라요. 그래서 이번 불어판을 낼 때는 프랑스 교수와 한 권으로 줄여서 다시 썼습니다. 학술서적은 그것이 가능할지 몰라도 작품은 그렇게 할 수 없는 것 아닙니까? 번역해서 지지받을 수 있는 것을 염두에 두고 작품을 쓸 수 있는 작가가 나와야 해요. 지금의 작가로는 안 돼요. 전 10권짜리가 아니고 단권이어야 합니다. 그 전환이 아직 이루어지지 않고 있습니다.

질문자 서구 문학·문화에 대한 우리나라의 태도는 어떻습니까?

조동일 문학을 하는 삶의 유형에는 두 가지가 있죠. 1930년대 작가들은 서양 것이 제일이고, 일본에 들어와 있는 것이 그 다음이고, 그것을 일본을 통해 흡수해야 한다고 생각했습니다. 그렇게 생각하는 사람들은 그 당시에는 행세를 했어도 지나고 보면 거의 헛것입니다. 그와는 다르게 우리 것을 가지고 자기 목소리를 낸 사람들은 의미가 있습니다.

또 우리말로 철학하기라는 것도 문제가 있는데 어떤 사람들은 서양 철학을 순수한 우리말로 잘 옮겨놓고 우리말로 철학했다고 말합니다. 그러나 그것을 다시 서양말로 번역하면 다시 원래의 것이 되어버립니다. 그것은 우리말로 철학하는 것이 아닙니다. 우리말로 철학한다는 것은 우리말로 창조한다는 것입니다.

생극론의 발상, 이것은 우리 것이니까, 생극론을 영어로 무엇이라 불러야 할지는 문제가 되겠지만, 그 단어를 쓰지 않아도 이야기가 되는 것이죠. 그래서 저쪽을 따라가고 추종하는 것이 상당히 행세를 했지만 실은 그것은 아무것도 아닌 것입니다.

 1970, 80년대를 지나면서 저쪽을 따라가는 것이 재미없다는 것은 확연히 알려졌습니다. 그렇게 행세하는 작가도 없고 그렇게 써야 한다고 부추기는 평론가도 없습니다. 그건 확실히 병이 나았다고나 할까, 유년기를 벗어났다고나 할까. 한 단계 넘어섰다고 할 수 있습니다.

질문자 아까 이규보와 김시습에 대해 말씀하셨는데요. 그들에 대해 좀더 자세히 말씀해주시면…….

조동일 기학의 대표자인 서경덕의 선구자를 말한 것이었습니다. 김시습과 이규보가 서경덕의 선구자인데, 김시습은 철학적 표현과 문학적 표현을 아울러 썼고 이규보는 문학적 표현만을 썼습니다. 철학적인 논술을 갖춘 사람으로는 다음 세 사람을 들 수 있습니다. 서경덕은 이기론理氣論에 대해서 정의 내린 사람입니다. 이기론은 요즘 중국에서 쓰는 용어로 하자면 본체론本體論입니다. 서양철학 용어로는 존재론이라 할 수 있습니다. 임성주任聖周는 거기다가 심성론心性論을 덧붙였습니다. 서경덕은 심성론은 건드리지 않았습니다. 윤리 도덕의 문제가 끼어들어 있기 때문에 건드렸다면 견뎌내기 힘들었을 것입니다.

 최한기는 요즘 말로 하면 인식론의 문제를 거론했습니다. 즉 인식론에 방법론을 보탰습니다. 이 세 단계를 거쳐서 기 철학이 이루어졌습니다. 이 세 단계가 모두 우리의 소중한 유산입니다. 임성주를 따라서 두 사람이 중요한 일을 했는데, 바로 홍대용과 박지원이 그들입니다. 그들은 임성주의 유산을 받아 확대했고, 그것을 문학적으로 다시 표현했습니다. 이에 관해서 제가 쓴 책이 몇 권 있는데, 그 중 『한국의 문학사와 철학사』라는 책에 많이 나와 있습니다. 이 강의가 계속되었기 때문에 기 철학에 관해서 다른 분들이 많이 이야기하셨을 것이라 생각해서 생략했고, 이 이야기를 너무 깊이 하다 보면 본론으로 들어가지 못할 우려가 있었습니다.

질문자 한국 소설의 현 주소와 미래를 말씀해주셨으면 합니다.
조동일 한국처럼 소설뿐만 아니라 시詩도 성업하고 있는 나라가 많지 않습니다. 문학 수준이 높고, 그것을 자랑할 만한 나라입니다. 그러나 좀더 보편적인 부분을 다루어야 합니다. 아프리카 소설은 인류 전체의 문제를 다루기 때문에 위대한 것입니다. 우리도 우리 사회 내부만 다룰 것이 아니고 인류 전체의 문제가 우리와 어떻게 연관되는가를 이야기해야 합니다.

오늘날 유럽에서 사회 내부의 계급 대립은 거의 없어졌다고 할 수 있습니다. 왜냐하면 프롤레타리아도 부자와 마찬가지로 생활하고 있어요. 또 이런 관점으로 소설론을 제기하는 사람도 있습니다. 그러나 그것은 거짓말입니다. 유럽에 많은 외국인 노동자가 가서 힘한 일을 하고 있습니다. 유럽인과 외국인 노동자 사이의 계급 모순은 분명히 존재하고, 그것은 곧 민족 모순입니다. 하지만 그들은 유럽인과 외국인 노동자의 문제는 다루지 않습니다.

그러나 아프리카 사람들이 그것을 다루어요. 여러 작품에서 아프리카 사람이 유럽에 가서 일하면서 겪는 이야기를 하고 있어요. 우리나라 작가는 아무도 여기에 와 있는 외국인 노동자와 우리의 관계를 다루지 않아요. 가장 빈곤한 사람을 대변한다고 열을 올리는 사람도 그 사람이 대변하는 것은 한국 사람뿐이지 동남아시아 사람은 아니에요. 우리나라에 와 있는 외국인 노동자가 우리말로 그런 소설을 쓸 수 있느냐? 그럴 수 있어요.

방글라데시에서 와서 돈을 벌어 서울대 국문과에 다니는 학생이 있어요. 한 해 벌어 다니고 두 해 쉬고 하면서 4학년까지 다녔다고 해요. 지금의 문제는 한 나라의 문제가 아닙니다. 많은 문제가 지구 전체에서 얽혀 있는데 그 문제들에 관해서 우리나라 작가들은 둔감해요. 여기에 한국 문학의 커다란 한계가 있고 세계로 진출하는 데 장애가 있습니다.

질문자 선생님 같은 분들이 지도를 해주시면 좋을 텐데요. 우리나라 대형 출판사에서 나오는 책들은 거의가 기본형이라고 할 수 있는, 이를테면 모범 답안형이 많거든요.

조동일 그렇습니다. 범속한 작품들이 많은 가운데 이따금씩 뛰어난 작품들이 있어요. 그런데 범속한 작품으로 만족하겠다는 사람들에게는 할 말이 없고, 뛰어난 작품을 써보겠다는 사람에겐 이 말이 귀에 쏙 들어올 것입니다. 여하튼 자기 생각과 체험의 범위 내에서 외국인 노동자가 다 같은 사람이라는 사실을 인정해야 합니다. 그래서 이제는 한국인의 이야기를 쓰는 것이 아니라 '사람'의 이야기를 써야 합니다.

우리나라는 식민지라는 학교를 가장 짧게 겪은 나라입니다. '단기 완성'을 공부한 것입니다. 모진 압박을 받았다고는 하지만 그것도 기간이 짧기 때문에 그렇게 심하게 받은 것이 아닙니다. 3·1운동이 있었어도 그 자리에 기관총을 발사해서 몇천 명을 쏘아 죽이는 그런 일은 없었어요. 영국은 인도에서 그렇게 했어요. 그러면서도 우리는 민족해방투쟁은 가장 격렬하게 했지요. 그것을 겪지 않았다면 어디에 가서 체면을 세웠겠나 하는 생각이 들었습니다. 우리 선조들이 그러한 경험을 남겨주어서 제가 이런 책도 쓸 수 있었던 것이 아닐까 생각합니다. 우리한테는 너무나도 소중한 경험이라는 것입니다.

질문자 그래도 겪지 않은 것이 더 낫지 않았을까요?

조동일   그렇지 않아요. 겪지 않은 예를 들자면 타이를 들 수 있습니다. 타이의 사회 발전은 대단히 느립니다. 타이의 왕정王政이라는 것은 적어도 역사 발전에 큰 걸림돌이 되었습니다. 식민지 통치가 왕정을 타파했어야 합니다. 우리나라도 그때 식민통치를 겪지 않았다면 조선 왕조가 아직도 계속되었을지도 모릅니다. 그때 과감하게 왕정을 집어던졌고, 상해에서 임시정부를 세울 때 국호를 대한민국이라 했습니다. 왕정이 역사적으로 실패한 것이라는 게 입증되었는데도 타이에서는 왕정을 타파한다는 생각은 있을 수 없습니다. 타이는 도저히 민주 사회가 될 수 없습니다.

일본도 그렇습니다. 천황을 정점으로 하는 신분 사회입니다. 일본은 가해자가 되었지만 자신들이 민족해방투쟁을 했어야 그러한 과거를 청산할 수 있었을 것입니다. 그들이 가해자 노릇을 했던 그 짐이 아직까지도 치유되지 않고 있습니다. 청산의 기회가 없었기 때문에 일본은 내부적으로 민주 사회가 될 수 없는 것입니다.

제2차 세계대전에서 패전했을 때 미군이 진주해서 천황을 사형시켰다면 일본의 애국자들은 땅을 쳤겠지만 일본한테는 더 없는 약이 되었을 겁니다. 그때 미국은 일본을 하루빨리 굴복시켜 반공에 내세우기 위해 모두 인정한 것입니다.

우리는 그것을 다 청산했습니다. 천민이라는 것은 일본에도 있었고 우리나라에도 있었습니다. 일본에서는 부락민이라고 해서 아직까지도 그것이 밝혀지면 사회에서 완전히 냉대를 받습니다. 직장에서도 쫓겨나고, 가정에서도 이혼 당합니다. 우리나라도 자신의 선조가 백정인 사람이 있어요. 그러나 자신도 그것을 의식하지 않지만 설사 그것이 알려진다고 해도 요즘에는 그것을 문제삼지 않습니다. 같은 사회 구조였지만 우리는 평등 쪽으로 가고 있습니다. 중국도 사회주의 혁명을 겪고 평등 사회가 되었습니다.

그러나 우리나라는 사회주의 혁명을 겪지 않고도 그렇게 되었습니다. 택시 운전사가 대통령보다 똑똑한 나라는 우리나라밖에 없어요. 이만큼 평등한 사회가 없어요. 물론 조선시대에도 그런 기질이 있었고, 오랫동안 민중 운동이 축적된 산물이지만 결정적으로 식민통치 때 모두 무너졌습니다. 이런 것이 일본 사회에서는 절대로 불가능하고 그 사람들이 우리를 부러워하는 이유가 됩니다. 사회가 역동적으로 변할 수 있다는 것, 그것은 일본 사람들이 상상도 할 수 없는 일입니다.

그것은 지식 사회에서도 마찬가지입니다. 일본에는 전문적인 지식인이 많습니다. 그러나 일반인이 그러한 전문적인 지식을 습득하려 하지는 않습니다. 학문과 지식이 완전히 계급화되어 있습니다. 소수의 전문가가 있는 것이 일본의 장점이죠. 그 전문화된 지식을 개방하지도 않지만, 개방한다 하더라도 일반인은 관심이 없습니다. 철학 시민강좌를 하는 나라는 없어요. 국가에서 하는 경우나 문화단체에서 하는 경우는 있지만 이런 강좌는 영업이잖아요? 철학이 장사가 되는 것, 그것이 우리나라의 수준입니다. 소수의 전문가와 일부만 알아들을 수 있는 이야기가 우리나라에서는 통하지 않습니다. 그것이 우리의 활력입니다.

질문자 우리나라에서 기 문화가 발달하게 된 정신적인 배경이 무엇이라고 생각하십니까?

조동일 아주 좋은 질문이에요. 그것은 아까도 말했지만 지식과 민중이 가까운 관계였기 때문이라고 생각합니다. 지식인이 민중이 생각하는 것을 받아들였어요. 지식인의 고답적인 세계를 폐쇄적으로 닫아놓는 것이 아니었습니다. 민중이 하는 생각을 들어야 한다는 것이나 민중이 하는 생각을 옮길 뿐이라는 생각을 하고 있었던 것이 기학을 만들어낸 배경입니다. 그러한 문화 구조가 예전부터 있어왔던 데다가 결정적으로 식민지 때 해방투쟁을 했기 때문입니다.

시집이 팔리는 나라는 지구상에 우리나라밖에 없다고 합니다. 인구 비례로 시인이 가장 많은 나라입니다. 그것은 놀라운 일입니다. 우리의 활력이지요. 다른 질문이 없으면 이만 마치겠습니다. 감사합니다.

2강

회화와 서예, 氣로 채우는 無의 여백

기의 문화와 회화

동아시아의 문화는 기의 문화라 해도 지나치지 않다. 기는 동아시아 3국의 보편언어며, 중심체계다. 한국에서 기라는 말이 자연스럽게 통용되듯이 중국과 일본에서도 마찬가지다. 기라고 독립되어 쓰일 때도 그렇지만 '기분氣分' '생기生氣' '분위기雰圍氣' 등은 나름대로의 의미로 3국에서 교차, 반목하면서 쓰인다.

이를테면 '기분'이라는 말이 한국에서는 개인의 정서상태를 가리킨다면, 중국에서는 집단의 정서상태를 뜻하여 일본의 '분위기'와 통한다. '생기'는 우리말에서는 '생기발랄하다'는 뜻이지만 중국에서는 '화난다'는 뜻으로 전혀 다르게 쓰인다. '원기元氣'는 우리말에서 인간과 관련된 생명력을 가리키지만, 중국에서는 자연계의 근원물질을 번역할 때 쓰이기도 했고, 일본에서는 인사말에서 편안하다(お元氣)는 뜻으로 일상에서 사용된다.

얼마 전 일본에서 나온 연구 업적을 보면, 아시아 3국 사람들의 공통 관심사를 잘 보여준다. 마에바야시 쿄오가즈, 사토오 고오에츠, 고바야시 히로시 셋이 지은 『기의 비교문화氣の比較文化』(동경: 소화당, 2000)라는 책은 중국, 한국, 일본의 순서로 제1장은 기 사상의 전반적인 흐름에 대해, 제2장은 음양과 풍수를, 제3장은 이기론을, 제4장은 양생사상을, 제5장은 무술과 기에 관해 정리했다. 이러한 방식으로 기에 대한 접근이 가능하다면 음양과 풍수, 이기론, 양생설 그리고 무술조차 동아시아 3국이 기라는 공통분모로 모이고 있음을 알 수 있다.

단적인 예로 중국의 태극권이나 한국의 흔기공이나 일본의 검법은 모두 기에 바탕을 두고 있다는 것이다. 하다 못해 무당이 작두춤을 추는 것도 이와 관련해 설명된다. 그밖에 우리의 역사와 관련해서는 서경덕, 이구, 최한기를 비롯하여, 이제마의 『동의수세보원東醫壽世保元』과 이덕무, 박제가, 백동수가 정리한 『무예도보통지武藝圖譜通誌』도 다루고 있다.

이런 마당에 우리의 주제인 회화와 기를 관련짓는 것은 너무도 당연하게 보인다. 이른바 회화(繪畫: painting)라는 범주조차 상당히 서구적이어서 동양의 의미와 잘 맞아떨어지지 않는 것도 사실이지만, 적어도 기만큼은 동양회화와 밀접하다는 것을 인정하지 않을 수 없다. 동양화에서 흔히들 말하는 '기운氣韻' 또는 '문인기文人氣' 등이 곧 그러한 것이다. 평가의 기준도 기에 두고 있어, 기가 있고 없음에 따라 작품을 품평했다. 그런 점에서 동양화에서 기는 창작의 근본방식이며 비평기준이었다.

서양에서 이른바 '그림'은 표현재료로는 유화, 수채화 등으로 나뉘고, 표현주제로는 초상화, 풍경화 등으로 나뉘고, 표현방법으로는 구상, 비구상(非具象: 추상抽象)으로 나뉜다. 그런데 동양의 분류 방법은 이와 항상 일치하지는 않는다. 전통적 의미에서 이른바 '그림'은 재료 중심으로는 수묵水墨화와 채색화, 대상 중심으로는 산수화와 인물화, 목적 중심으로는 비직업적인 문인화와 직업적인 화원畵員화로 나뉜다. 그런데 서양의 구분법에는 기라는 개념이 끼어들어갈 구석은 많지 않다. 재료상, 주제상, 표현상 기는 적용되지 않는다. 기가 있는 동작이나 경치 또는 사물의 추상화라는 관념은 서양화에서 성립되지 않는다. 그러나 동양화는 직접적으로 연관시킨다.

수묵화를 강조하는 까닭도 색채보다 오히려 검은 먹물이 더욱 기를 드러낼 수 있을 것으로 생각했고, 산수 속에 인물을 감추는 까닭도 산세를 통해 드높은 인격을 나타내고자 한 것이며, 직업적인 화가보다는 비직업적인 화가의 그림을 더 높이 평가하는 것도 그들의 여취餘趣가 속기俗氣를 버렸다고 여겼기 때문이다.

회화는 기본적으로 그림을 뜻한다. 그런데 동양화는 늘 '서화書畵', 그것도 '시서화詩書畵'를 함께 묶었다. 그림에는 글씨가 따라붙고, 게다가 시라는 문학작품까지 따라붙었다. 그런 점에서 회화를 앞세우는 방식은 서구의 영향이 많이 가미된 것이다. 한국에만 있다고 볼 수 있는, 대학의 서예과가 미술대학에 끼게 된 것은 이러한 서양 전통의 영향에 지나지 않는다. 이런 현상이 벌어지는 것이 오늘날 한국의 현실이다. 너무도 이질적인 내용과 방법으로 글씨를 대접하기 때문에 생긴 것이다. 그림과 글씨를 놓고, 그림을 앞세우게 된 것은 단순히 서양 전통 덕분이라고 생각해도 지나치지 않다. 구전 전통에서 명필 한석봉이 대화가 김홍도보다 유명한 까닭이 바로 여기에 있다. 그러나 이 글에서 우리는 오늘날의 구별에 따라 그림을 글씨보다 앞세운다.

신위, 「묵죽」, 160.2×46.9cm, 고려대학교박물관.

기와 무

전통회화에서 기를 말하면서 빼놓아서는 안 되는 것이 바로 무無다. 동아시아의 예술을 말하면서 기는 말하고 무의 정신을 건드리지 않으면 하나만 알고 둘은 모르는 결과를 낳는다. 기와 무는 동전의 양면과 같아서 상호 긴장관계에서 보완한다.

그렇다면 기는 무의 영역인가, 유의 영역인가? 이에 대해 유가들, 특히 성리학자들은 "우주의 시원은 태허太虛이고, 그 태허는 기로 가득 찼기 때문에, 무는 없다"고 논단을 내린다. 무를 받아들일 수 없었던 유가들에게 "무는 없다(無無)"는 것은 가장 중요했다. 그리고 그 논리로 "기로 가득 찼기 때문에 무는 없다"는 설명은 너무도 매혹적이었다. 유가들은 이런 설명 방식을 성실히 좇았다.

주자朱子도 예외는 아니어서 "태극은 있지만, 무극은 없다." 다시 말해 "무극이라는 것은 태극의 다른 이름에 지나지 않아야(無極而太極)" 했다. 이 세계는 기로 가득 찬 유의 덩어리였던 것이다. 기는 무엇을 만들기보다는 있는 것을 조작操作하는 것에 지나지 않는다. 게다가 그 원리로는 '리理'가 저 위에 있어 말을 모는 기수처럼 기를 타고 다닌다(氣發理乘). 기는 도저히 자기만의 판단을 하지 못할 뿐만 아니라, 해서도 안 된다.

그러나 도가와 불가는 달랐다. 무는 자신만의 고유한 영역이 있다고 그들은 생각했다. 세상의 유는 무에서 나왔으며, 무로 대변되는 부정의 정신이 우리를 진리에 가깝게 인도한다고 믿었다. 유만을 알면 상식적인 인간에서 한 걸음도 못 나간 수준 낮은 인격으로 취급되었다. 세계와 인간에 대한 진정한 이해는 무를 깨달으면서 비롯된다고 여겼다. 허무를 모르고 삶의 진실을 알 수도 없는 일이고, 허정하지 않은 마음으로 세상을 이해할 수도 없다. 행위보다는 행위하지 않음이, 이름보다는 이름 없음이, 자기를 내세우기보다는 자기를 잊어버리는 것이 중요하다고 그들은 말한다. 이때 기는 무를 유화有化시키는 단서이자 계기가 된다. 기의 개입으로 무는 무로만 머물지 않고, 이 세계의 조화造化에 참여한다.

두 판단 가운데 하나를 반드시 선택해야 한다면, 회화의 정신은 기본적으로 후자를 이상으로 삼는다. 자연 속에서 자아 상실로 얻는 무아일체無我一體의 경지는 산수화가 도달하고자 하는 최고의 경지다. 강산은 적막寂寞해야 하고, 그 속의 사람은 적료寂廖해야 한다. 무념無念한 시인묵객이 무상無常한 자연을 벗삼아 세월을 보낸다. 겨울의 눈도, 밝은 보름달도 그리지 않으면 바로 그것이 된다. 멀리 사라져가는 심원한 공간이나 가까이 다가오는 강물도 그리지 않으면 바로 그것이 된다. 유를 그리기 위해서 애쓰지 않고 무를 무로 남겨둠으로써 그것은 다양한 만물의 전조前兆가 된다. 형상이란 그 전조가 드러난 것에 지나지 않는다.

세계의 유는 무를 통해서 이렇듯 드러나야 한다. 화폭의 하얀 바탕은 만물이 생성되어 우리 앞에 현현되기 위한 준비공간이다. 그리고 나머지 공간도 여백으로 남아 있어 세계는 무로 돌아갈 것임을 분명히 한다.

달을 그리지 말고 구름을 그려라. 밝음을 그리지 말고 어둠을 그려라. 있는 것을 그리지 말고 없는 것을 그려라.

사물을 그리지 말고 사물의 주위를 보여라. 사람을 그리지 말고 사람의 생명력을 나타내라. 유를 그리지 말고 유를 감싸고 있는 무를 드러내라.

전통회화의 정신이 이것이다. 보이는 것만 그리면 만물이 갖고 있는 내재적인 기운을 드러내지 못한다. 보이지 않는 그것을 그려라.

청나라 화가인 낭세령郎世寧의 「팔준도」.

강세황, 「영통동도」, 32.9×53.4cm, 「송도기행화첩」 중, 국립중앙박물관.

무와 빛—다수성과 유일성

우리가 그림에서 무를 느끼기는 쉽다. 그림은 여백이 없이 꽉 채워야 한다는 가르침은 서구회화에서나 할 말이었다. 우리가 볼 수 있는 그림의 상당수는 너무도 많은 빈자리가 있는 채 다가왔다. 이런 점이 바로 동서양의 극명한 차이를 보여주는 것이었다. 한마디로 말해, 이 물음은 "채움과 비움의 다름은 어디에서 나왔을까?"로 집약된다.

사실 이 문제의 결론은 너무도 명료하다. 동서회화의 차이는 무엇일까? 여백의 미, 제도법, 원근법, 색채화 등 많은 이야기를 하나로 모을 수 있다. 그것은 바로 '빛'이었다. 서양은 늘 빛이 그림을 간섭하는데 동양은 빛을 철저히 생략했다는 것이다. 빛은 하나의 기준점이었고, 기준이 있으니 제도법과 원근법이 나오고, 먼 것과 가까운 것의 차이가 분명하니 색깔도 달라지고, 빛이 있는 한 공간은 빛으로 채워져야 하므로 비어 있는 곳이 있어서는 안 되었다.

조선 후기 문인이자 화가인 강세황(姜世晃, 1712~91)*의 그림이나 청나라의 「팔준도八駿圖」 등 빛을 개입시킨 동양화를 볼 때, 서양화의 느낌을 곧바로 얻을 수 있다. 만일 사물의 특징을 그리지 않고 제도법에 따라 원근을 정확하게 표현하면 동양화의 느낌은 곧 사라지고 만다. 데생에 철저한 학도가 산수화를 그런 방식으로 그리면 결과적으로 한단지보邯鄲之步가 되고 만다. 산수화에 익숙한 문인이 도시를 그리면 사실적인 분위기와는 영 거리가 멀게 된다.

왜 이러한 현상이 벌어지는가? 한마디로

● 어려서부터 재능이 뛰어나, 8세 때 시를 짓고, 13~14세 때는 글씨에 뛰어난 솜씨를 보여, 소년기에 쓴 글씨조차도 병풍을 만드는 사람이 있을 정도였다. 이익·강희언 등과도 교유하였고, 당대의 유명한 화가였던 김홍도·신위 등도 그의 제자다.
그는 시·서·화의 삼절로 불렸으며, 식견과 안목이 뛰어난 사대부 화가였다. 그 자신은 그림제작과 화평畵評활동을 주로 했는데, 이를 통해 당시 화단에서 '예원의 총수'로 한국적인 남종문인화풍을 정착시키는 데 공헌했다. 이밖에도 진경산수화를 발전시켰고, 풍속화·인물화를 유행시켰으며, 새로운 서양화법을 수용하는 데도 기여했다. 평생 동안 추구한 그의 서화의 세계는 궁극적으로 습기習氣도 속기俗氣도 없는 경지에 이르는 것이었다. 산수·화훼가 그림의 주소재였으며, 만년에는 묵죽으로 이름을 날렸다.
주요 작품으로는 「대흥사도大興寺圖」「산수도山水圖」「송도기행첩松都紀行帖」「영통동도靈通洞圖」「청심담도淸心潭圖」 등이 있다. 이 중 「대흥사도」는 서양화 기법을 잘 표현하고 있다. 현재 국립중앙박물관(www.museum.go.kr)에서 그의 작품을 감상할 수 있다.

말해, 서양의 그림은 '유일성'이 전제되어 있고, 동양의 그림은 '다수성'이 보장되기 때문이다. 여기에서 굳이 서구신학의 유일론을 거론할 필요는 없다. 그러나 기독교 문명 속에서 빛의 유일성을 배제한다는 것은 곧 진리의 거부와도 직결되었으리라는 상상이 전혀 불가능한 것은 아니다.

빛은 서양미술의 핵이다. 빛은 지혜이자 신성이었기 때문에 그들은 빛을 무엇보다도 중시했다. 이를테면 렘브란트Rembrandt의 위대함은 빛의 마술에 있었다. 또 현대의 인상파나 후기인상파가 빛의 인상을 과장하거나 점묘화하는 것은 그들이 빛에 대해 맹목적이기 때문이다. 빛에서 떠나 빛으로 모이는 그림이 바로 서양화인 것이다. 서양화의 철저한 원근법은 바로 빛을 중심으로 충실하게 그릴 때 당연히 도출되는 사물의 모습이다.

그러나 동양인에게 빛은 전혀 중요하지 않았다. 분명한 중심이 없었기 때문에 빛뿐만 아니라 사람의 시각도 다원화되었다. 한 그림에는 원경과 근경은 물론, 아래에서 본 것도 있고 위에서 본 것도 있다. 그리고 작자는 그림을 보는 관찰자가 아니라, 아예 그 속의 인물에다 자신의 심경心境을 싣는다. 관찰자가 없으니 화면은 자연히 다차원적이 되고 만다.

어떤 산수화를 막론하고, 서구적 원근법에 맞게 그려진 그림은 없다. 가려진 풍경은 풀어서 늘어뜨린다. 작자는 화중인물에 시각을 맡겨 아래부터 천천히 꼭대기로 올라가고 있는 것이다. 송대의 범관范寬의「계산행려도谿山行旅圖」나 곽희郭熙의「조춘도早春圖」에서 작자들은 똑같이 산의 허리를 감춤으로써 산의 높이를 올리는데, 그런 것이야말로 그림의 묘미를 극대화하는 것이 아닐 수 없다.

동서양의 미술은 이처럼 출발부터 엄격하게 달랐다. 서양은 그리고

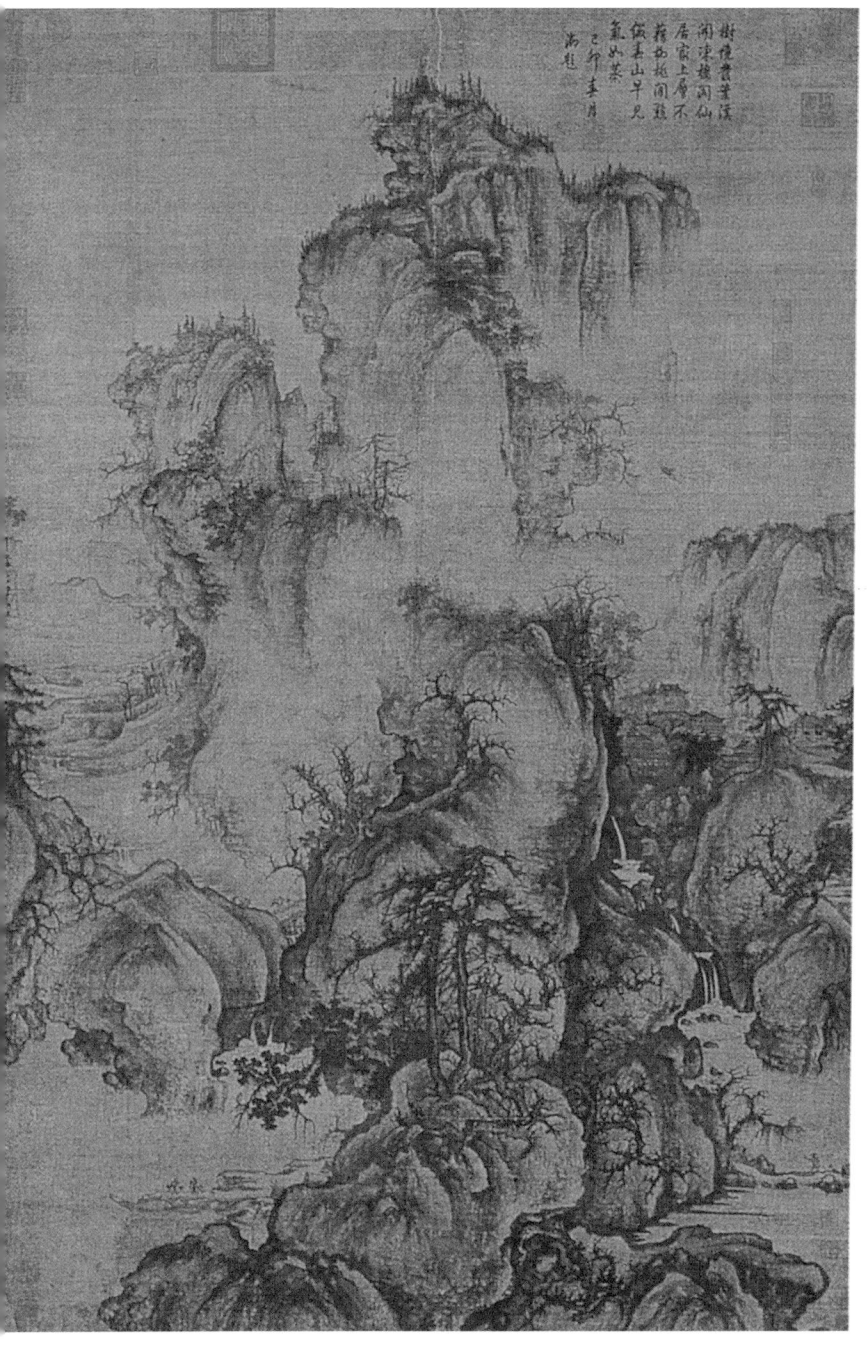

▲곽희, 「조춘도」, 158×108cm, 타이페이 고궁박물관.

범관, 「계산행려도」, 155×74.5cm, 타이페이 고궁박물관.

싶은 것을 그리면 됐지만, 동양은 그리고 싶은 것은 오히려 숨겨야 했다. 그래서 달을 그리고 싶으면 구름을 그려야 했던 것(烘雲拓月)이다. 꽃을 그리고 싶으면 말발굽에 나비를 그려야 했다. 유를 그리기 위해서는 적극적으로 무를 활용해야 했다. 백지란 필묵을 위한 단순한 소재가 아니라 오히려 그것을 살려주는 가장 의미 있는 여백으로, 유를 낳는 무(有生於無, 『老子』)였던 것이다.

그렇기 때문에, 동양에서는 산수山水보다는 작자의 마음이 더욱 중요했다(王維, 凡畵山水, 意在筆先. 『山水論』). 나아가 붓이 지녀야 할 것은 힘줄(筋), 살(肉), 뼈(骨) 그리고 보이지 않는 힘(氣)이었으며, 보이는 병보다도 보이지 않는 병이 더욱 중했다(荊浩, 『筆法記』). 기氣가 동양회화에서 얼마나 중요한지 보여주는 대목이다. 또한 인물화에서도 가장 중요한 원칙이 바로 '기운이 살아 있을 것(氣韻生動)'이었다. 그리고 그 기는 풍경風景뿐 아니라 심경心景과도 밀접한 관계를 맺는다.

기의 미학

그런데 그 기를 마치 유물론적 시각에서 물질로 이해한다면 크게 오독하는 것이다. 비록 그 기는 한대의 우주론자들에 의해 우주에 꽉 찬 어떤 것(元氣)으로 설명되면서 물질화의 첫걸음을 내딛고, 송명시대의 성리학자들에 의해 이理와 대립되는 것으로 이해되는 바람에 순수함이 퇴보되고, 청대의 기론자들에 의해 세勢와 더불어 이해되어 역사적 의미를 띠기도 했지만, 분명한 것은 기는 오늘날의 물질과는 상당한 거리를 지니는 형이상학적인 개념이라는 점이다. 기는 보이지 않고, 가장 '순수한 물질(精)'과 '가장 순수한 정신(神)'을 이어준다.

그런 점에서 기는 무한한 동력을 지닌 것이다. 따라서 기는 무의 부류에 속한다. 보이지 않는다는 점에서, 그것의 모이고 흩어짐이 만물의

이인문, 「강산무진도」, 44.0×856.6cm, 국립중앙박물관.

생사를 정한다는 점에서, 하나로 환원되지만 영원하다는 점에서 그것은 무에 가깝다. 그리고 그 없음은 빔 가운데에서도 '가장 큰 빔(太虛)'이다. 송초의 이학자는 태허는 기로 가득 찼기 때문에 무는 없다고 주장했지만(張載,『正蒙』), 그것이 곧 없음의 전부일 수는 없다. 유는 유로 한정되어야 유이다. 그런데 태허는 유로 한정되지 않고 무한하다. 그런 점에서 무한은 무의 영역으로 돌려져야 하는 것이다.

그림에서 무를 찾고자 함은 여러 방식으로 드러난다. 무엇보다도 먼저 얼굴이 아니라 눈에서 정신-눈빛(眼神)이 느껴질 것, 의경意境을 그릴 것, '완숙도(能)'나 '기묘함(妙)'보다는 '정신성(神)'을 우선시 할 것, 나아가 그런 품차品差조차 떠날 수 있을 것(逸) 등이다.『장자』에서 송나라 원군은 그림을 그리라니까 옷을 홀랑 벗은 화가(史)를 '진짜 화가'라고 부르지 않았던가.

유가들이 도가의 무를 받아들이지 못했음에도, 그림에서만큼은 유가가 마음을 열고 없음의 무리를 받아들였던 것 같다. 그것은 유학의 형이상학으로는 설명되지 않을 심미적 세계가 요청되었기 때문일 것이다. 조선 후기의 이인문(李寅文, 1745~1821)●이 산수를 그릴 때도 '강산무진(「강산무진도江山無盡圖」 참조)'을 강조했어야 하듯, 무의 접촉이야말로 예술적 출발이었던 것이다. 주자가 벌려놓은 무극과 태극의 동일성 문제에서 문인화가들이 비록 완전히 자유롭지는 않았을지라도, 그림에서만큼은 무를 마음껏 향유할 수 있었다.

● 독창적인 면에서는 김홍도만 못하다는 평도 받고 있으나 기량이나 격조면에서는 그와 쌍벽을 이루었던 화가로 조선 후기의 회화 발전에 크게 이바지했다. 대표작으로는 조선 후기의 걸작으로 꼽히는 「강산무진도」를 비롯하여 「송하담소도松下談笑圖」 「송계한담도松溪閑談圖」 「하경산수도夏景山水圖」 「누각아집도樓閣雅集圖」 등이 있다.

석도石濤는 중국의 화론畵論에서는 독보적인 지위를 지닌다. 명말청초에 시국의 비운으로 출가한 문인들이 많았는데, 그 가운데 후대 역사에서 화가로 이름을 남긴 이들(점강漸江, 곤잔髡殘)이 있었다. 그 가운데 석

주탑, 「산석소조山石小鳥」, 136×48.7cm, 상하이박물관.

주탑, 「조하도鳥荷圖」, 94.1×28.4cm, 상하이박물관.

주탑, 「매화도梅花圖」,
32.4×25.7cm, 남경박물관.

도는 가장 나이가 어리고 출가할 때도 열 살 전후라서 자의식이 있었다고 보기는 어렵지만, 후에 그가 남긴 화론은 화가들의 애독서가 되었다. 그의 화론은 옛날 옛적에는 법이 없었으며(太古無法), 바로 그 없었던 법이 처음의 법을 낳았고 그 처음의 법이 모든 법을 꿰뚫는다(蓋以無法生有法, 以有法貫衆法也. 『畵語錄』)는 말로 시작된다. 석도는 무법無法이 유법有法을 처음으로 만들었고, 유법은 중법衆法에 일관되게 적용된다는 주장으로 무의 지위를 천명하고 있다. 불법佛法이 무의 인식에서 시작하듯이, 화론도 무와 관련하여 서술되는 것이다.

또 다른 인물로 우리는 팔대산인八大山人으로 잘 알려진 주탑朱耷이라는 중국의 위대한 화가를 기억한다. 명나라가 망하면서 승려의 길을 갔던 그는 아주 절제된 필묵으로 모든 사물의 특징을 잘 그려냈다. 그의 새 그림은 어느 누구도 흉내내지 못할 극도의 간명성을 지닌다. 매화라 할지라도 몇 획 되지 않는 붓으로 천고千古의 세월을 담아낸다. 그가 그만큼 먹과 붓을 아낄 수 있었던 것은 정신 속에서 선가禪家의 무를 지향하고 있었기 때문이다. 필묵을 써야 하는 예술에서 '먹을 아끼는 것(성묵省墨)'이 얼마나 중요한지는 거듭 말할 필요가 없을 것이다.

기능론적 접근

기와 무라는 너무도 큰 주제를 놓고 말한다는 것은 어쩌면 아무 말도 하지 않은 듯 보일 수도 있다. 그렇기 때문에 우리는 '기는 무엇인가'라고 묻기보다는 '기는 어떻게 쓰이는가'를 물어야 한다. 실체론적 접근이 아닌 기능론적 접근을 해야 좀더 많은 기의 모습과 역할을 드러낼 수 있다는 것이다. 이는 마치 '종교란 무엇인가'를 묻느니 차라리 '종교란 어떻게 드러나는가'를 묻는 종교현상학적 태도와 비슷하다.

기는 무소불위無所不爲의 것이라는 점에서 많은 비판을 받아야 하지만, 그렇다고 해서 '그것은 바로 이것'이라고 말하는 것처럼 거짓도 없다. 오히려 기는 그만큼 언어와 의미의 폭이 넓기 때문에 많은 표현 속에서 활용되고 있는 것이다. '분위기가 왜 그래?' '기 싸움에서 졌다.' '기운 좀 펴!' '기가 다 빠졌다.' '생기를 넣어준다.' '기가 살아 있다.' '기가 차다' 등 기라는 용어는 사회에서 적절히 기능하고 있다. 그럼에도 이 기능성을 제외하고 그것이 무엇임을 밝혀야 한다고 접근한다면, 그는 여전히 실체론의 집착에서 벗어나지 못한 것이다.

한의학에서 말하는 '기가 허해서'나, 음악에서 말하는 '선율 속에서 기를 느끼고', 신과학에서 말하는 '우주의 기' 등 그들 언어의 모호성과 추상성에 매달리지 말고, 그것이 어떤 맥락과 용법에서 쓰이는가를 주의 깊게 보아야 한다. 크게 보아 기의 탐구는 구체성과 추상성 사이에서 헤매는 과정인 것이다.

여기에서 회화는 중심 역할을 한다. 회화는 구체적인 사물을 추상抽象하는 기법으로 그린다. 사물을 모두 화폭에 옮길 수는 없기 때문에 반드시 적당히 대상을 덜어내는, 곧 사상捨象하는 경로를 밟을 수밖에 없다. 그것이 완성되는 과정에서 기가 담긴다. 기를 놓치면 나쁜 그림이 되고, 기를 얻으면 좋은 그림이 된다. 사물의 처지에서 본다면, 기가 잘 드러난 것은 좋은 그림이고 기가 눌린 것은 나쁜 그림이다.

중요한 것은 우리 언어와 사유체계 속에서 드러나는 기의 이러한 기능성이다. 여자란 무엇인가를 묻느니 차라리 이 사회에서 여성의 지위와 대우 그리고 역할을 묻는 것이 훨씬 효과적이고 의미 있듯이, 기 또한 그것의 용례를 물어야 한다. 화론은 그런 점에서 매우 가치 있는 기의 보고寶庫다.

서예의 운명

현대화 과정을 겪으면서 서예書藝처럼 신분이 불안정한 예술도 없을 것이다. 한국에서는 '서예'라 하지만, 중국에서는 '서법書法', 일본에서는 '서도書道'라고 한다. 중국과 일본이 '법'이나 '도'라는 표현으로 그것의 정신성을 강조하려 한 반면에, 한국에서는 '글씨가 예술이다'라고 인정받기 위해 부단히 노력한 흔적이 발견된다. '서예학' 또는 '서예술'이라는 이름으로 그런대로 제자리를 찾아가고 있기는 하지만 아직도 일반 예술과의 화해는 멀어만 보이고, 그것이 예술인지 여부는 아직도 논란의 여지가 많다.

그러나 분명한 것은 서예도 나름대로 고유의 영역이 있다는 점이다. 회화나 조각, 디자인과는 다른 독특한 장르인 것이다. 글씨를 연습하기 위해 못의 물을 검게 물들인다든지, 필력을 얻기 위해 자세부터 교정한다든지, 종이가 뚫릴 정도의 힘을 붓에 전달할 수 있다든지, 겉으로 아무리 잘 쓴 글씨라도 하늘에 비추어보았을 때 중봉中棒이 되지 않으면 안 된다든지, 예쁜 글씨보다는 오히려 못 쓴 글씨가 더 좋게 평가된다는지 하는 것들은 일반 예술의 영역과는 확연히 다른 체계를 서예가 지니고 있음을 보여준다.

그런 점에서 서예를 '예쁜 글씨calligraphy'라 번역하는 것은 옳지 않다. 서예는 '못난 글씨cacography'도 넉넉히 포용할 수 있는 예술의 체계가 있다. 이를테면 당나라 문인인 안진경(顏眞卿, 709~85)의 글씨는 획이 두꺼워 상당히 아둔하게 보일 수도 있는 글씨다. 실제로도 나는 어렸을 때 안진경의 글씨가 영 눈에 거슬렸다. 뼈침 획의 기형적인 굵기가 늘 마음에 안 들었다. 그러나 안진경은 군인의 기백을 그 획에 담고 있었다. 마치 무사가 칼을 늘어뜨리고 있듯이, 안진경은 자신의 기

왕희지 서체.

안진경 서체.

개를 글씨에 담았던 것이다. 이런 상황에서 글씨의 미추美醜를 따진다는 것은 무의미한 일이 된다. 내가 어렸을 적 좋아하던 왕희지(王羲之, 307~65)의 글씨는 세월이 가면서 싫증도 나고 그 여성스러움에 식상하기도 했다. 너무 매끄러운 머리새를 한 사람이 징그러운 것처럼 그의 글씨가 지겨워지는 것이다. 그런데 왕희지의 글씨는 역시 위魏 부인의 여성스러움을 본받고 있었다. 부자의 위계를 바꿀 수 없는 유교적 질서 때문에 아버지보다 높이 평가되는 일이 없지만, 때로는 왕희지의 아들인 헌지獻之가 오히려 기개가 있어 보일 수도 있는 것이다.

서예술은 이런 까닭에 동양예술의 전형적인 감수성을 잘 드러내고 있다. 그리고 그 감수성의 중심에 기라는 개념이 존재한다. 그 기는 아름다움과 못남을 넘어서 확연히 예술적 판단기준으로 설정되어 있는 것이다. 이때의 기는 '힘'이라는 말에 가장 가깝다. 그래서 '힘이 있는 글씨'와 '힘이 없는 글씨'가 바로 글씨 품평의 우선 순위에 놓이게 되는 것이다.

감성의 재발견

우리에게 감성感性은 왜 중요한가? '감성'이란 말은, '이성理性'과 마찬가지로, 우리에게 있었던 말이 아니다. 그러나 성리학적 체계에 익숙한 동양의 근대인은 사람의 사유 능력을 '성性'은 성인데 '헤아릴 수 있는' 성이라는 뜻에서 이성이라 번역하고, 그 이성과 상반되는 개념으로 '느끼는' 성이라는 뜻에서 감성이라 번역했다. 성리학 체계에 더욱 정통한 사람이라면 다른 개념을 취했을지도 모른다.

이성은 주자의 주요 명제인 "성이 곧 리이다(性卽理)"에서 나온 것이기 때문에 이기理氣의 체계를 벗어나지 않는다. 따라서 감성은 이와 상비되는 기의 개념으로 '기성氣性'이라 설명될 수도 있겠지만, 문제는 기는 성이 될 수 없다는 주자적 원리 때문에 기와 성이 한자리에 있지 못한다. 그렇다면 이와 상반되는 기와 성과 상비되는 정情을 모아 '기정氣情'이라 부를 수도 있을 것이다. 만일 기정이 성리학적 어법에 어색하다면, '정기情氣'라고 부를 수도 있겠다.

이처럼 미학이 감성학이라고 할 때, 기를 논하는 우리의 설명에서 그것은 정기에 관한 학문으로 이해된다. '미학'이라 하면 단순히 미에 관한 학문이라 해석되지만, '정기'라 하면 유가적 성정性情론과 도가적 기氣론 그리고 멀리는 불가적 이理론까지 망라하는 상당히 복잡다단하고 광대무변한 학문으로 변한다.

성정론의 '정'과 이기론의 '기'가 만나 기존의 성리학적 구조와는 다른 주장을 하게 되는 것이다. 송명 철학의 화두가 이와 성이었다면, 청대 철학의 화두는 정과 기였음은 다 아는 사실이다. 송명의 이는 '천리天理'이자 '사단지성四端之性'이었고, 청대의 정은 '칠정七情'이자 '기세氣勢'였다. 송명의 철학자들은 순수한 '본연本然'에 매달려 이상을 꿈꾸었고, 청대의 철학자들은 잡다한 '기질氣質'을 잡고 현실을 고쳐보려 했다.

우리가 말하는 감성의 문제가 이렇게 전통적인 틀에서 이해되면 이처럼 넓고도 많은 문제를 포함하게 된다. 적어도 우리에게 이성이 말할 수 없는 다른 영역을 말할 수 있게 해주며, 우리는 그 영역에서 전통이 하는 이야기를 감성을 사용하여 들을 수 있게 되는 것이다. 그렇게 되면『시경詩經』을 '듣는 것'도 시학詩學의 태도가 필요하며,『예기禮記』의「악기樂記」를 '읽는 것'도 음악학의 자세가 필요하며,『역경易經』을 '보는 것'도 미술학의 근거가 필요하다. 과연 우리의 감성이란 무엇이기에 이렇게 세계를 이해하는 큰 방편이 될까? 나는 중국과 일본, 한국의 철학에서 이성에게 버림받지 않은 감성의 소중함을 깨닫는다. 어쩌면 이성은 서구인조차 비판하는 '도구적 이성'에 지나지 않을지도 모른다.

그럼에도 철학계에서 이성은 활약하지만 감성은 나약하다. 아니, 거꾸로 표면상으로는 이성을 앞세우며 다투지만, 실제로는 감성적 충돌과 왜곡 그리고 편견 때문에 싸우는 것이 더 많을지도 모른다. 그러나 아무도 그것을 드러내려고 하지 않는다. 이처럼 이성은 감성을 포장하거나 변형시키는 데 앞장서고 있을 뿐, 감성을 있는 그대로 보여주길 바라지 않는다.

우리의 철학이 말하고 있는 원융圓融, 조화調和, 화해和諧, 무차無遮, 불이不二, 화쟁和諍, 병존竝存, 상감相感 등이 가리키는 것은 이성만이 아니다. 차라리 감성의 것이라 할 수 있을 그 무엇이다. 비록 그것은 말로 그려지길 싫어하지만 우리 앞에 있으며, 우리에게 무엇인가 건네주고 있다. 때로 우리는 그것이 말을 싫어한다는 까닭에 말을 멈추기도 한다. 그리고는 '경지(境地: 境界)'라고 얼버무리기도 한다.

그러나 말을 싫어한다는 것은 서양식의 구분에 따르면 '이성의 언어'를 거부하는 것이지, '감성의 언어'를 거부한다는 것은 아니다. 더 정확히는 '경지의 언어'다. 말은 말을 할 수 없는 곳에서 멈추는 것이지, 말을 할 수 있는 데서 그냥 멈추는 것이 아니다. 장자는 말한다. "앎은 알지 못하는 곳에서 멈춘다(知止其所不知.『莊子』,「齊物論」)."

나는 그런 것이 '미학'이라는 범주에서 이야기되길 바라고 있다. 그것은 한마디로 감성의 재발견이다. 너와 내가 하나일 수 있고, 만물과 내가 하나일 수 있고, 천지와 내가 하나일 수 있는 그 감성을 학문적으로 드러내는 것이다. 사실상 "하늘과 사람이 하나가 된다(天人合一)"는 명제는 단순히 감성적인 것만은 아니다. 하늘은 자연계를 뜻하고 사람은 인간계를 뜻하니, 자연계와 인간계의 밀접한 관련성을 강조하는 이성적 선언이기도 하기 때문이다. 그 관계(人・天)가 움직이는 것과 움직이지 못하는 것, 만드는 것과 만들어진 것, 생각하는 것과 생각되는 것,

먹는 것과 먹히는 것으로 이분되어 이해될 때는 더욱 그러하다.

그러나 그 관계(天·人)가 실제로 하나가 될 수밖에 없다는 쪽으로, 다시 말해 움직이는 것은 움직이지 못하는 것 때문에 움직이고, 만들어진 것 속에는 만드는 것이 담겨 있고, 생각하는 것과 생각되는 것이 어우러지고, 먹는 것과 먹히는 것이 아니라 서로 먹기도 하며 주기도 한다고 파악되기 시작하면, 자연계와 인간계는 진상眞相에서도 일원화된다.

우리의 미학적·심미적 이해, 곧 감성의 접근이 바로 후자적 태도를 취한다. 하늘과 사람의 관계설정을 결코 떨어뜨리지 않고 한 곳으로 묶으려는 노력이다. 세상을 보는 눈이 분석적이거나 개별적이지 않고, 화해적이며 나아가 포괄적인 심미성을 갖는 것이다. 그것을 '비논리적' 또는 '비과학적'이라고 하면, 우리는 '미학적' 또는 '심미적' 아니면 '감성'이라고 말하면 된다. 초창기 서양철학자들이 제시한 분석·종합 또는 추론·직관으로 동서를 나누는 작업은 기본적으로 우리가 여기에서 말하는 이성·감성의 틀을 밑받침해준다. 그렇다고 해서 우리의 논의가 서양철학적 분법의 한쪽만을 택하는 것은 아니다. 오히려 한 존재가 발산하고 있는 기 또는 기운(aura: 發氣나 조짐의 氣運)을 얼마나 온전하게 이해하는가에 우리의 초점이 맞추어져 있다.

장자의 기

장자는 중국 문화에 두 가지 큰 영향을 미쳤다. 하나는 철학의 영역이고, 다른 하나는 미학의 영역이다. 그러나 그런 분류는 현대적 학문 연구의 방향일 뿐, 사실은 오로지 하나의 개념으로 전 영역에 영향을 끼쳤다고 해야 할 것이다. 그것이 바로 기氣이다. 중국철학사의 기론은 원론적으로 장자의 철학에서 비롯되었다.

장자의 기가 철학사에 미친 영향은 두 말할 나위가 없을 정도로 명백

하다. 거칠게 말해, 『장자』를 본 사람은 기론자가 된다. 대표적인 예가 『장자해莊子解』와 『장자통莊子通』을 낸 청대의 왕부지王夫之요, 예외가 있다면 비록 「내편」에 불과한 『장자변해莊子辨解』에서 주자학에 훈수되어 이의 역할을 쉽사리 부정할 수 없었던 조선의 한원진韓元震이다. 그러나 『장자』의 주해를 낸 사람은 대부분 기의 철학자가 되는 것이다.

철학에서는 기가 이와 더불어 많은 요철凹凸과 전절轉折을 겪지만, 반면 기가 꾸준히 자신의 지위를 확고부동하게 지키는 곳이 바로 미학이다. 철학에서 이기理氣론은 성정性情론과 더불어 많은 우열 시비를 일으키지만, 미학에서 기론은 독보적이며 전천후였다. 게다가 그 기론의 원천인 『장자』의 위상은 대단했다. 유학자들은 아무리 기일원론자라 할지라도 장자가 도가라는 이유 때문에 장자를 언급하는 것을 상당히 꺼려했다. 그러나 예술은 그러한 학문적 이데올로기와는 거리를 둘 수 있었기 때문에 특별한 구속은 없었다.

서화書畵론은 중국의 미학을 대변하는 양대 산맥 가운데 하나로, 예악禮樂의 악樂론과 더불어 큰 줄기를 담당한다. 그런데 악론은 『예기禮記』「악기樂記」의 경우처럼 일찍이 고전이 형성되어 역사적 발전보다는 규범적 전형을 이루고 있는 반면, 서화론은 분명한 '경經'이 고전으로 성립되지 않아 시간적 변천에 따른 새로운 전적이 상당량을 이루고 있다. 한마디로 악론이 '하나의 고전 아래 작은 주해'라면, 서화론은 '작은 전적의 큰 모임'의 형태를 띠고 있다. 따라서 악론은 공시적 이해를 요구하는 데 비해, 서화론은 통시적 파악이 필수적이다. 하다 못해 「악기」가 형이상학적인 태도를 취하고 있다고 한다면, 여러 서화론은 예술학적인 태도를 강하게 보인다. 왜냐하면 「악기」는 선험적 명제 아래 연역적 해석을 취하고, 서화론은 매우 구체적으로 작품분석을 시도하여 귀납적 결론을 얻어내기 때문이다. 그것은 악과 서화의 보존 가능성 여부와 밀접한 관계가 있기도 하다.

　실제로 중국미학의 원형인 『장자』를 연구하려면 두 가지 방법 가운데 하나를 선택하게 된다. 먼저 『장자』만을 해석하는 것이다. 이때는 『장자』와 그의 주석가들이 드러내고 있는 미학의 형식과 내용을 집중적으로 탐구한다. 이는 『장자』의 심미범주를 '깊이' 발현하는 데 무엇보다도 좋다. 그러나 정말로 장자사상이 어떻게 영향을 미쳤는가를 대답하기에는 역부족이다. 장자는 중국미학의 비조라고 하지만 그에 대한 방증이 완벽하게 이루어진 것은 아니기 때문이다. 이는 『장자』를 후대의 심미이론과 더불어 '넓게' 대답하는 것이다.

　이러한 '깊은' 연구와 '넓은' 연구는 때로는 배타적으로, 때로는 협력적으로 장자미학을 드러낸다. 그런데 재미있는 사실은 이 두 방법이, 서구의 형이상학적 미학과 예술론의 대결과도 같이, 깊은 연구는 지나치게 관념화된 모습을 보이고 넓은 연구는 자칫 평론의 성격을 띨 수도 있다는 점이다. 다시 말해, 깊은 연구는 아름답지만 속이 비고, 넓은 연구는 많기만 하고 하나로 모이지 않을 수 있다는 것이다. 우리가 바라는 것은 '넓으면서도 깊은' 미학의 원형이다.

　서화론 가운데 서론書論, 곧 서예미학에서 장자의 영향, 정확히는 기론의 전개를 예로 들어보자. 중국서론의 대표적인 저작은 당나라 초기의 서예가, 손과정(孫過庭, 648~703)의 『서보書譜』다. 이때 '서보'는 서예의 계보를 말하는 것으로, 서의 탄생과 발전의 역사 및 작가와 작품론을 담고 있다. 이 『서보』의 지위는 중국 서예사에서 확고하여 후대 서예론의 전형이 되었다. 손과정은 초서의 대가로 『서보』는 초서 서책으로 중시되기도 한다. 그런데 손과정은 『장자』의 '포정의 소잡기(庖丁解牛)'와 "뜻을 얻었으면 말을 잊어라(得意忘言)"의 이야기로 서예를 설명한다. 포정의 이야기는 서예 운용의 방법(運用之方)을 설명하는 것이고, 뜻과 말의 이야기는 일가를 이루었으면 전통서법을 버릴 수 있음을 주장하는 것이다. 나아가 '골기(骨氣)'를 강조하면서 그것이야말로 가장 중요함을 설파하기도 한다.

기와 서예론

중국 서론의 역사에서 막중한 지위를 차지하는 청나라의 서예가, 포세신(包世臣, 1775~1855)은 그의 서예론을 한마디로 '기의 참(氣滿)'으로 정리한다. 그는 말한다. "기만이란 형세를 떠나 오로지 정신만을 말하는 것이니, 왼쪽·오른쪽과 암수가 모두 서로 얻었지만 기가 오히려 차지 않은 것은 있어도, 기가 차면 왼쪽·오른쪽과 암수가 스스로 서로 얻지 않음이 없다." 포세신은 줄곧 '왼쪽과 오른쪽, 암과 수가 서로 얻음(左右牡牡相得)'을 말해왔으나, 그것만으로는 부족하다는 생각 때문에 만년(57세)에 '기의 참'을 덧붙여 말하기 시작했다. 그에 따르면 '기가 참'은 권법拳法과 마찬가지로 무심하게 방비하여도 사방의 공격에 응할 수 있는 것과 같다고 한다. 다른 곳에서는 '기의 참'은 비평의 기준이 되기도 한다. 기가 차면 좋고 그렇지 않으면 나쁜 것이 된다.

이러한 사상은 유희재劉熙載에게서도 충분히 발견된다. 유희재가 쓴 『예개藝槪』는 문文, 시詩, 부賦, 사곡詞曲, 서書, 경의經義의 여섯 개설이기 때문에 그러한 이름이 붙었는데, 서문에서 자신의 책이『예개』인 까닭은 '함께 이르는(槪說)' 태도로 '한쪽(一曲)'에 치우치지 않으려 한다고 하면서, 장자와 태사공의 말을 빌리기도 한다. 장자는 「천하」편에서 "팽몽, 전병, 신도는 도를 몰랐다. 그렇지만 개략적으로 들은 적이 있는 사람들이다"라고 했는데, 유희재는 장자가 '개략적으로 들은 적이 있음'을 취했다고 한 것처럼 자신도 그러한 '개설'의 태도를 따른다고 한다. 이는 자신은 '한쪽에만 치우친 사람(一曲之士)'의 오류를 범하지 않

포세신 서체

겠다는 다짐이다. 이처럼 그는 서문에서부터 장자를 말하고 그의 학문적 방법을 취하겠다고 선언한다. 단적인 부분이 『예개』「서개書槪」의 결론 부분에 나오는 서에 대한 몇몇 정의다.

글씨는 음양의 두 기를 겸비해야 한다. 크게 보아, 침착하고 우울함(沈著屈鬱: 깊게 달라붙어 빽빽한 것)은 음이요, 기발하고 활달함(奇拔豪達: 튀면서도 뻗치는 것)은 양이다.
書要兼備陰陽二氣. 大凡沈著屈鬱, 陰也; 奇拔豪達, 陽也.

높은 운과 깊은 정, 굳은 바탕과 호탕한 기 가운데 하나라도 빠지면 글씨가 되지 않는다.
高韻深情, 堅質浩氣, 缺一不可以爲書.

글씨의 기를 말할 때 선비의 기(士氣)를 가장 위로 삼는다. 부인의 기, 병졸의 기, 향촌의 기, 시장의 기, 장인의 기, 부패의 기, 비천의 기, 광대의 기, 강호의 기, 문객의 기, 부유의 기, 궁핍의 기는 모두 선비의 기가 버리는 것이다.
凡論書氣, 以士氣爲上. 若婦氣, 兵氣, 村氣, 市氣, 匠氣, 腐氣, 傖氣, 排氣, 江湖氣, 門客氣, 酒肉氣, 蔬筍氣, 皆士之棄也.

글은 힘이 차면서도 기가 비어야 하는데, 그러나 빔은 반드시 참에서 구한다. 종이를 뚫지(透紙: 힘이 참: 實) 않으면서도 종이를 떠날 수 있는 것(離紙: 기가 빔: 空)은 없다.
書要力實而氣空. 然求空必於其實, 未有不透紙而能離紙者也.

이와 같이 기는 서론의 핵이다. 이른바 골기라 할 때도, 겉으로 보기에는 뼈만 이야기하는 듯하지만, 중심에 두는 것은 기가 아닐 수 없다. 뼈는 꼴(形)을 만들지만 기는 뜻(意)을 이루는 것이다. 본디 인물화의 미학적 원리를 정리한 사혁謝赫의 육법六法 가운데 제1조인 '기운생동 氣韻生動'이 서예에서도 강조되는 까닭이 바로 여기에 있다.

심미적 전환―추사 김정희

중국미학이 한국에 미친 영향은 막대하다. 이를테면 김정희(金正喜, 1786~1856)가 스물네 살에 아버지를 좇아 북경에 가서 당대의 지식인들과 교류한 것은 잘 알려진 일이다. 그런데 우리는 김정희를 말하고, 추사체를 말하면서 그 학문적 원류에 밝지 못하다. 이는 마치 조선말의 선각자로 그와 어깨를 나란히 하는 정약용을 말하면서 일본유학과의 관계에 밝지 못한 것과 같다. 지리적인 분류에만 치중한다면, 김정희는 중세 중국이 아닌 현대 중국을 당시의 사상계에 전파했고, 정약용은 키 작은 나라가 아닌 키 큰 나라로 일본을 파악한 것이다. 따라서 김정희는 송명의 성리학에 반대한 청대의 박학樸學을 소개함으로써 학문의 일신을 꾀했고, 정약용은 적으로서의 왜구가 아닌 중국의 재해석인 고학 古學을 인식함으로써 새로운 세계를 만났다. 그러나 우리는 고학에 무지하듯, 박학에도 박약하다.

사실상 중국의 옹방강(翁方剛, 1733~1818)과 완원(阮元, 1764~1849)을 떼고 김정희를 이야기하는 것이 불가능할 정도다. 글씨가 옹방강을 닮았다면, 생각은 완원을 닮았다. 그의 당호가 완당阮堂인 까닭도 완원에 대한 존경심에서 비롯한 것이다. 특히 김정희의 문장이라고 여기는 일정 부분이 바로 완원의 저작임을 모르는 경우가 있어, 인용의 혼란을 야기하기도 한다.

◀ 허유, 「완당 김정희 초상」.

▼ 김정희 서체.

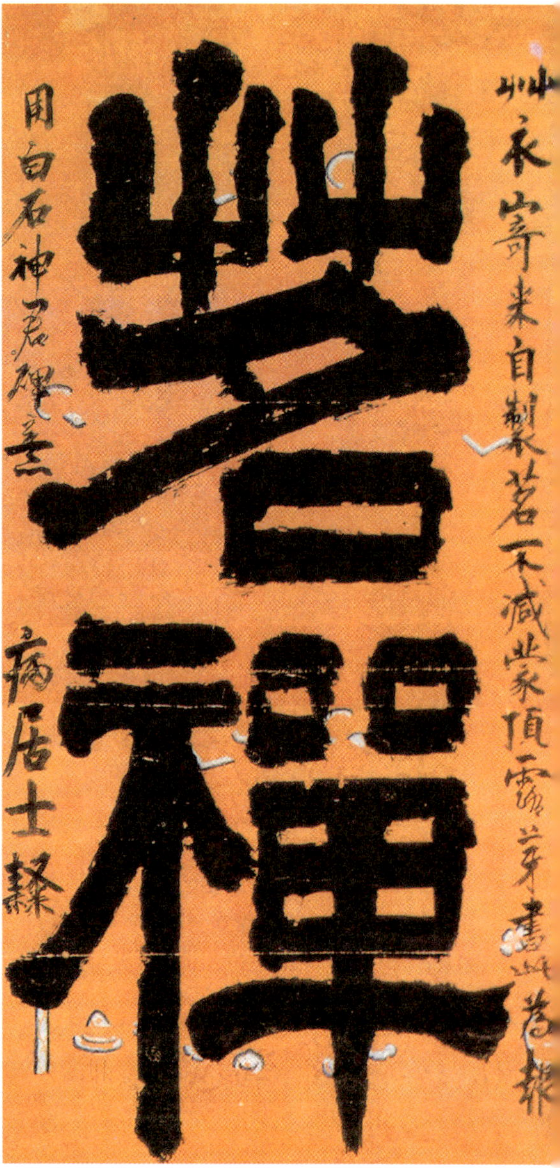

김정희는 완원의 '북비남첩론北碑南帖論'*을 충실히 따른다. 완원의 주장은 한마디로 "한번 돌에 새긴 비문碑文이야말로 여러 번 비단이나 종이에 옮겨 적은 첩문帖文보다 믿을 만하다"는 주장으로, 이른바 금석학金石學의 중시가 바로 여기에서 나온다. 완원이 원론적으로 제시했고, 포세신이 충실하게 원용하고, 강유위(康有爲, 1858~1927)가 비판적으로 계승한 것이 바로 북비남첩론이다. 철학계에서 공자교와 개혁주의자로 잘 알려진 강유위는 자신의 학문적 근거를 금문今文과 존비尊碑론에 둔 서예이론가이기도 하다. 이렇듯 김정희의 금석학적 태도는 중국의 당대 선구자들과 궤를 같이한다.

●남첩은 남조의 왕희지 계열의 온화한 서풍으로 이것을 배우는 것을 남파南派라고 하고, 북비는 북조北朝, 특히 북위北魏의 비의 한험寒險한 서풍을 가리키는 것으로 이것을 배우는 것을 북파北派라 했다.
서예이론가로서도 저명한 완원의 이 북비남첩론과 남북서파론은 서書의 고전의 가치를 뒤집어놓았다. 즉 '진당晉唐의 고법'으로 존숭되어 법첩에 비판적인 태도에서 관심 밖에 둔 북위의 비판碑版들은 육조인六朝人의 필치를 그대로 동시대에 새겨서 현대에 전해주는 것이므로 반드시 북비를 배워서 얻어야 한다고 역설함으로써 육조풍을 개척하는 원동력이 되었다.

김정희가 신라 진흥왕순수비를 찾아낸 것은 바로 이러한 맥락에 있는 것으로, 선인들의 기개 있는 글씨를 얻기 위해 그도 북한산에 오르게 된 것이며, 그후 이 서첩은 중국에까지 전해진다.

김정희의 서체와 중국 작가의 연관관계도 흥미로운 부분이다. 당시 중국에서 유명하지 않았지만 등석여(鄧石如, 1743~1805)는 포세신에게 가장 훌륭한 작가로 인정되며, 강유위도 이에 적극적으로 동의했다. 그러나 재밌게도 김정희가 만난 옹방강은 등석여의 글씨를 인정하지 않는다. 김정희는 오히려 옹방강에게서 큰 영향을 받고 있다. 이와 같은 사실은 미학적 구분과 판단의 문제를 우리에게 던져주고 있다.

기박 또는 기백

기론은 서예에만 미치지 않고 한국미학에도 큰 영향을 미쳤다. 한국미(조선미)를 일본인 야나기 무네요시는 '비애의 미'라고 정의했다.

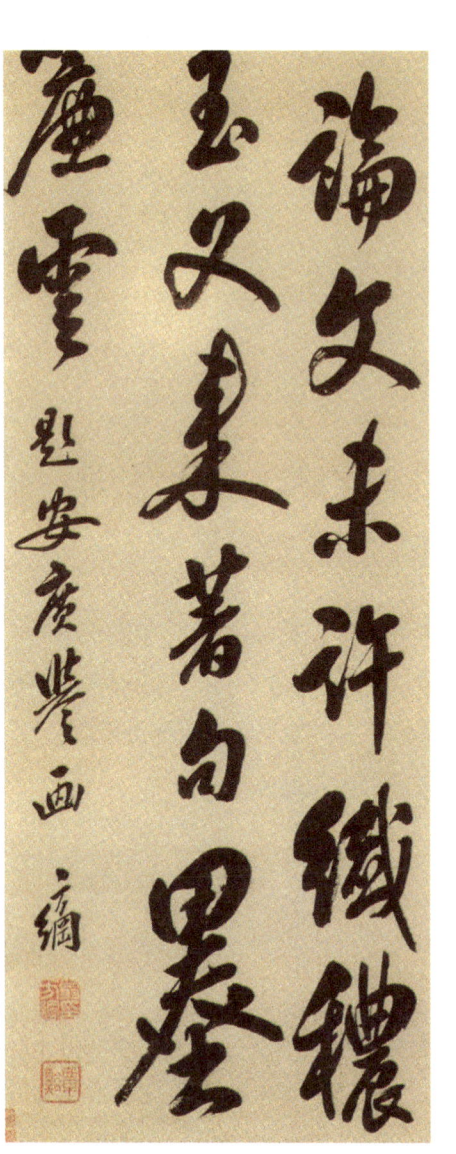

옹방강의 서체.

등석여의 서체.

그것이 일본 식민지적 유산이든 아니든, 이런 이론은 한국미학의 대부인 고유섭(高裕燮, 1905~44)에게 막대한 영향을 미친다. 고유섭은 과감히 그 비애를 '기박氣迫'으로 바꾼다. 요즘말로 하면 곧 기백氣魄 또는 박력迫力과 통한다. 일본인이 아니라 조선인인 고유섭은 우리의 아름다움이 '슬픈 조선'이 아니라 '힘있는 조선'이라고 외치고 싶었던 것이다.

야나기가 발견한 조선의 슬픈 선(線: 悲哀の美)이 고유섭에게 이르러 이제 거칠면서도 박력 있고, 분위기 있으면서도 활달한 것으로 바뀐다. "그러나 (조선조 백자) 조황한 그곳에 고려자기에서 볼 수 없는 한 개의 기박이 있다. 이 기박에 있어서는 조선조 도자가 확실히 고려 도자보다 우수한 것이다. ……이 기박 문제에서 가장 대표적인 작품은 분장회청기粉粧灰青器이다. 조황粗荒, 박력迫力, 기우氣宇, 활달濶達이 모두 들어 있는 것이 곧 분장회청기다." 이렇듯 기론은 슬픔을 극복하는 정신적 무기이기도 했다.

고유섭은 조선의 미를 '선적線的'이라 한 야나기의 주장을 받아들이면서도, '체관적 전회諦觀的 轉廻'를 함으로써 적조함에서 명랑함을 얻어낸다고 주장한다. 우리에게 잘 알려진 조선불상조각에 대해 '어른 같은 아해'라고 표현한 것은 바로 이러한 적료함과 명랑함이라는 모순된 성격을 동시에 표현하는 것이다.

고유섭이 한국미의 특색을 발견한 것은 중국미에 대한 나름대로의 판단이 있었기에 가능했다. 그는 균제성의 문제에서도 중국과는 다른 비균제성(非均齊性: asymmetry)을 조선에서 발견했다. 또 중국의 미술은 장웅한 건실미가 있지만 우리 같은 구수한 맛은 없으며, 조선의 미술은 체량적으로는 비록 작더라도 구수하고 큰 맛이 있다고 한다.

고유섭은 중국미학을 잘 알고 있었다. 동양화 획선의 가치를 선의 운

● 원나라의 대표적인 화가이자 서예가. 그의 서체는 호(송설도인松雪道人)를 따라 송설체라고 부른다. 당나라의 안진경 이래로 송나라에서 성행했던 서풍을 배격하고, 왕희지의 전형에 복귀할 것을 주장했다. 그림에서는 남송의 원체院體 화풍을 타파하고, 당·북송의 화풍으로 되돌아갈 것을 주장했다. 그림은 산수·화훼·죽석·인마 등에 모두 뛰어났고, 서예는 특히 해서·행서·초서의 품격이 높았으며, 당시 복고주의의 지도적 위치에 있었다.

동태로 파악한 그는, '한 줄(一劃)'에 모든 바탕을 둔 석도石濤의 화론이 동양화의 근본원리가 됨을 설파하기도 했다. 서양미학에도 정통했던 그지만, 때로는 공자의 '예에서 노닌다(游於藝)'는 명제를 실러F. Schiller의 '유희충동설'과 비교하여 도덕적 화순和順을 거론할 정도로 중국미학의 가치를 잘 활용했다. 서양 개념으로 무장했지만 동양적 의미를 찾아내려 했던 그는, 중국 또는 일본에서 한 걸음 더 나아가 세계 속에서 한국미학을 정립하려고 애쓴 것이다.

이처럼 한국미학은 기의 역사와 불가분의 관계가 있다. 김정희가 서예에서 실현해냈고, 고유섭이 도자기에서 발견했듯이, 기론은 한국미학의 원천이 된다. 중국서론에 대한 김정희의 인식이 창조적인 서체를 탄생시켰고, 나약한 아름다움에 대한 고유섭의 반발이 기박론으로 승화되었던 것이다.

현재 중국에서 쓰이는 글씨는 거의 모두 북위北魏의 비체碑體로 바뀌었다. 시대적으로는 당나라의 문약함을 버리고 기개 있는 한漢나라로 거슬러 올라갔다. 조맹부(趙孟頫, 1254~1322)●의 송설체松雪體와도 작별을 고했다. 이때 우리는 과연 어디로 가야 할 것인가?

열·린·대·화

질문자 선생님께서 미美를 매우 좁은 개념으로 이야기하시는 것 같아서, 저는 계속 이야기를 들으면서 저항이 생기는 부분이 조금 있었는데요. "추사의 글씨가 아름답습니까?"라고 이야기한 것에는 이유가 있을 거라고 생각합니다. 선생님께서 아름다움에 대해 고정관념이 있지 않나 생각합니다. 사실 아름다움이란 말은 매우 다양하게 쓰이지 않나요? 지금 어떤 그림을 보고 아름답다고 할 때는 그것의 맥락이 있는 것 같습니다. 우리가 아름다운 것을 예쁘다라고 하긴 하지만 매번 경우가 다르지 않습니까? 이를테면 우리가 어떤 예술작품을 볼 때 '형상이 아름다운 것'을 아름답다고 보기도 하지만, '전체적인 느낌'이 아름다운 것도 아름답다고 느끼게 되잖아요? 그런 부분이 이야기를 전개할 때 필요하지 않나 하는 생각이 들었어요.

정세근 오히려 저와 생각이 같은 것 같습니다. "추사의 글씨가 아름답습니까?"라고 물은 것은 언뜻 보기에는 추한데도 왜 그렇게 많은 사람들이 쳐주느냐는 것입니다.

우리 학자들의 잘못이라고 생각합니다만, 일단 '미학美學'이란 말을 쓸 때 '美'라는 것이 강조되면서 우린 많은 것을 잃어버렸다고 얘기하고 싶습니다. 물론 현실적으로 그것(aesthetics)을 번역하기도 어려워요. 일상적으로는 '심미적(審美的: aesthetic)'이라고도 하죠. 이때 '심미적'이라는 말은 포괄적인 의미에서의 '미'와 비슷합니다. 그 정도의 개념이라면 저도 받아들일 수 있겠어요. 그런데 그걸 줄여서 '미적美的'이라 하면 너무 많은 것을 잃어버린다는 생각에서 말씀드리는 거예요.

사실 칸트가 '미'와 '숭고'를 얘기했다는데, 그건 결국은 영국 경험론자 버크가 "우리는 왜 감동을 하는가? 한번 경험론적으로 생각해보자"라고 한 문제의식에 뿌리를 두고 있는 것으로 보입니다. 그때 범주화할 수 있는 것이 '미'도 있었지만 분명히 '숭고'도 있음을 말하고자 합니다. 서양 사람들도 기본적으로 심미의 대상이 '아름다움'만은 아니라는 생각을 하고 있었어요. 숭고함을 생각해보세요. 예를 들어, 뱀에 엉켜 고통스럽게 죽어가는 모습을 형상화한 「라오콘 상」에서 누가 아름다움을 느끼겠습니까? 죽은 자식들과 함께 죽어가면서 무슨 '오, 아름다워라'를 외칠 일 있겠습니까? 또한 거대한 파도가 몰려올 때, 그걸 보면서 우린 어떤 감동을 합니다. 금방 죽을지 모르면서도 거기에 빠지고 싶기도 하지요. 바로 그 파도에 감동해서 심미적인 투신을 하고 싶은 겁니다. 심미적 자살이라고나 할까요. 왜, 물가에서 물을 오랫동안 쳐다보지 말라고 하지 않습니까? 무의식적으로 빨려 들어간다는 말이죠.

사실 미학이 미와 숭고 두 가지로만 설명되는 것은 정말 촌스럽다고 느껴요. 그것은 한마디로 '아름다움'과 '큼'인데, 우리의 감성을 자극하는 것이 이 둘밖에 없을까요? 아닐 겁니다. "여성은 미적이고, 남성은 숭고하다, 그리고는 아무것도 없다"고 강변하고 말 겁니까? 그것보다도 훨씬 더 많은 범주가 가능해져야 한다고 생각합니다. 동양적인 것을 대할 때, 바로 이러한 태도가 필요합니다. 좀더 개방된 태도, 활달한 태도로 만나자는 뜻에서 말씀을 드렸습니다.

저도 '미적'이라는 표현은 쓸 때마다 항상 고민을 해요. 만일 '심미'라는 말을 쓴다면 받아들일 수 있습니다. 그런데 그냥 '미적'이라고 하면 그 내용이 너무 줄어들지 않을까 걱정됩니다. 세상에 '미적'인 게 뭐가 그렇게 많아요? 서양의 미학하는 사람들도 결국 미에는 '추악미'까지 있다는 범주도 만들어냅니다. 물론 변증법적으로는 미가 있으면 추가 있다는 생각이 들어가지만 말입니다. 미학자들은 미가 있으면 추악미도 있다고 생각하기도 하고, 때로는 미를 다시 네 가지로 나누어 해석해보기도 합니다.

'숭고'라는 것도 종류가 다양하지요. 폭풍우를 만났을 때 두려워하면

기원전 2세기경 로도스 섬 출신인 세 명의 조각가 아게산드로스·폴리도로스·아테노도로스가 만든 「라오콘Laocoön 상」(로마 바티칸 미술관 소장).
트로이전쟁 당시 트로이의 제사장이었던 라오콘은 독신을 지키겠다던 맹세를 어기고 자식을 낳음으로써 아폴론 신의 노여움을 샀다. 그리하여 포세이돈 신의 제단에 황소를 제물로 바치려던 중 아폴론 신이 보낸 포르케스와 카리보이아(또는 쿠리시아나 페리보이아)라는 큰 바다뱀 두 마리에 깔려 그의 쌍둥이 아들인 안티파스와 팀브라이우스(또는 멜란토스)와 함께 죽었다. 이런 벌을 받게 된 또 다른 이유는 그리스인들이 놓고 간 목마를 성내에 들여서는 안 된다고 트로이인에게 경고했기 때문이라고 알려져 있다.

서도 우리는 어떤 숭고함을 느낍니다. 바다를 바라보고 있을 때도 그것이 수평인 것에서 숭고함을 느끼죠. 칸트 식으로 얘기한다면 기하학적인 숭고함 같은 것 말입니다. 따라서 숭고함도 종류가 많습니다. 수학적 숭고함, 기하학적 숭고함, 더 나아가서 도덕적 숭고함 등. 여기서 아까 말한 운명에 대항하는 도덕적 숭고함이 과연 미라는 것과 얼마나 밀접할까 생각해보십시오. 거리가 있을 것입니다.

제 목적은 감성의 영역을 넓히는 데 뜻이 있고, 궁극적으로는 처음에도 말씀드렸지만 천인합일하는 데 있습니다. 천인합일이라는 것을 너무 복잡하게 생각하지 맙시다. 천이라는 것은 '자연적인 것'이고, 인이라는 건 '인위적인 것'이에요. 그런데 그걸 왜 우리가 자꾸 구별하느냐 하는 것이지요. 우리가 인생을 살면서 구별해야 먹고사니까 굳이 구별을 하긴 하는데, 그렇다고 해서 그것이 이상적일 수는 없다는 이야기입니다. 자연과 인위는 결국 우리가 궁극적으로 만나야 하는 것입니다. 이를 위해서 미학 또는 감성학이 존재하고, 그것의 중심 주제가 바로 자연과 인간의 통일 같은 것이어야 한다는 겁니다.

질문자 제가 잘 몰라서 그러는지 모르겠습니다만, 우리나라의 작품에서 기백을 느꼈다고 고유섭 선생이 그랬는데, '어른 같은 아해'●인 조선조 불상은 국립박물관에 가서 보면 부끄러울 정도로 웅크려들고 있습니다. 그런데 거기서 무슨 기백을 느끼는지 이해가 잘 안 됩니다. 또 회화를 보면 물론 오원 장승업처럼 기백이 넘치는 것도 있지만, 조선조나 그 이전 산수화를 보면 아주 재미없게 똑같이 보입니다. 여기다 산 놓았다가, 저기다 물 잡았다가, 게다가 배타고 앉아 있는 사람은 모두 중국풍으로 중국 사람 같고, 하

● 한국 미학의 대가인 고유섭은 전통한국미술에는 정치定置한 맛과 정돈된 맛이 부족하나 질박質朴, 순후淳厚, 순진純眞한 맛이 뛰어나고 구수한 맛과 생명감이 표출된다고 보았다. 이를 표현하기 위해 고유섭이 만들어낸 말이다.

다못해 차 끓이는 아해도 다 그렇거든요. 그래서 그림을 별로 좋아하지 않는데, 거기서 무슨 기백을 느낄 수 있을까요? 신라 석굴암의 당당한 불상에서 느끼면 모를까, 무슨 조선조 불상에서 느끼겠습니까?

정세근 아무래도 자리가 바뀐 것 같습니다. 제가 거기에 가야 할 것 같습니다. 동의합니다. 정말 '기박' 있으십니다(웃음). 그리고 그런 주체적 사유야말로 우리의 미적 감각을 증진하리라 확신합니다. 저도 그런 식의 느낌을 종종 받습니다. 방금 전에 말씀하신 것처럼 상원사에 있는 '동자상'도 허탈하게도 중국식 머리를 하고 있잖아요.

질문자 그래서 제가 어떤 선생님께 한 번 여쭤본 적이 있어요. 우리나라 산수화는 천편일률적으로 배치만 좀 다를 뿐이라고. 그래서 너무 재미가 없다고. 그랬더니 또 그분이 그러시데요. 무슨 그림을 중국 어느 화가가 잘 그렸다 하면 채홍사인가 통역관이 거기서 그림을 한 장 얻어 온데요. 뭐 얻어오는 게 아니라 사오겠죠. 그러면 사대부가 화가더러 "너 이거 하나 그려봐라" 하면 그림을 그대로 복사한답니다. 그러면 "어느 대감집에서 가졌으니까 나도 가져야지." 그래서 그대로 똑같은 것을, 산을 좀 옮겨놓고 해서 그렇게 갖다 바쳤기 때문에, 같은 그림이 많이 나돌아다녔다는데 그게 정말인지 모르겠어요. 옛날 화가들이 그렇게 주체성 없이 그렸을까 싶기도 하고.

정세근 사실 제가 대답할 영역을 넘어서지만 제 의무니까 말씀드리겠습니다. 우선은 적극적으로 제가 동의한다는 말씀을 드립니다. 사람들이 '동양'이라고 할 때마다 제가 제일 겁내는 것은 '동양학하는 것을 한국학하는 것'으로 착각하는 것입니다. 저는 그걸 철저히 구분하고 싶습니다. 서양학하는 사람은 오히려 타자화해 자기와 남을 구별짓는데, 동양학한다는 사람은 동양학한답시고 그게 다 제 것인 양 구분을 못 하는 거예요. 이렇게 중국과 한국을 구분 못 하는 어리석음이 있습니다. 사실 이웃 일본 사람들은 철저히 구분합니다. '일본사상사연구실'이 있으면 '중국사상사연구실'이 따로 있을 정도로 일본과 중국을 분명히 구분합니다. 게다가 중국 사람은 다 중국이라고 표현합니다. 그들은 동양의 '동'자도 안 써요. '중中'이라고만 쓰고 말아요. 이를테면 '중서비교'지 '동서비교'가 아니에요. '동도서기東道西器'는 우리만 쓰는 거예요. 일본 사람들은 '화혼양재和魂洋材'라 하고, 중국인은 '중체서용中體西用'이라고 할 뿐, '동방' 또는 '동양'이라는 말은 쓰지 않아요. 우리만 '동', '동'거리고 있어요.

또 하나 '진경성眞景性'이라는 개념이 있습니다. 제가 중국에서 중국 미술사를 공부할 때 보면 직접 옛날 그림과 요즘 찍은 사진을 놓고 설명하면서 해요. 강의 중에 말한 「계산행려도」의 '계산'은 실제로 존재합니다. 이런 식으로 모든 것이 진경이라고요. 진경산수라는 것이 최완수 선생의 표현이긴 하지만, '우린 뭐냐' 이거죠. 그런 의미에서 의식의 천박성, 식민지성을 오늘도 여전히 벗어나지 못하고 있습니다. 저도 마찬가지고요. 철학하는 사람도 태반이 그래요. 저도 어떤 때는 어영부영 '동양'이란 말을 써서 대강 넘어가기도 하는데, 이럴 때 양심의 가책을 느낍니다.

그러나 그림을 베끼는 것은 학습하는 사람의 의무사항이에요. 그래서 그림을 제대로 배우는 사람들은 박물관에 가서 하루종일 그리고, 그 다음날도 또 다음날도 계속해서 똑같이 그려보면서, 대가들의 기법들을 느껴야 된다는 얘기입니다. 글씨 쓰는 것도 마찬가집니다. 글씨 연습을 맨 처음 시킬 때 글씨를 밑에 놓고 철필로 점을 찍어가면서 똑같이 글씨 베끼기를 하는 것입니다.

질문자 연습은 그렇게 해도 낙관은 찍을 수 없잖아요?

정세근 그렇죠. 그래도 어쨌든 그런 식의 태도가 있었다는 것, 다시 말해 전통에 대한 충실한 학습 방법이 있었다는 것을 말씀드립니다.

불상에서는 고유섭이 왜 그렇게 봤는지는 비판할 부분이 있겠지만, 사실 석굴암도 비판할 부분이 없지 않아요. 그것이 결국은 중국의 융성, 곧 동아시아나 세계적인 융성과 더불어 석굴암과 같은 대작이 나왔다고 미술사가들은 말을 합니다. 헌데 그렇게 표현하면 좋게 들리는 듯해도, 사실 별로 좋은 이야기는 아닙니다. 왜냐하면, 그럼 '우리는 우리 나름대로 융성한 적이 없는 것이냐' '중국이 융성해야만 우리도 융성하는 것이냐'고 거꾸로 문제삼을 수 있습니다. 그 점에 대해서는 미술사가들이 제대로 대답하지는 않아요. 다만 '그쪽이 융성했을 때 우리도 융성했다'는 식으로만 얘기를 하죠. 그 정도로 답하겠습니다.

질문자 전 두 가지만 여쭤볼게요. 아까 '정精'을 설명하실 때 정기신精氣神의 원리를 거론하면서 '정은 가장 순수하고 형체를 띠는 것이다'라고 말씀하셨는데, 정과 기의 관계 또는 기와 신의 관계에 대해서 말씀을 더해주시면 좋을 것 같아요. 또 하나는 한국미학 또는 동양미학을 기의 미학이라고 설명하시는데요. 상당히 공감하지만 구체적으로 그 기세라든지 기백이 어떤 양상, 양태로 드러났는지 구체적으로 말씀해주시면 좀더 잡히는 것이 있을 것 같습니다.

정세근 정기신 이론은 '한의학과 기' 강의를 들으면서 많이 배우실 겁니다. 다만 제가 분명히 강조하고 싶은 것은 순수한 물질의 개념이 서양에서는 사라졌는데 동양에서는 남아 있다는 것입니다. 서양에서도 아리스토텔레스에게는 순수한 물질이라는 개념이 있어요. 그러다가 서양은 어느 단계에 이르러 물질이 그런 순수성과 자꾸 거리가 멀어지게 됩니다. 물질이 더는 순수할 수 없는 것이지요.

그런데 동양에서는 순수한 물질성의 개념이 그래도 끝까지 유지되지 않았는가 하는 생각이 듭니다. '혼백魂魄'이라 할 때도 비슷한 것이죠. 혼은 하늘로 가는 것이고 백은 땅으로 가는 것입니다. '귀신鬼神'이라는 말도 귀를 돌아갈 귀歸로 풀고, 신을 펼 신伸으로 풀기도 합니다. 중국의 강시는 귀에 속하지요. 이런 개념에서 '정신精神'이라는 말이 이해되어야 합니다. 정은 순수물질이고, 신은 순수정신인 셈이죠. 그러나 어느 순간 정과 신이 만나게 되고, 그러다가 현대어에서는 물질성이 뚝 떨어져버렸습니다.

그리고 우리 작품 속에서 기박을 구체적으로 찾아내는 것이 바로 우리의 과제겠지요. 아까 말씀하신 것과 같은 비판적 안목을 갖고 보다 보면 어디선가 그게 나오지 않을까 싶어요. 정말 아쉬운 것은 창피한 노릇이지만 그런 기세를 느낄 만한 우리 예술가들이 많지 않다는 것이겠지요. 그리고 그런 식의 분위기도 배양되지 않았다는 것도 말씀드릴 수밖에 없습니다.

질문자 기세란 게 기운의 흐름인데 그게 호연지기랄까, 어떤 박력이랄까, 기력이랄까 하는 것 등으로 물리적인 힘이나 강하기만 한 힘이라는 한 가지 방면으로만 설명되는 느낌이 있습니다. 그보다는 아주 다양하고 폭넓은 의미로 해석됐으면 합니다.

정세근 맞습니다. 아주 세밀하고 정교하게 그리고 복잡하게 기론이 전개될 필요를 느낍니다. 저는 나름대로 우리말로 힘이라고 해보았는데, 형이상학성이 너무 떨어지는 것처럼 보이기도 합니다. 그러나 문제는 그게 아니죠. 많은 작품을 그것으로 구체적으로 분석했다든가, 아니면 예술 이론을 그것을 근거로 제기했다든가 하는 것이 중요한 것이죠.

그것이 남은 과제입니다.

사실 그렇습니다. 한편으로 보면, 김정희도 결국 아버지를 따라 중국에 갔다 와서 한 게 '왜 그 모양이냐'는 생각이 들 때도 있습니다. 옹방강의 글씨를 보면서 어떤 서체가 너무 비슷한 걸 느끼면 감추고 싶은 생각이 들기도 합니다. 그리고 아까 말한 석굴암의 예처럼, '중국이 크니까 우리도 컸다'는 말은 듣고 싶지 않은 것이죠. 결국 우리가 정말 찾아내야 할 부분이 많아요. 이런 점에서만큼은 '문화혁명'이란 말을 써도 좋습니다. 그것이 폭력적이지 않다면 문화혁명해야죠. 폭력이 들어가고 독재가 들어가니까 문제지, 폭력적이지 않고 독재적이지 않은 문화운동이야 많으면 많을수록 좋다는 생각이 듭니다.

하다못해 백남준의 비디오 아트에 대해서도 평가가 다양하지만, 백남준은 힘닿는 대로 한국적인 것을 표현하려고 노력하지 않습니까? 제가 아는 소장가 집에 가보니까 목마상 위에 텔레비전, 라디오, 안테나 등으로 사람의 형상을 만들어놓고, 제목을 '이성계 어릴 적에'라고 붙여놓았더라고요. 말 타고 전쟁놀이하면서 놀았다는 얘기죠. 사실 작품의 소재와 제목은 전혀 맞지 않아요. 그래도 그것을 이어붙이는 것이야말로 예술가의 상상력이죠.

질문자 아까 처음에 시작을 '유무有無'와 '기미(機微: 유도 아니고 무도 아닌 상태, 즉 '밥이 쉴 기미가 있다'고 할 때 먹어도 되고 안 먹어도 되는 것처럼)'를 갖고 말씀하셨지 않습니까? 그렇다면 아까 누가 질문하셨던 '정기신'의 문제와 어떤 연관성이 있는 겁니까?

정세근 큰 문제지만 쉽게 대답하겠습니다. 아까 무한은 무다 했죠. 그런데 이를테면 그 무한한 것 중 하나가 우리의 본성, 인간성입니다. 저도 부모의 정기를 받아서 태어났고, 그 정기가 요즘 식으로 본다면 유

전자 정보인지 DNA인지는 몰라도, 그것은 무한하게 연결이 됩니다. 저는 그런 무한성을 믿습니다. 그리고 그 무한성에서 인간의 존엄성이 나오고 인간에 대한 어떤 신뢰도 나온다고 생각합니다. '정신'이라 할 때, '신'은 기본적으로 무한성이 있는 것이죠. '정'도 사실상 무한성의 전령자 역할을 합니다.

제가 제일 신기해하는 게 그겁니다. 인간이 개미의 본성을 어떻게 하지 못합니다. 그놈들은 자기 나름의 본성에 맞추어 그렇게 살고, 앞으로도 그렇게 살겠지요. 우리도 우리의 본성이 있을 겁니다. 그 본성을 본성대로 자꾸 전달해주는 것이 바로 무한의 영역입니다. 그리고 그 무한의 영역을 깨닫는 것은 곧 무에 대한 깨달음이라는 것입니다. 결국 본성, 무한, 무는 인간을 보는 지평을 넓혀줍니다.

질문자 선생님은 기운생동이랄까 생명력이랄까 하는 것을 어떻게 느끼시나요? 막연할 수 있지만 예를 드셔도 좋고, 좋아하는 그림으로 설명해서도 좋고. 어떻게 기를 느끼는지? 살아 있다는 느낌이랄까, 그런 것을 어떻게 느낄 수 있지요? 모두 알 수 있는 그림 감상법 같은 방법적인 것을 가르쳐주십시오.

정세근 솔직히 말해서 저도 잘 모르겠어요. 서예하는 사람들이랑 함께 공부도 해보았고, 그런대로 개안이 되는 부분도 있었습니다. 그러나 역시 자기 주관이 많이 들어갑니다. 어차피 비평은 주관에 가깝기는 하지만 말입니다.

다만 분명한 것은 있어요. 자기 기분을 솔직하게 받아들이세요. 그거 이상 좋은 거 없습니다. 자기 기분에 따라 그때그때 평가해보세요. 그러다 보면 그게 쌓입니다. 그런데 어영부영 계속 남들 이야기만 흉내내다 보면 자기 기준이 안 생겨요. 계속 자기가 판단해서 나가보세요. 그

피카소의 「게르니카Guernica」(스페인 소피아 왕비 미술센터 소장.) 스페인 내란을 주제로 전쟁의 비극성을 표현한 피카소의 대표작.
비극성과 상징성에 찬 복잡한 구성 가운데 전쟁의 무서움, 민중의 분노와 슬픔을 격정적으로 표현한 작품으로, 상처입은 말, 버티고 선 소는 피카소가 즐겨 다루는 투우의 테마를 연상케 하며, 흰색·검정색·황토색으로 압축한 단색화에 가까운 배색이 처절한 비극성을 높이고 있다. 극적인 구도와 흑백의 교묘하고 치밀한 대비효과에 죽음의 테마를 응결시켜 20세기의 기념비적 회화로 평가된다.

러다 보면 자신에게서 우러나오는 것이 생깁니다. 그것을 추상적으로 심미안이라고 이야기하는 거죠.

질문자 그것을 보편적이거나 객관적인 것으로 볼 수 있나요? 내 주관적 심미 기준을 모든 사람이 같이 공감할 수 있는 것으로 평할 수 있는 건가요?

정세근 가장 어려운 부분입니다. 기본적으로는 그게 그렇게 가능하다고는 생각하지 않아요. 그러나 설득하고 동조를 이끌어낼 수는 있겠죠.

예를 하나 든다면, 피카소를 입체파 화가라고는 하지만 그 전에 사실적 데생을 기막히게 한 사람입니다. 잘 아시겠지만, 그가 공중에다가 불빛으로 상체는 사람이고 하체는 말인 켄타우루스를 그리는 걸 보면서 대단하다고 느낀 적이 있어요. 아무것도 안 보이는 가운데서 빛으로 그린 것이에요. 피카소는 그만큼 안목이 있었고, 그 눈을 실현해줄 손이 살아 있었던 것입니다.

그리고 추상이라는 것은 기본적으로 구상에서 나옵니다. 아무리 뒤샹이 추상했다지만 나중에 그 사람 뭐했어요? 변기 하나 갖다놓고 '샘'이라고 제목 붙여놓고 작품이랍시고 전시하지 않았습니까? 그걸 미니멀리즘이라고 하죠. 최소화하면서 의미를 주는 것이죠. 이상한 산부인과 도구 갖다놓고 제목 붙여서 전시하는 것, 이런 것들이 다 미니멀리즘이죠. 뭔가 우리에게 의미를 주겠다는 것이죠. 그런데 이 과정에서 중요한 것은 충실한 구상성에서 추상성이 나올 수 있다는 점입니다. 그런데 우리 예술가들에게 내가 늘 하는 비판이 뭐냐 하면, 구상성도 갖추지 못했으면서 무슨 추상성을 운운하느냐는 것입니다. 그걸 저는 늘 강조를 합니다. 사실상 겉멋 든 이들이 하기 힘드니까 추상성으로 나가는 경우가 많아요. 그런 거 무시해도 괜찮습니다. 과감하게.

아주 이상적으로 말씀드린다면 다비드 상의 경우처럼 불완전하게 깨진 돌에서 완벽한 몸을 다듬어내고자 노력해보지 않은 사람은 함부로 추상적으로 가지 말란 이야기예요. 그게 되면 다음 것으로 나갈 수 있겠지만요. 여러분이 잘 아는 「게르니카」가 대강 그린 것 같아요? 피카소가 이걸 그리려고 조각그림을 수없이 그렸어요. 그걸 다 맞춰서 만든 게 「게르니카」라는 그림입니다. 아직도 그 작은 그림들이 남아서 전시되고 있습니다. 쉽게 얘기해서, 추상이란 결론만 따오는 식의 천박성이 우리 예술계를 망친다고 저는 생각합니다.

서예계도 그 유명한 북비北碑론에 꿈쩍 않다가 중국에서 다 바뀌니까 우리도 바뀐 역사가 있었는데, 바로 이런 것이 천박성이죠. 오히려 끝까지 우기고 나가든지 말입니다. 시절이 그러면 안 될 것 같으니까 그렇게 한 것에 지나지 않습니다. 그러니 예술교육도 속이 비어 있게 됩니다.

구체성, 곧 구상성에 대한 아주 절실한 탐구가 필요합니다. 그리고 거기에 기본적인 요구는 누구나 할 수 있어야 돼요. 우리 같은 사람이야 재주가 없으니까 못하지만 그분들은 평생 하는 건데 그 정도는 완숙하게 해줘야 될 거 아닙니까? 그러고 나서 그것을 무너뜨리는 것이 추상이죠. 구상 없이 갑자기 추상이 됩니까? 이러한 과정에 대한 학습과 반성이 우리에게 절실하다고 생각합니다.

질문자   이 쪽에 문외한이어서 질문 같을는지 모르겠지만 「계산행려도」라든지, 아까 본 다른 그림도 그렇고, 그런 그림을 봤을 때 어떤 기를 어떻게 느끼는지, 단순하게 선생님이 느끼는 점을 한 가지만 얘기해주시면 고맙겠습니다.

저는 실컷 얘기를 듣긴 들었지만 과연 이 「계산행려도」에서 무슨 기를 어떻게 느낄지 모르겠습니다. 유에서 무를 느낄지, 무에서 유를 느낄지. 그 그림에서 선생님은 어떻게 뭘 느끼는지, 한 말씀 해주시면 좋겠습니다.

정세근 저도 단출하게 대답하겠습니다. 저는 「계산행려도」를 보면 '웅장한 기운'을 느낍니다.

질문자 보통 그리스 벽화를 보고 무슨 기를 느껴야 좋을지, 선생님께서 지금 순간적으로 느끼신다면?

정세근 그리스까지도 기를……(웃음).

질문자 선생님, 분명히 저걸 그린 사람이 혼신을 다해서 그렸을 거거든요. 우리는 느껴야 되는데, 뭐 무에서 유를 느낀다든지, 아니면 정을 느낀다든지 해야 되는데…….

정세근 제가 오늘 오면서 보니까, 화장실에 프랑스 판화 점묘화가 있었어요. 프랑스어로 '남과 여'라고 써 있더군요. 그런 것을 봤을 때 그것이 가능한 것이 빛의 문화였다는 생각을 하게 되더라고요.

다른 것으로 이야기해보죠. 서양 사람들이 바라는 것은 완벽한 비례감입니다. 배꼽을 기준으로 나누기해서 황금비율로 계속 얘기하죠. 그리고 사지를 정사각형과 원에 맞추고 있는 레오나르도 다 빈치의 「비트루비우스의 인체」와 같은 것도 비율을 맞춰서 얘기하고 있지요. 그런데 문제는 그렇게 비율을 강조한 그리스인들도 그 시차를 조정하지 않을 수 없었어요. 파르테논 신전 같은 것은 똑바로 되어 있는 것 같지만, 실제로는 아래가 벌어져 있고 설계도 그렇게 되어 있습니다. 왜냐하면 사람이 밑에서 올려다 보게 되잖아요. 종이에 신전 기둥을 그려놓고 마치 아래에서 올려다 보듯이 눈에 수평으로 맞추어 봐보세요. 그럼 가장 안

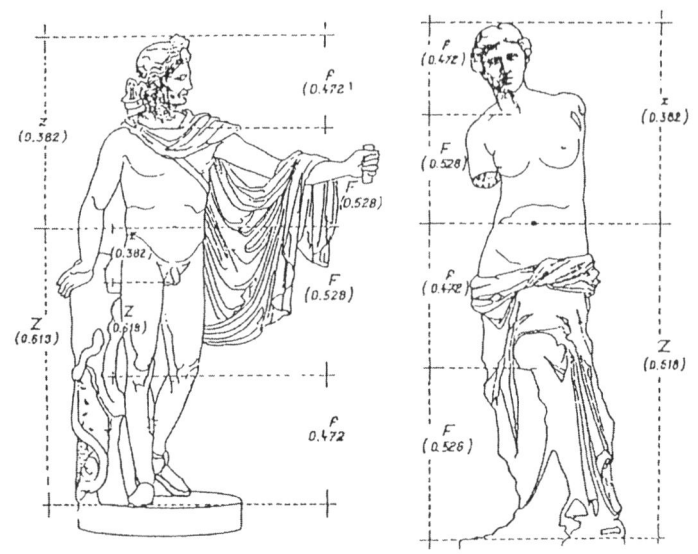

▲ 서양의 제우스 상과 비너스 상에서 나타나는 황금비율.

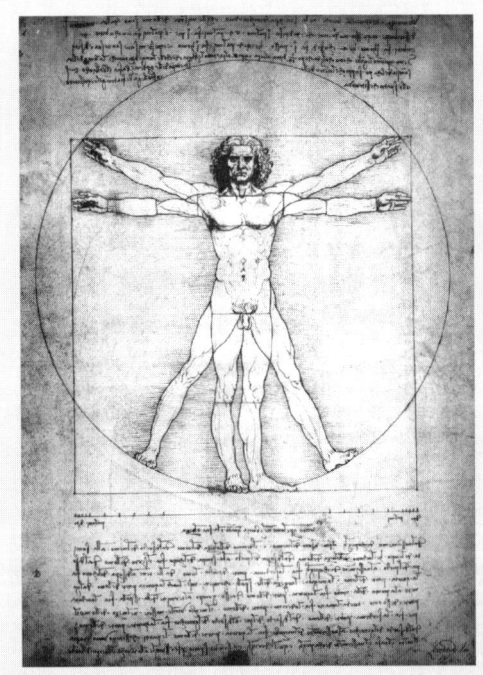

레오나르도 다 빈치의
「비트루비우스의 인체」.

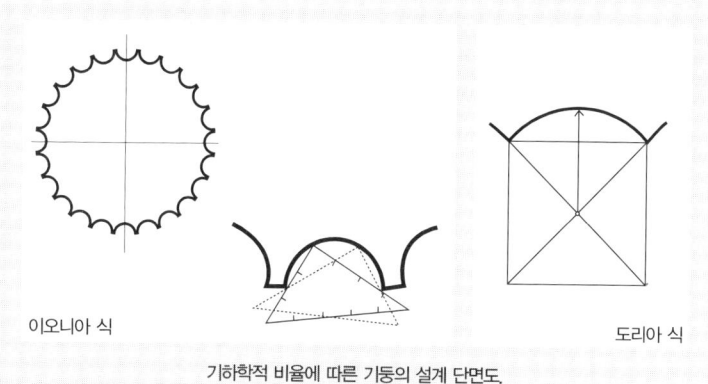

기하학적 비율에 따른 기둥의 설계 단면도.

정되게 보일 때가 있어요. 그것이 하나의 시차의 보완입니다. 같은 원리로 부석사 무량수전에는 배흘림기둥도 있지만 양쪽의 기둥이 안쏠림이 되어 있지요. 위도 그렇고.

  서양의 예술이 모두 그것을 맞추려 했고, 비너스 상이라든가 제우스 상도 모두 계산해낸 거 아닙니까? 하다못해 우리나라 석굴암도 완벽한 비율로 되어 있다는 걸 일본의 젊은 건축가 요네다가 측량해서 밝히지 않았습니까? 불상을 중심으로 원을 반복하면서 비율을 맞추어나가는 것 말입니다. 또 여러분도 아시는 이오니아 식이니 도리아 식이니 하는 기둥의 양식은 다 기하학적 비율을 맞추고자 했던 것입니다. 기둥의 홈조차 철저히 계산되어 있었다는 것입니다. 단순히 꽃 장식의 문제가 결코 아니고 이것의 길이와 비율, 요즘 식으로 얘기한다면 모듈module이 정확히 지켜져야 된다는 것이죠.

  그럼에도 그것만으로는 도저히 예술이 안 됩니다. 그러니까 비율로만은 안 되는 것이죠. 그런 것들이 우리가 찾아낼 수 있는 예술에서의 기입니다. 숫자로 설명할 수 없는 아름다움의 세계지요. 고맙습니다.

3강
음악, 소리로 듣는 氣

시작하는 말

氣라는 말은 동아시아인의 삶에서 우러나온 사고방식의 산물이다. 그러므로 氣라는 것이 실제로 있느냐 없느냐를 입증하려고 애쓰기보다는 氣라는 개념을 살펴봄으로써 동아시아인이 세계를 어떻게 바라보았는가를 알아내는 것이 더 중요할 것이다. 氣는 한자문화권에서는 이론뿐 아니라 일상생활에서도 여전히 빈번하게 사용되고 있음에도 서구 언어로는 그에 해당하는 번역어를 찾기 어려울 만큼 동아시아인의 사유방식을 잘 대변하는 말이라고 할 수 있다.

서구 사유방식의 뿌리를 이루는 고대 그리스의 철인哲人들은 우리에게 주어진 유형有形의 세계를 있는 그대로 받아들이지 않고 그 배후에 무형無形의 관념을 상정한 다음 오히려 그것에 실재성을 부여했다. 이와 달리 동아시아인의 사유방식에서 氣는 무형과 유형을 넘나든다. 아직 철학적 개념으로 진화하기 전, 갑골문甲骨文이나 금문金文에 나타나는 氣는 구름, 바람, 호흡, 숨과 같은 것을 가리키는 말이었다. 흩어졌다가는 뭉치고 다시 흩어지는 구름, 보이지는 않지만 느낄 수 있는 바람, 들이쉬고 내쉬면서 안팎을 드나드는 호흡, 생명의 원천으로 이해되는 숨 같은 것들은 자연스럽게 있음과 없음을 넘나드는 그 어떤 것을 떠올리게 할 수 있었을 것이다. 있음과 없음을 단절의 사태로 파악하는 대신 연속적인 氣의 흐름으로 파악한 덕택에 동아시아인은 삶과 죽음, 나와 남, 정신과 물질 등 갖가지 대립적인 것을 하나의 흐름 속에서 바라볼 수 있었다.

춘추전국시대를 거치면서 氣의 함의가 풍부해지고 복잡해짐에 따라 氣는 철학적인 개념으로 기능하게 되었다. 지진 같은 자연현상을 氣의 부조화로 이해한다든지, 인간의 질병이나 감정을 천지의 기운과 연결하는 것과 같은 사고방식은 氣 개념에 대한 소박하지만 일관된 이해를 보여준다. 맹자나 장자를 거치면서 氣는 교감하고 유동하면서 천지만물을 이루는 그 어떤 것을 가리키는 데에서 더 나아가 인간 내부의 생명력과 정신작용 일체를 설명하는 개념으로 확대된다. 그후로는 철학사가 전개되는 과정에서 氣 개념의 지위가 오르내린 적은 있어도 氣 개념을 제외하고 동아시아인의 사유방식을 이야기하기는 어렵게 되었다.

이러한 氣라는 개념을 통해 동아시아인은 인간과 자연계를 연속적인 것으로 이해할 뿐만 아니라 인간의 감관과 사유에 잡히는 유형有形의 사태와 그렇지 않은 무형無形의 사태를 한 흐름에서 파악하는 독특한 세계 이해를 발전시키게 되었다. 이로써 세계는 저마다 기운으로 느끼고 반응하는 가운데 끊임없이 약동하여 변하는 생생한 모습으로 비치게 된 것이다.

기로 이해되는 음악/소리

오늘날, 氣의 범주는 지나치게 느껴질 만큼 포괄적이다. 그래서 한편으로 氣 개념을 이용해서 설명하지 못할 것이 없는 듯하지만 현재 이루어지고 있는 담론 가운데에는 기론氣論 사유에 부합하는 것이 있고 그렇지 않은 것이 있다. 이를테면 예술 장르 가운데에는 다른 어떤 것보다 음악이라는 분야에서 기론적 사유를 잘 살펴볼 수 있다. 음악은 무형한 데에서 나와 멈추지 않고 흐르면서 사람을 감동시킨다. 동아시아의 전통 사유에서는 이러한 음악의 교감작용과 역동성에 주목하여 다양한 악론樂論을 전개했다.

유가에서는 주로 음악적 氣인 소리와 인간적 氣인 감정의 대응관계에 주목했다. 유가에서는 사람을 깊이 감동시킬 수 있는 음악의 작용을 통해 사람의 마음을 중정中正의 상태로 이끌고자 했기 때문에 슬픈 마음이 느껴졌을 때 나는 소리, 즐거운 마음이 느껴졌을 때 나는 소리, 성난 마음이 느껴졌을 때 나는 소리, 공경하는 마음이 느껴졌을 때 나는 소리, 사랑하는 마음이 느껴졌을 때 나는 소리 등을 각각 구별했으며(『樂記·樂本』), 거꾸로 어떤 음악을 지어 연주하느냐에 따라 사람의 마음이 시름겹게도 되고 편안하고 즐겁게도 되고 굳세고 강인해지게도 되고 너그럽게도 되고 공경하게도 되고 인자하게 되기도 한다(『樂記·樂言』)고 주장했다.

도가에서는 음악이 사람에게 주는 감응작용을 인정하면서도 소리와 감정 사이의 가시적인 대응관계에 주목하는 대신 소리의 원천을 사유함으로써 氣와 음악의 관련을 볼 수 있는 의미심장한 언급을 하고 있다. 잘 알려져 있다시피 기론적 사유가 철학적으로 성숙될 수 있었던 것은 도가에 말미암아서다. 그러므로 여기에서는 기와 음악의 관계를 좀더 심층적으로 살펴볼 수 있는 도가 악론을 중심으로 논의하고자 한다. 도가 악론에서 주목할 만한 이들은 노자, 장자, 혜강嵇康 등이다.

노자가 소리와 음이라는 대립적이면서도 상보적인 관계를 반성함(音聲相和)으로써 자연과 인간의 관계를 사유하고, 위대한 음악은 소리로 들리지 않는다고 주장함(大音希聲)으로써 유형한 세계에 사로잡혀 있는 인간의 의식을 깨치려 했다면, 장자는 이를 발전시켜 유형과 무형을 넘나드는 氣 개념 속에서 형상화함으로써 음악과 소리를 생생하게 체감할 수 있도록 만들었다. 혜강은 이러한 노장의 기본 관점을 유지한 채 좀더 논쟁적인 주제에 뛰어들어 독특한 악론을 전개했다.

도가 악론의 방향을 제시한 것은 『노자』라고 할 수 있다. 그런데 『노자』에서 나오는 음악 관련 구절들은 도道의 양상을 묘사하는 포괄적인 맥락에서 제기된 것이므로 氣와 음악의 관계를 언급하려는 장場에서는 독립적으로 논의하기 어렵다. 그러므로 먼저 정면으로 음악/소리의 문제를 놓고 이야기를 펼치는 『장자』의 말에 귀를 기울여보자.

바람으로 일으킨 음악/소리: 삼뢰三籟 이야기

『장자』「제물론齊物論」의 첫머리는 '자기'라는 관념을 잊은 남곽자기南郭子綦가 무아의 경지에서 들었던 '자연의 피리소리(天籟)'를 비교적 이해하기 쉬운 '땅의 피리소리(地籟)'와 '인간의 피리소리(人籟)'에 비추어 안성자유顔成子游에게 깨우쳐주는 이야기로 시작한다.

> 저 천지가 숨을 내쉬면 그것을 바람이라고 이름하나니, 이것이 일어남이 없다면 몰라도 일어나게 되면 온갖 구멍들이 성난 듯이 울부짖으니

배소排簫와 세로로 부는 관악기인 약龠(피리).
곽상과 성현영은 뇨籟를 '소簫'라고 하고, 여러 개의 관이 봉황새의 날개모양으로 묶여 있는 악기라고 보았다. 그런데 『설문해자』의 죽부竹部에서는 籥에 대해 "구멍이 세 개 있는 龠(三孔龠)"이라고 풀이하고 있다.

너는 홀로 멀리서 불어오는 바람소리를 듣지 못했는가? 높고 크고 들쑥날쑥한 산림에 온갖 나무들이 있나니, 백 아름드리나 되는 큰 나무의 구멍이 코와 입, 귀와 같으며, 목이 긴 병과 같으며, 바리 같으며, 절구 같으며, 연못 같으며, 구덩이 같으며, 거기에서 물이 급하게 흐르는 듯한 소리, 화살이 날아가는 듯한 소리, 성난 듯한 소리, 들이쉬는 듯한 소리, 고함치는 듯한 소리, 곡하는 듯한 소리, 굴속에서 웅웅대는 듯한 소리, 슬피 탄식하는 듯한 소리가 난다. 바람이 먼저 '우~' 하고 선창하면 갖가지 구멍들이 화답하나니 잔잔한 바람에는 작게 화답하고 열풍에는 크게 화답하되 열풍이 정지하면 뭇 구멍들이 잠잠해지나니 너는 홀로 하늘하늘 흔들리는 모습을 보지 못했는가?" 자유子游가 말했다. "땅의 피리소리(地籟)는 온갖 구멍에서 나는 것이며, 사람의 피리소리(人籟)는 생황과 같은 악기에서 나는 소리, 이것임을 알겠습니다. 감히 자연의 피리소리(天籟)를 묻습니다." 자기子綦가 말했다. "바람이 천만 가지 구멍에 불게 되면 소리가 각각 다르되 각기 스스로 멈추게 하며(已) 모두 스스로 취하게 되나니 갖가지 소리를 내게 하는 것이 그 누구일까?"

夫大塊噫氣, 其名爲風. 是唯無作, 作則萬竅怒呺. 而獨不聞之翏翏乎? 山林之畏佳, 大木百圍之竅穴, 似鼻, 似口, 似耳, 似枅, 似圈, 似臼, 似洼者, 似污者, 激者, 謞者, 叱者, 吸者, 叫者, 譹者, 宎者, 咬者, 前者唱于而隨者唱喁. 冷風則小和, 飄風則大和, 厲風濟則衆竅爲虛. 而獨不見之調調, 之刁刁乎?" 子游曰: "地籟則衆竅是已, 人籟則比竹是已. 敢問天籟." 子綦曰: "夫吹萬不同, 而使其自己也, 咸其自取, 怒者其誰邪!(「齊物論」)

사람들은 성대나 악기를 이용해서 음악을 짓고 즐긴다. 사람이 듣기에 조화로운 소리로 이루어진 음악(樂)은 일반적인 소리(聲)와는 달리 특별한 감동을 자아내는 것으로 여긴다. 그런데 「제물론」에서는 사람의 피리소리인 음악을 넘어 갖가지 구멍에서 일어나는 소리(地籟)를 세밀하게 묘사함으로써 음악/소리에 대한 일반인의 상식을 깬다. 사람이 지어내는 소리인 음악이나 땅 위에 있는 갖가지 사물들이 연주하는 음악인 소리나 모두 바람과 구멍의 작용이라는 것이다. 이것은 인간 사회에서 대수롭지 않은 것으로 취급되는 '자연적인 소리(聲)'와 사람들이 좋아하는 '의미 있는 음(音)'이 서로 어느 한편으로도 기울지 않고 어우러

마린, 「정청송풍도靜聽松風圖」, 1246, 고궁박물관.
자연의 소리에 귀를 기울이는 선비의 모습은 인간이 자아낸 음악소리뿐 아니라 땅의 피리소리(地籟)에 귀 기울일 수 있게 된 안성자유顔成子游를 연상시킨다.

져 있는 양상임을 지적했던 『노자』의 생각을 이어받아 여기에 기론적 색채를 입힌 그림이다.

장자는 음악에서 소리로, 소리에서 다시 소리 없음의 세계로 우리를 이끌어간다. 우리는 먼저 땅의 피리소리에 대한 묘사에서 평소에 음악으로 여기지 않았던 무수한 소리의 세계에 귀 기울이게 되고, 다시 음악소리를 포함하여 그 무수한 소리를 내게 하는 어떤 것(天籟)을 생각해보게끔 된다. 하지만 「제물론」에서는 '자연의 피리소리(天籟)'가 무엇인지 단정하지 않는다. 대신 "바람이 천만 가지 구멍에 불게 되면 소리가 각각 다르되 각기 스스로 멈추게 하며(已) 모두 스스로 취하게 되나니(取) 갖가지 소리를 내게 하는 것이 그 누구일까?"라고 반문한다.

남곽자기는 무아無我의 경지에서 소리 없는 소리인 '자연의 피리소리'를 들었다. 그런데 그것은 어떤 특정한 음악이나 소리가 아니라서 단정지어 설명할 수 없다. 다만 '자기(我)' 관념을 가진 보통 사람에게는 자연의 피리소리(天籟)가 들리기는커녕 음악(人籟)과 땅 위에서 나는 소리(地籟)조차 엄연히 다른 것으로 들릴 것이나 '자기' 관념을 잊은 상아喪我의 경지에서는 천뢰天籟와 지뢰地籟, 인뢰人籟가 결국 다르지 않다고 말하는 것은 가능할 것이다.

음악이든 자연적인 소리든 그 근원을 캐보면 바람이라는 기운과 작용하여 일어난다는 점은 같으나, 그렇다고 바람이 근원이라고 잘라 말할 수 없는 것은 갖가지 구멍들이 저마다 생긴 모습대로 취하고 그치는 가운데 소리가 생겨나기 때문이다. 바람은 구멍 있는 것들을 건드려 소리나게 할 수 있으나 갖가지 구멍들에서 울려퍼지는 다채로운 소리들은 바람이 만들어낸 것이 아니라 각자가 제 멋에 겨워 자아낸 것이다. 소리의 주인이 바람이라고도, 구멍 있는 것들이라고도 할 수 없는 사태에 직면해서 남곽자기는 "그 누구일까?"라고 되묻는다.

유가 악론에서 음악을 사람의 마음에서 생겨나는 것(凡音之起, 由人心生也, 『樂記·樂本』)이라고 강조하는 것에 비해, 도가에서는 음악을 자연적인 소리와 구별해서 가치를 매기는 대신 음악 역시 빈곳을 울려 내는 것이라는 점에서 자연적인 소리와 다를 것이 없음을 주지시키며, 나아가 그러한 온갖 소리의 근원이 되는 것에 주의를 환기시킴으로써 소리로 드러나지 않은 기운과 드러난 소리, 의미를 갖춘 소리의 체계를 연속선상에 놓는다.

내면에서 들려오는 소리—氣로 들어라

장자가 음악/소리를 논하는 이유는 단순히 음악의 효과나 작용을 언급하기 위해서가 아니라 음악/소리에 ·대개 반성해서 세계의 근원인 도道를 느낄 수 있는 가능성을 밝히기 위해서다. 우리는 『장자』「인간세人間世」에서 소리를 소리라는 대상으로 듣는 데에서 그치지 않고 마음으로 듣고, 마음으로 듣는 데에서 그치지 않고 다시 자연스러운 기운으로 들음으로써 도道와 만날 수 있다고 하는 장자의 생각을 찾아볼 수 있다.

이 부분은 혼탁한 세상에 나아가려는 안회顔回에게 공자가 먼저 내면세계를 허정虛靜하게 할 것을 요구한다는 상황을 가정한 우언寓言으로서 음악과 직접 연결되는 구절은 아니지만, 감관에서 사려로, 사려에서 다시 기운으로 이행할 것을 이야기하는 구도는 음악/소리의 논의에도 그대로 적용된다.

> 너의 심지心志를 전일하게 하여 귀로 듣지 말고 마음으로 들으며, 마음으로 듣지 말고 기氣로 들어라. 귀는 듣는 것을 멈추고, 마음은 외계

사물과 접촉하는 것을 멈추어라. 氣라는 것은 虛하므로 온갖 사물들을 받아들일 수 있다. 오로지 道는 虛한 곳에 모이나니 허하게 하는 것이 마음의 재계이다.

若一志, 无聽之以耳而聽之以心, 无聽之以心而聽之以氣! 耳止於聽, 心止於符. 氣也者, 虛而待物者也. 唯道集虛. 虛者, 心齋也(「人間世」)

감각기관의 욕구를 거두어들이고 사려 작용하는 심지를 비움으로써 세계와 통할 수 있는 길이 열린다. 마음을 비운다는 것은 욕구 또는 감정이나 사려 등 일체의 유위有爲가 없는 마음의 상태를 회복하는 것을 의미한다. 그런데 이렇게 아무런 선입견도 없이 어떤 것이든 받아들일 수 있는 마음의 세계를 장자는 氣라는 개념으로 표현하고 있다.

인간이 대상을 파악할 때 가장 먼저 외계와 접하는 것은 눈, 코, 입 등의 감각기관이지만 가장 깊숙한 밑바탕에서 오묘하게 작용하는 것은 氣라고 보는 것이다. 감각기관의 욕구에 매몰되지 않고 남과 나를 구별하고 대상을 분별하는 사려 작용조차 잊었을 때 내면의 소리와 만날 수 있다. 나의 밖에서 들려오는 것이 아니기에 내면의 소리라고는 하나 이때에 들려오는 소리는 안팎 없이 통하는 소리 없는 소리이므로 장자는 "氣로 들으라"고 한다. 이는 앞서 「제물론」에서 남곽자기가 도달했던 무아지경無我之境과 다를 것이 없다.

음악/소리가 인간에게 끼치는 감수작용의 중요성은 오래 전부터 중국의 철인들에게 공인되어왔다. 장자 역시 그 가운데 한 사람으로서 「천운天運」편에서는 음악적 조화에 빗대어 만물이 어우러져 있는 양상을 묘사하고 형식적으로 고정되지 않을 뿐만 아니라 한 음, 하나의 소리까지도 날로 새로워가는 음악을 통해 도道와 하나가 되는 경지를 보여준다. 이 같은 음악/소리에 대한 기론적 이해는 동아시아의 전통 예술의 창작과 표현에 깊이 영향을 주었다. 그래서 동아시아의 예인藝人들은 소리를 대상으로 파악하여 형상화하려고 하기보다는 소리를 내면화하여 자연스러운 흐름에 맡기고자 노력해왔다.

다음으로는 이와 같은 노장의 기본 관점을 계승하여 좀더 구체적인 악론樂論을 전개했던 혜강을 논의하면서 동아시아 음악론과 서구 음악론의 차이를 살펴보겠다.

동아시아와 서구 음악론의 차이: 혜강과 한슬릭

중국 고대에 형성된 기론적 세계관은 동아시아의 예술에 음으로 양으로 영향을 주었으며 서구의 예술론이 주목하는 문제와는 조금 다른 경지를 추구하게 만들었다. 후대에 나온 논의들 가운데 음악 분야에서 눈에 띄는 논의로는 혜강(嵇康, 223~262)의 「성무애락론聲無哀樂論」을 들 수 있다.

혜강은 위진魏晉시대의 현학자玄學者로 기존 질서의 근원적인 반성을 요구하는 도가사상을 통해, 한대를 거치면서 인문질서를 대표하는 학문으로 자리 잡은 유가사상을 반성하고자 했다. 이러한 문제의식 속에서 혜강은 당시의 일반적인 상식을 뒤엎는 "소리에는 애락이 없다(聲無哀樂)"는 주장을 내놓게 되었던 것이다.

최근 들어 중국 대륙에서 혜강 연구가 진행되면서 그의 악론이 주목받게 되었는데, 그 가운데 서구 근대미학의 연구 풍토 속에서 음악의 고유한 미를 확보해내려고 고군분투했던 독일의 음악학자 한슬릭(Hanslick, 1825~1904)과 혜강의 음악사상을 비교하는 논의가 일어났다.*

남경南京 서선교西善橋에서 출토된 죽림칠현의 전각화.
맨 오른쪽 위에서 거문고(琴)를 타는 이가 혜강이다.

여기에 한국에서는 최근 위진현학에 대한 관심이 늘어나면서 혜강의 「성무애락론」이 번역되고 관련 논문이 나옴에 따라 비로소 혜강과 한슬릭 사상의 유사성에 주의를 기울이고 있는 형편이다.●●

중국에서 혜강과 한슬릭을 연결하고 둘의 사상을 비교하는 논의를 시작하게 된 것은 우선 이 둘의 주장이 눈에 띄게 닮았기 때문이다. 그리고 다른 한편으로는 천수백 년이나 앞서 있는 위진시대의 혜강을 서구 음악미학에

● 주요논문으로 조리군曹利群의 「試論嵆康與漢斯立克的音樂美學思想」(『音樂研究』, 1986, 2期), 이보민李保民의 「嵆康與漢斯立克」(『商丘師專學報』, 1987, 1期), 두위林衛의 「嵆康與漢斯立克音樂美學思想比較」(『學術月刊』, 1990, 9期) 등이 있다. 이러한 논의는 한동안 활발하게 끊어오르다가 이제 일단락 지어져서 그 공과에 대한 논의(修海林·羅小平, 『音樂美學通論』, 上海:上海音樂出版社, 1999)가 나와 있을 정도다.
●● 이경희는 「혜강과 한슬릭의 음악미학 비교 고찰」(『한국음악사학보』 29집, 2002)이라는 논문에서 그 연구 성과를 담고 있다.

서 독보적인 논의를 전개한 한슬릭과 비교함으로써 중국사상의 우수성을 드러내려는 의도도 깔려 있었던 것 같다.

한슬릭은 『음악미에 관하여』라는 책에서 당시까지의 음악미학을 감정미학이라고 비판하고, 자율적 음악론 또는 형식미학을 주장한 것으로 알려져 있다. 이러한 측면은 기존의 유가 예악사상을 정면으로 비판하고 가사歌詞의 의미로부터 독립적인 '소리 그 자체의 조화'를 논하는 혜강의 논의와 상당부분 겹치는 데가 있다.

하지만 한슬릭과 혜강의 음악론이 비슷해 보임에도 그들이 음악을 바라보는 관점은 전혀 달랐다. 혜강에게 음악은 맛, 냄새 같은 것들과 마찬가지로 氣다. 반면 한슬릭에게 음악은 인간 정신의 창조물로서 철저히 인공적인 것이다. 한슬릭은 자연의 유일한 음악적 요소는 리듬뿐이며 이밖에 선율과 화성은 역사적으로 형성된 인간의 창조물이라고 잘라 말한다.

혜강이 즐거운 곡조와 즐거운 감정이 대응한다든지 슬픈 곡조와 슬픈 감정이 대응한다든지 하는 기성관념에 반대하는 것은 음악이 인간에게 주는 감동을 도외시해서가 아니라 이런 식의 연결이 음악적 표현과 감상에 고정적인 틀을 제공하기 때문이다. 혜강은 음악적 조화란 사람의 마음이 몹시 원하는 것임을 인정할 뿐만 아니라 곡조나 리듬에 따라 사람의 마음이 조급해진다거나 여유로워진다거나 하는 현상이 있을 수 있다는 점을 인정한다. 그러나 음악적 조화가 사람의 마음을 움직일 수 있다는 사실과 특정한 곡조가 특정한 감정을 끌어낸다는 말은 다르다. 혜강이 추구하는 음악적 조화는 분석적으로 접근할 수 있는 형식적인 것이 아니라 감관과 사려에서 더 나아간 심연에서 만날 수 있는 자연스러운 조화다. 그것은 어떠한 고정적인 틀을 숭상한다든지 사회적으로 세련된 형식을 추구하는 대신, 마치 각양각색의 구멍에서 저마다 충만한 소리를 자아내듯이 갖가지 음악적 형식이 모두 저마다 아름다울 수 있음을 주장하려는 것이다. 이는 앞서 장자의 "바람이 천만 가지 구멍에 불게 되면 소리가 각각 다르되 각기 스스로 말미암는다"고 하는 생각을 이어받은 것이다.

  이에 비해 한슬릭이 음악의 내용이자 본질은 형식미에서만 찾아야 한다고 보고 음악의 작용은 감정의 환기라는 전통설을 부정함으로써 음악미의 자율성을 확보하고자 했던 것은 경험적인 감정과 순수 관조를 분리해 미적 영역에 대한 이론을 정립했던 근대미학을 이어받아 음악이라는 분야에 철저히 적용시킨 결과다. 한슬릭이 서구미학의 연장선에서 음악미의 독립을 주장하면서 음악을 '소리내면서 움직이는 형식'이라고 규정한다면, 도가인 혜강은 '인간과 자연' 사이에서 균형을 잡는 미묘한 줄타기를 하는 셈이다.

실제 음악에서 나타나는 양상들

동아시아의 전통 문화와 예술에서 특정 사상과 그에 해당하는 실제 사례를 찾아보는 것은 어려운 일이다. 서구 문화와 예술의 경우 특히 근대 이후, 철학자가 예술가를 옹호하기도 하고 예술가들이 이전 철학 사조의 영향을 받으면서 그것을 극복하고자 하는 새로운 움직임을 보이기도 하는 등, 시대에 따라 자신들의 행위를 언어로, 철학으로 풀어내려는 의식적인 자각이 있었다. 이를테면 한슬릭이 바그너를 비판하고 브람스의 음악을 옹호하려 했다거나, 아도르노가 쇤베르크 음악의 가치를 해명하려 했던 일들은 예술과 철학이 연대의식을 가지고 서로 연결되고 있었음을 보여준다.

그러나 동아시아 전통사회, 특히 한국은 불과 백 년 전까지도 음악 창작이라는 것이 수많은 사람의 연주와 감상을 거치면서 변형되고 늘어나고 덧붙어 가면서 자연스럽게 탄생되어왔지 의식적으로 자기 이름을 건 새로운 곡을 발표하는 형식으로 이루어지지 않았다. 그러므로 실제 음악을 놓고 사상적 영향을 논하는 일은 무리가 따른다. 더구나 음악과 기氣의 관계 문제는 개인적인 감수가 전제되어야 이해할 수 있는 것이 대부분이다.

이러한 어려움을 충분히 감안하면서 여기에서는 우리 음악의 특성 가운데 기氣라는 개념과 관련지어 주목해볼 만한 것을 몇 가지만 들어보고자 한다. 가능한 한 실제 경험에 비추어 사례로 들어보고 시조, 판소리, 정악 등에서 몇 곡을 골라 부분적으로 알아보겠다.

먼저 서양음악과 우리 음악은 소리에 기대하는 것이 다르다. 우리 음악에서 가장 중요한 요소는 요성搖聲이라고 할 수 있다. 예를 들어 시조時調는 잘 모를 때 들으면 그처럼 밋밋하게 들릴 수가 없는데 실제로 배워보면 요성의 제 맛을 내기가 여간 어려운 것이 아니고, 아이러니하게도 어렵다는 것을 알면 시조의 역동성을 느낄 수 있게 된다. 인상적인 것 가운데 하나가 중장의 첫머리에서 음고가 위로 올라갔다가 축 축 축 내려오는 대목에서, 가르쳐주시던 선생님이 공이 떨어질 때 일률적으로 똑같은 간격으로 퉁.퉁.퉁.퉁 하고 떨어지는 것을 보았느냐 하시면서 투-웅-, 투웅-, 퉁-, 퉁, 퉁퉁퉁 이런 식으로 요성의 파상波狀을 설명해주셨던 일이다.

음악을 음악음tone이라고 하는 요소의 결합으로 파악하는 서양음악의 관점에서는 요성이 단지 중심음을 수식하기 위한 꾸밈음으로 이해된다. 하지만 우리 음악에서는 어떠한 개념을 형상화하기 위해 소리를 결합하는 것이 아니라 소리가 탄생해서 자라났다가 잦아들었다가 하면서 움직여가기 때문에 소리가 정지하는 일 없이 흘러가는 듯하다. 길게 뻗다가 툭 멈추기도 하고 속으로 굴려서 올라갔다 가냘프게 흔들어주고 털썩 내려오기도 하는 소리들은 자연스러운 결을 이루면서 끊임없이 움직여간다. 그렇기 때문에 인간이 자아내는 소리지만 인간적인 계산을 넘어 자연의 움직임을 닮고자 하는 것이다.

흔히 판소리에서 추구하는 소리를 들어본 적이 있을 것이다. 예쁘기만 한 소리는 양성陽聲이라고 해서 덜 된 소리로 여기고 좋아하지 않는다. 그렇다고 거칠기만 한 소리는 떡목이라고 해서 역시 높이 치지 않는다. 그늘이 있는 수리성 또는 그늘이 있으면서도 맑은 천구성을 선호한다고 하는데, 이것은 일반적으로 전통 문화의 관념이 흔히 양귀음천陽貴陰賤일 것이라고 오해되는 것과는 달리, 전통 문화에서는 음양이 함께 어우러져 있는 것을 풍부하다고 생각함을 보여준다. 이는 음악을 무형의 건축물로 생각하는 서양음악과는 달리 음악을 기운의 흐름으로 이해하여 음양陰陽이 서로 교감하면서 유동하는 것으로 보는 전통적인 미감의 표현이다.

개인적인 경험에 따르면 단소를 배울 때에도 이러한 요구가 관철되어 있음을 느꼈다. 단소는 리코더처럼 불면 안 된다. 처음 배우는 사람들은 일단 소리내기에 급급하고 그러다가 소리가 맑게 나면 뿌듯해하는데, 그쯤 되면 가르쳐주시던 선생님은 속소리를 내라고 하신다. 그리고 암태의 소리가 더 좋다고 하신다. 단소에서도 밝게 터지고 되바라지는 소리를 좋아하지 않는다. 그렇다고 어둑어둑한 소리를 선호하는 것이 아니라 속이 있는 소리, 음양이 어우러진 폭이 있는 소리를 바라는 것이다.

작곡가의 머리에서 나온 정합적인 기승전결이라기보다는 여러 사람들이 즐겨 연주하고 즐겨 듣는 가운데 다시금 탄생하고 거듭 변화한 음악이기 때문에 우리 음악은 자연스럽게 악곡의 반복순환 구조를 이룬다. 대표적인 악곡으로 「영산회상靈山會上」을 들 수 있다. 「영산회상」은 상령산上靈山, 중령산中靈山, 세령산細靈山, 가락덜이加樂除只, 삼현도드리(三絃還入), 하현도드리(下絃還入), 염불도드리(念佛還入), 타령打令, 군악軍樂으로 이루어진 조곡組曲이다. 이는 처음에는 가사가 있는 불교음악이었다고 하는데, 지금은 가사가 없는 기악음악으로 연주된다.

그 원형은 아마도 가장 호흡이 긴 상령산이었을 것인데, 이것이 속도가 빨라지기도 하고 가락이 변하기도 하고 가락이 줄어들기도 하고 위로 올려서 변주하기도 하고 아래로 내려서 변주하기도 하면서 다양한 음악을 낳았다. 아이가 태어나면 어찌 보면 엄마도 닮고 달리 보면 아빠도 닮고 어떤 부분은 할머니도 닮고 할아버지도 닮듯이, 그러면서도 새로운 생명체로서의 자기 특징을 지니듯이 오늘날 우리가 들을 수 있는 영산회상은 서로 닮았으면서 각자의 개성이 살아 있는 여러 곡들로 이루어져 있다.

오래 전 「한국음악의 특성」이라는 글에서 이혜구는 우리 음악은 격을 중시하는 대신 자득의 생명력을 중시한다고 하면서, 소리를 할 때에도 틀에 박힌 소리, 매번 똑같은 소리는 사진寫眞소리라 해서 배척하고 청중에 따라 늘 달라지고 새로워지는 소리를 선호한다고 말한 적이 있다. 우리 음악에서 선호하는 변화란 악곡 형식의 변형에만 있는 것이 아니라 하나의 가락, 하나의 음을 표현하는 데도 나날이 새로워지며 살아 숨쉬는 생명의 신진대사를 닮았음을 느끼게 해주는 말이다.

이제껏 음악을 기라는 개념과 연관지어 여러 각도에서 다루어보았다. 이것은 기론氣論 아래 예술론을 배치하려 한다거나 기氣라는 개념을 가지고 실제 삶과 예술을 연역적으로 연결하고자 하는 목적에서 나온 것이 아니며, 다만 동아시아 음악과 우리 음악을 우리 방식대로 바라보려는 시도 가운데 하나라고 이해해주었으면 좋겠다. 전통 사회에서 추구해온 음악은 음악을 기氣로 이해하는 세계관, 바꾸어 말하면 기론적 체계 속에서 바라본 음악이라는 점을 이해하고 동아시아의 음악을 관찰해보았을 때 그 특징을 살려낼 수 있는 가능성이 더 커질 수 있다는 생각이다.

열·린·대·화

질문자   한국음악과 서양음악을 비교해서 다룬 책이나 논문 같은 게 있나요?

박소정   추천할 만한 책을 말씀하시는 것 같은데요. 개별적이고 파편적으로 접근한 것들은 있지만, 뿌리에서부터 비교하는 수준작을 기대하기는 아직 어려운 실정이라고 할 수 있습니다. 서양음악을 하는 분들은 한국음악을 잘 모르고 또 반대로 한국음악을 하는 분들은 서양음악을 잘 모르거나 알려고도 하지 않는 경향이 있는 것 같습니다. 그래서 대체로 국악 쪽에서 오랫동안 연주활동을 하셨다든지 국악 이론을 공부하였던 분들은 우리 음악이 이래서 좋고 저래서 좋고 하는 식으로 부분적인 말씀은 하시는데, 서양음악이 걸어온 길과 자기 비판의 역사를 충분히 고찰해보지는 않는 것 같습니다.

지금 광범위하게 퍼져 있는 서양음악은 나름대로 자기가 걸어온 길이 있지 않습니까? 또 현재 알려진 서양음악은 자기 문제를 꾸준히 가져간다는 대단한 장점이 있어요. 근대 이후의 자의식이 강한 철학이 그 이론적인 토대기 때문에 음악하는 사람들도 자의식이 강합니다. 그런 의미에서 계속해서 자기 모습을 변모해 나가려고 하는 음악적인 흐름들을 끊임없이 발견할 수 있고 거기에 대한 이론적인 해명도 충실하게 되어 있습니다.

그에 비해서 우리 음악에 대해서는 그냥 좋다는 느낌, 자꾸 들으면 좋아진다는 항변을 넘어선 이론적인 해명이 부족합니다. 제가 생각하기에는 서양 문화가 맞닥뜨린 현실이라든가 서양음악이 추구하는 것을 착실히 이해하고 나서 우리 음악을 바라본다면 우리 것의 장점도 설득력 있게 얘기할 수 있는 부분이 많을 거라고 보는데, 지금까지 나와 있는 글들은 대부분 한국음악의 어떤 특징을 따로 엿볼 수 있다든지 또 서양음악의 특징을 따로 엿볼 수 있다든지 이런 식으로 되어 있어서요.

조금 더 기다려봐야 할 것 같습니다.

질문자 그렇다면 그런 걸 연구하는 단체라든지 교육 강좌라든지 그런 게 있는지요?

박소정 저도 이쪽 공부 시작하면서 그런 곳을 몹시 찾았거든요. 1997년부터 시작했다 치면 한 6년 정도 찾아다닌 셈이네요. 인연이 닿지 않아서인지 저로서는 그러한 것을 단번에 해결할 만한 곳은 찾지 못했습니다. 처음에 이런 문제를 고민하게 된 것은 음악이 그저 좋아서 시작했다기보다는…… 저는 거꾸로 철학 또는 동양철학, 더 좁게는 장자를 제대로 표현하고 싶어서 방법을 찾다보니 음악이라는 문제로 접어들었다고 할 수 있어요. 장자의 원문과 전체적 맥락에서 제가 느끼고 이해했던 것들을 철학적으로 해명하려다 보니까 기존의 철학적 틀이 요구하는 방식으로 접근했을 때 장자철학에서 느꼈던 실감이 다 사라진다는 생각이 들었어요.

그러면 어떻게 표현하면 좋을 것인가, 어떤 틀을 가지고 접근했을 때 사람들을 좀더 잘 이해시킬 수 있으며 나도 만족스러울 수 있을까. 그런 것을 고민하는 가운데서 예술철학에 관심을 기울이게 됐고, 동아시아 예술 정신이라는 맥락에서 가장 먼저 해명되어야 할 것이 악론樂論이란 사실을 알게 됐습니다. 그러면서 악론을 이야기하려다 보니까 음악을 단지 문헌적으로만 이해해서는 역시 추상적이기는 매한가지고, 결국 하나마나한 얘기가 될 것 같더라고요. 조금은 알고 조금은 느껴야지 책임감을 갖고 자신 있게 뭔가를 말할 수 있을 것 같아서, 그래서 음악공부를 하게 됐어요.

저도 처음에는 단번에 저를 만족시켜줄 책이나 사람을 만날 수 있을 거라 생각했습니다. 그때까지만 해도 저는 그저 노래 부르는 것은 좋아하지만 음악에는 완전히 문외한이었기 때문에, '음악하는 사람들을 만나서 물어보면 그 사람들이 나에게 음악의 실제를 가르쳐줄 것이다. 그럼 나는 내가 가지고 있는 철학적인 내용과 접목해서 논문을 쓰면 되겠다.' 이렇게 생각했어요.

근데 그렇지가 않더라고요. 대부분 음악을 파편적으로 아세요. 음악의 어떤 부분이 이렇게 되어야 한다는 건 알지만, 전체적인 맥락에서 의미를 찾기 위해서는 그것을 어떻게 말해야 되는지 하는 문제를 많이 생각한 사람이 드물어요. 전통음악이 서양음악보다 우수하다고 할 경우 '상대방이 진짜 우수하다고 느끼게 하려면 어떻게 말해야 하느냐'와 같은 문제가 있다면, 그저 자꾸자꾸 들려주는 방법도 가능하겠지만 그런 것을 넘어서서 설득력과 설명력도 갖추어야 하잖아요. 그러려면 스스로 공부해야 되거든요. 근데 그런 분들이 드물고, 그리고 이론 분야를 전공하는 사람들도 아주 세부적인 부분으로 들어가서 분석하고 연구하는 사람들은 많지만 착실하게 공시적이고 통시적인 반성을 해온 사람들이 드물어요. 달리 말하면 음악계에서는 거꾸로 철학하는 사람들과 잘 만나오지 못한 거죠. 그냥 자신의 분야에 대해 얘기해주시는 분들은 상당히 많고, 물론 그런 것들 역시 하나하나가 저에게는 큰 도움이 됐습니다만, 대개 파편적인 것들이라 제가 말씀드린 내용 전체에 대해서 딱히 참고할 만한 서적이나 모임을 추천하기는 어렵네요.

아, 참! 우리 음악의 성격에 대해 여러분이 쉽게 접할 수 있을 만한 서적으로 그저 하나는 말씀드릴 수 있어요. 윤이상 씨와 관련된 글인데요. 윤이상 씨가 자신이 생각하는 음악에 대해서 얘기한 글과 자기 곡을 설명하거나 강연한 글 등이 그의 부인 이수자 씨가 쓴 『내 남편 윤이상』이라는 상·하권의 책에 들어 있습니다. 하권 뒷부분에 윤이상의 곡목록이 있고 그 앞에 '예술과 철학과 삶'이라 해서 윤이상 스스로 자기

음악을 얘기한 부분이 있는데, 그 부분을 한번 읽어보시면 '서양음악은 어떠어떠한 특징이 있는데, 나는 이러저러한 음악을 하려고 노력했다'고 술회하는 대목에서 서양음악과 우리 음악의 차이에 대해서 생각해 볼 만한 점을 찾을 수 있을 것 같은 생각이 드네요.

질문자 동서양 음악을 비교할 때, 좋고 나쁘고를 떠나서 그 특징을 비교해볼 때 여러 이야기를 할 수 있겠지만 한 가지 많이 생각하는 것이 서양음악은 화성을 중심으로 하고 한국음악이라든지 동양음악은 단성을 중심으로 한다는 거잖아요. 그러니까 서양음악이 공시성의 화성을 중시한다면 우리 음악은 단성이면서 통시성을 강조해서, 즉 선線에 중점을 많이 두는 것 같다는 생각이 들거든요.

박소정 많이 하는 얘긴데요. 많이 얘기되었고 그래서 쉽게 받아들일 수 있을 것 같은 그런 이야기긴 한데, 그렇게만 얘기해서는 뭔가 부족하다는 느낌을 지울 수 없어요. 잘못하면 화성음악은 중층적이고 입체적인데 이것은 입체적이지 못하다는 말의 순화된 표현밖에는 안 되거든요. 그래서 그렇게 얘기하는 것에는 한계가 있는 것 같고요. 더구나 그것은 서양에서 먼저 얘기된 것이고, 선율에 치중했던 시기를 넘어 화성음악을 더욱 발전된 형태로 생각하는 가운데 이야기된 것이라서······. 서양인이 생각하는 음악을 동양음악에 비춰봤을 때는 그렇게 볼 수도 있다는 거지요. 저는 좀 달리 말하거나 출발점을 달리해야 한다고 생각해요.

그리고 이제 와서는 서양에서 그런 식으로 구분하는 것 자체가 곤란한 면이 있어요. 아까 말씀드렸듯이 서양음악하는 사람들도 자기변모를 상당히 했거든요. 현대음악을 틀면 전통음악보다 훨씬 더 듣기가 곤란할 거예요. 물론 현대음악 중에서 고전이 된 쇤베르크의「달에 홀린

피에로」 같은 작품은 부분적으로 듣기는 했지만 악명 높은 것에 비하면 들을 만해요. 근데 진짜 듣기 괴로운 것도 있어요. 의도적으로 화성을 피해가려는 음악, 이를테면 12음, 12평균율의 음이 있다면 그걸 조합해서 어떻게도 화성적으로 만나지 않게 만들어 가는 그런 음악도 있죠. 그야말로 그건 이념적인—이데올로기적이라는 게 아니라 의미와 이념을 투사한—그런 성격의 음악이에요.

근데 그 사람들 처지에서 보면 그 사람들은 왜 그런 음악을 만들까 생각해보아야 해요. 자학하려고 만들 리는 없거든요. 서양 사람들이 즐겨 듣고 대중적으로 꾸준히 인기를 얻고 지금까지 판도 잘 팔리고 연주가들도 제일 많이 연주하는 것들은 아까 말씀드린 것처럼 우리가 잘 아는 음악으로, 모두 200~300년 전에 나왔던 서양고전이에요. 헌데 오늘날의 현대음악가들이 그렇게 음악을 작곡할 줄 몰라서 안 하는 것이 아니라, 실은 하고도 남지요. 그런데 오늘날의 문제의식을 반영하는 음악을 추구하고자 하는 세대에서 자기 생각을 골똘히 가져갈 때에는 이제 더는 그렇게 작곡할 수 없기 때문이거든요. 그 사람들 생각에 우리가 좀 귀 기울여볼 필요가 있어요. 우리 전통음악이 얼마나 좋은지는 자꾸 들으면 안다고만 할 것이 아니라 주변을 사심 없이 살펴볼 필요가 있는 거죠.

제가 아까 우리 음악에 대해 설명한 것은 이런 음악이 있었는데 '저는 자꾸 들으니까 좋아지더라' 하고 말씀드리려던 것이 아니라, 이런 음악이 오늘날의 우리한테는 대체로 생소한데 거기서 추구하는 것을 귀담아들었을 때 우리가 음악에다 기대해왔던, 서구와는 좀 다른 어떤 것을 실감할 수 있게 되지 않을까 하는 생각에서 사례를 들려드린 거죠. 그게 서양음악은 이렇고 저러니까 다 문제가 있고 동양음악으로 대체해야 된다든가, 우리에게 전승되어온 음악을 계속 반복해서 들어서 좋아해야 한다는 뜻은 아니에요. 음악은 그야말로 계속해서 생성·변화하고 발전하고 바뀌어가는 것이고 바뀌어가기 위해서는 앞의 것이 죽어야 될 때도 있는 거거든요.

질문자 저는 윤이상 씨의 곡을 들어보았는데요. 윤이상 씨의 곡이 한국에 초연되었을 때, 우리는 못 들었던 시대니까 뭐 1990년대 초반인데, 그때 상당히 어렵더라는 얘기를 전해듣기만 해서 사실은 처음 연주장에서 들었을 때 별로 어렵다는 생각이 들기보다는 친근하게 다가오는 느낌이었어요. 물론 서양식의 작곡인데도요. 처음에 생각했던 것은 저걸 서양 사람들이 좋다고 느꼈다면 그게 무엇이었을까 하는 생각이 들었고요. 지금 氣하고 연결해서 볼 때, 우리는 윤이상이라는 사람의 곡을 들어본 적도 없지만 처음 들을 때 좋아할 수 있고, 그 사람들은 동양적인 것이라고 하면서 좋아했던 부분들이 그냥 연주를 들었을 때 느낌이 맞아떨어질 수 있단 말이에요. 그런 부분은 어떻게 설명할 수 있을까요?

박소정 윤이상의 곡이 다 듣기가 쉽지는 않고, 상대적으로 듣기 쉬운 게 있고, 좀 어려운 게 있는 것 같아요. 그런데 제 생각에는 윤이상을 들으려면 현대음악을 좀 알아야 해요. 물론 그냥 듣고 좋아질 수도 있겠지만 흔치는 않은 것 같아요. 제 경우에는 어떤 식으로 들었냐면 우선 서양음악을 전공한 사람과 악보를 구해다 놓고 독해를 해가면서 들었어요. 「예악禮樂」 같은 것은 처음에는 와장창 굉장히 많은 소리가 한꺼번에 나오는데 그것을 그냥 들어서는 가닥을 잘 못 잡겠더라고요. 아까 시조의 경우도 그냥 들으면 단순한 음들이 왔다갔다 하는 걸로 끝나는 것처럼 들리지만 그걸 어떻게 소리내야 한다는 걸 알고 들으면 소리가 달리 들릴 수 있잖아요. 특히 서양에서는 악보가 작곡가의 마인드니까 작곡가의 마음, 작곡가의 의도, 이런 것들을 보기 위해서 공부를 했던 거죠. 그냥 들어서 마음이 통하면 더 좋겠지만 그렇게 듣기 어려운 저로서는 그런 과정을 거쳐서 들어보았어요.

그리고 나서는 현대음악 작곡가와 같이 실황연주회에 두 번 정도 가서 들었어요. 그러면서 저는 이렇게 느꼈는데요. 음악보다 윤이상 선생의 인생에 대해 막연하게 아는 사람들은 대부분 주관적으로 좋아할 수 있거든요. 음악적으로 이해는 안 되지만 뭔가 내가 윤이상에게서 찾아내고 싶은데 그런 것이 들렸으면 좋겠다는 생각이 상승작용해서 더 좋게 들릴 수도 있어요. 그런 면을 보완하기 위해서 현대음악 작곡가와 같이 가서 듣고 같이 얘기하면서, 나는 이렇게 들리는데 당신은 어떠냐고 물어보기도 하고. 그 전문가 말로는 윤이상의 음악이 서양 사람들보다는 우리한테 들리는 게 많다고 하더라고요.

말하자면 아까 얘기한 것처럼 그가 자기 나름대로 음을 이렇게 표현해보겠다고 하는 시도가 서양 사람들한테는 특이한 음향으로 들린다면, 우리한테는 흐름으로 느껴질 수 있기 때문에 상대적으로 잘 들릴 수 있다는 거죠. 윤이상이 실제로 구사한 현대음악 어법은 우리가 잘 모르기 때문에 그의 음악이 뭘 말하려고 하는지 분석적으로 추적해서 알아내기는 어렵지만, 그냥 그 물리적인 소리를 좇아가기는 상대적으로 쉽다고 얘기하더라고요.

질문자 현대라는 맥락에서 이해가 되는 걸까? 하는 생각을 했어요. 왜냐면 현대음악이 어려운 점도 있지만 브람스, 베토벤 등의 고전은 사실 지겨울 때가 있잖아요. 그럴 때는 현대음악이 더 빨리 다가오잖아요. 왜냐면 시대성이라는 게 있어서, 그 음악은 몰라도 지금 만들어진 곡이 좋게 느껴지는 것처럼.

박소정 그럴 수도 있지요. 음악을 좀 다양하게 들어볼 필요가 있는 것 같아요. 지금 얘기처럼 현대음악을 즐기는 사람들은 여러 종류인데, 현대음악을 좋아해야 된다고 생각해서 좋아하거나 아니면 그저 들었는데 좋아진 경우도 있겠지만, 이런 사람들보다 처음에는 고전음악을 좋아하는 마니아였는데 자꾸 듣다보니까 그것이 뭔가 시대정신을 덜 담고 있다고 느낄 수도 있는 거죠. 아무리 좋은 작곡이라고 해도 그래요. 그림의 경우를 생각해보세요. 예를 들어 성화聖畵가 아주 절실하게 요구되었던 시대에는 다른 어떤 것보다도 절실한 감동을 줄 수 있었겠지요. 그런데 오늘날 만약 어떤 모순적 사태에 분격해서 느낀 게 있다고 했을 때는 성화가 상당히 거리감이 있는 그림으로 느껴질 수 있잖아요. 그럴 경우에는 지금, 내 감수성을 갖고 그것을 표현하려고 애쓴 것을 해독해 들어갈 때 훨씬 즐거울 수도 있을 수 있겠지요. 고전음악 마니아들이 오히려 현대음악을 듣는 귀가 트이게 되는 경우가 상당히 있다고 들었습니다.

질문자 또 하나 질문이 있는데요. 여기 '氣로 들어라'에서 인용된 것이 「인간세」라는 글에 나오는 건가요?

박소정 네. 『장자』 「인간세」라고 하는 편이 있습니다. 『장자』는 크게는 내편, 외편, 잡편으로 분류되어 있습니다. 그 중에서 내편이 정수를 담고 있다고 하는데요. 첫 번째가 「소요유逍遙遊」, 많이 들어보셨죠? 그 다음이 「제물론齊物論」, 그 다음이 「양생주養生主」 「인간세」 「대종사大宗師」 「응제왕應帝王」, 하나 뭐가 빠졌죠? 아, 「덕충부德充符」, 이렇게 일곱 편이 들어 있습니다.

질문자 이 부분에서 궁금한 게 있는데요. 기로 들으라 하면서 '소리로 들어가 기와 만난다. 감각기관의 욕구를 거두어들이고 사려 작용하는 심지를 비움으로써 세계와 통할 수 있는' 이렇게 텍스트를 쓰셨는데요.

일단 이 부분이 관념적이라고 보고요. 저는 음악에서 기를 느낀다는 게 제 개인적인 취향보다도 인류 보편적으로, 공통적으로…… 예를 들어서 북소리나 리듬 같은 거 있잖아요. 그런 거는 전 세계를 막론하고 통하는 부분이 있다고 생각하거든요. 그림으로 말하면 기운생동이나 유형과 무형을 넘나드는 기를 음악에서 그렇게 느낀다고 보는데.

이제 뒷부분에 사례로 들었던 「영산회상」이나 이런 부분들은 좀더 말하자면 서양음악의 클래식이나 고전 고급 청취자나 음악 감상자나 그런 부분에 관한 이야기가 아닌가요? 수요자로서 보면 문제제기를 많이 할 수 있을 것 같아요. 감각의 욕구를 거둬들이자고 한다면 이런 뜻은 좀더 관념이나 생각이 관여하는 것이 아니냐, 그런 생각이 들거든요.

<u>박소정</u>　역시 사례를 든다는 것은 의미가 전달되면 좋지만 그렇지 않으면 오해의 위험성이 있는 것 같습니다.

아까 말씀드렸듯이, '귀에서 마음으로, 마음에서 기로'라고 했을 때의 기는 유형, 무형을 넘나든다고 그랬잖아요. 아까 제가 처음에 얘기했던 삼뢰라고 하는 것 말이죠. 갖가지 것들이 울리는데 갖가지 모양에 따라 다 다르게 소리가 나요. 그래서 구체적 사례를 들었을 때 그것이 기의 전체적인 모양을 다 대변해줄 수는 물론 없어요. 오히려 어떤 사례를 들어 그것이 기를 설명해주는 제일 좋은 사례다고 말하는 순간 그 안에 갇히게 될 수 있죠. 그래서 사례라는 건 위험할 수 있지만 그렇다고 사례를 들지 않으면 추상적이고 공허한 얘기밖에 할 수 없어요. 그렇기 때문에 이러저러한 사례들에서 여러분이 한번 생각을 그리로 떠올려보라는 뜻이지 이러한 사례가 정형화된 것이라고 말할 수는 없을 것 같고요. '귀로 듣지 말고 마음으로 듣고, 마음으로 듣지 말고 기로 들어라'고 했을 때는 이렇게 이해해보면 어떨까요.

귀에 달콤한 게 입에 맞는 거라고 하면 더 이해하기 쉬울까요? 보통 당장 입에 달고 땡기는 것들을 먹잖아요. 근데 그것이 물리잖아요. 또 맛이 진하고 좋아서 끌리면 끌릴수록 많이 못 먹잖아요. 그럴 때 노장에서 물맛을 얘기해요. 맛이라고 할 수도 없고 맛이 아니라고도 할 수 없는 물맛. 근데 이건 비유예요. 비유라고요. 단 거 먹지 말라. 이런 직설법이 아니고 비유라고요. 귀로 듣지 말고 마음으로 들으라는 얘기는 귀에만 달콤한 거, 귀로 당장 듣기 좋은 것, 흔히 말초신경을 자극한다, 이렇게도 표현하죠. 그런 음악을 듣는 것에서 마음을 거두어들여서 귀의 욕구로서가 아니라 그 의미를 파악하는 대로 나아가 보아라 하는 권유예요.

그런데 심心으로 듣는다는 것은 아까 말씀하신 것처럼 특정한 것을 고정시킬 수가 있어요. 내가 가지고 있는 관념을 투영하다 보면 음악을 있는 그대로 받아들일 수 있는 마음이 열리는 게 아니라 자칫하면 특정한 어떤 것은 좋고 어떤 건 문제가 있고 이런 식으로 사람의 마음은 작용하기가 쉽죠. 그런데 그렇게 생각하는 마음까지도 뛰어넘었을 때 정말로 음악과 만날 수 있다. 그런 뜻이 될 수 있는 거죠.

질문자 귀나 입이나 감각이 분리되는 게 아니잖아요. 진동으로 느끼는 것과 뇌를 다 자극해서 총체적으로 움직이는 거지 여기서 감각기관의 욕구를 거둬들이라고 한다면, 이거는 말하자면 감각을 배제한다는 느낌이 들거든요. 연주를 하거나 그런 것이 귀만의 감응은 아니라고 생각해요. 물론 이게 귀로도 감응하고 마음으로도 감응하고 기운으로도 감응해요. 제 생각은 이렇습니다.

박소정 물론이에요. 도가에서 말하는 것에는 이해하기 어려운 면이 있어요. 도가에서 흔히 도가 통한다든가 하는 얘기를 할 때 항상 감각기관의 욕구에서 떠나라고 하고, 자기라는 관념을 버리라고 하지만, 어떤 분이 도에 통했다고 합시다. 도통한 사람, 그 사람이 갑자기 뿅 없어지거나 감각을 못하는 사람이 되거나 생각할 줄 모르는 사람이 되는 건 아니에요.

당연히 지금 얘기한 것처럼 이 사람은 다시 돌아와요. 근데 그전에는 자신이 느끼지 못했던 새로운 경지가 열리는 거죠. 오히려 지금 얘기한 것처럼 귀와 마음만 가지고는 말할 수 없는, 전체를 교감할 수 있는 상태로 거듭나는 거죠. 그러니까 지금 얘기한 대로 귀라는 감각이 분리되거나 마음을 따로 논하는 것이 아니에요.

질문자 지금 얘기를 쭉 들으면서, 결국 우리가 이런 음악 이야기나 앞장의 미술도 마찬가지로…… 우리는 미적인 감각이나 예술적인 감각 같은 걸로 즐길 수 있고 느낄 수 있으면 되는데, 지금 도가에서 말하는 도는 거기에 도의 수양이라든지 그런 게 첨가되니깐 복잡하게 돼요. 자연스럽게 느껴지지 않고. 우리가 관현악 같은 것을 들을 때 그냥 거기 빠져서 들을 수 있으면 되는 거죠. 근데 그것을 마음으로 들어야 되고 기까지 통해야 되고 이러니까 이게 좀 복잡하게 느껴져요. 이건 도가에서 말하는 거겠죠? 그죠? 이게 다 보편적으로 꼭 이래야 되는 건 아니죠?

박소정 도가의 문헌을 액면 그대로 이해하면 오해의 소지가 있어요. '잊으라. 넘어서라'고 하면, 그럼 여기는 버리고 가는 것 같은 생각이 들고, 올라가서 마지막에 되돌아간 게 최고라는 생각을 아마 지금 하고 있어서 이 얘기가 그렇게 상승하는 것으로 생각되시는 것 같아요.

근데 사실은 도라고 하는 게 딴 곳에 따로 있는 게 아니라, 앞에서 기를 얘기했지만 인간이 자연과 통한다고 생각하기 때문에 이런 과정들을 얘기하는 거거든요. 그게 인간들 사이에 위계질서를 부여하거나 그런 것은 아니라고 생각해요.

긴 시간 감사합니다. 많은 질문 제가 공부하는 데 도움이 될 것입니다.

둘째 마당
생명으로 살아 숨쉬는 氣

4강
침, 氣―神을 깨워 치료하는 예술

기를 실제로 느낄 수 있는가?

우리는 일상생활에서 알게 모르게 기란 말을 수없이 사용하고 있지만 정확하게 기가 무엇이냐고 물으면 대답하기가 난감해진다. 막연하게 기의 뜻을 짐작하고는 있지만 표현하기는 어렵고, 더군다나 구체적으로 정의를 내린다는 것은 더욱 어려운 일이다. 실제로 기란 용어는 매우 다양하게 쓰이고 있어 역사적 시기와 각 분야의 학문에 따라 서로 약간씩 다른 뉘앙스로 쓰이거나 전혀 다른 개념으로 쓰이는 경우가 많다.

더군다나 요즈음 신비과학이나 사이비 도사들 그리고 상업적인 목적으로 기란 용어를 여기저기에 끌어다 씀으로써 더욱 그 개념을 바로 알기가 어려워진 것도 사실이다. 그래서 혹자는 문헌에 나타난 기란 말을 쓸 때에는 주를 달아서 기1, 기2, 기3 이렇게 분류하고서 따로 정의하여 각각의 개념을 명확히 할 필요가 있다고 주장하기도 한다. 이처럼 그 쓰임새가 다양하기 때문에 기란 이것이다라고 한마디로 정의하기는 쉬운 일이 아니다.

그러나 우리는 일상의 삶에서 때로는 몸으로 기를 느끼기도 하고 머리로 인식하며 살고 있다. 일 년 사계절이 변할 때에 온도 차이뿐만 아니라 미묘한 기운의 변화를 느끼기도 하고, 하루 중에도 아침과 저녁의 기운이 다름을 느낄 수도 있다. 질병이 생겼을 때도 잘 살펴보면 계절에 따라 오는 질병이 다르고 같은 질병이라도 시간에 따라 증상의 차이가 있으며, 통증이나 발열이 나타나는 것도 낮과 밤이 다르다는 것은 경험적으로 느껴보았을 것이다. 또 특정한 장소에서 미리 들은 정보가 없는데도 독특한 기운을 느끼기도 한다. 섬뜩하다거나 온화하다거나 하는 느낌을 경험할 수 있다. 이처럼 말로 표현하기는 어렵지만 느낌으로 자연의 기를 감지할 수는 있다.

또한 우리 몸속의 기도 느낄 수 있는데 정서적 변화에 따라서 온몸에 퍼지는 독특한 감각이나 추위와 더위에 노출되었을 때, 배가 고프거나 부를 때 자기 몸을 조금만 관찰해본 사람이라면 막연한 힘 또는 에너지의 변화를 느꼈을 것이다. 허기가 져서 온몸에 기운이 빠졌을 때 밥을 먹으면 소화 흡수가 되기도 전에 한 숟가락만 떠 넣어도 곡기가 온몸에 퍼져 생기가 도는 것을 느낄 수 있다. 보통 사람들은 기의 변화가 클 때에만 감지할 수 있지만 예민한 사람은 좀더 작은 변화에도 더 잘 감지할 수 있다.

기공수련을 하거나 단전호흡을 하는 사람들처럼 수련을 하는 사람들은 몸 안의 기의 흐름을 구체적으로 느끼거나 스스로 기의 순행을 조절할 수 있다고 한다. 심지어 기가 흐르는 경락의 경로까지도 경혈도經穴圖에 나타나는 것처럼 자기 몸에 그릴 수 있다고도 한다. 특별한 수련을 한 사람들은 스스로 몸속 기의 흐름을 느끼고 조절할 수도 있지만 일반인은 의식적으로 집중하지 않으면 구체적인 흐름까지는 쉽게 느낄 수

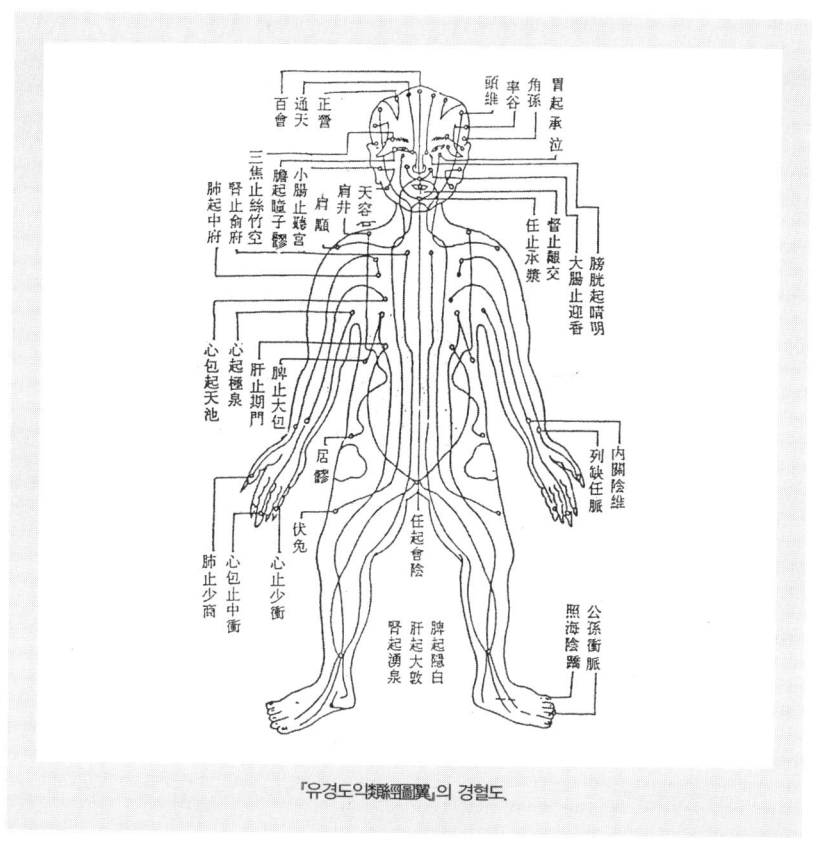

『유경도익類經圖翼』의 경혈도.

없는데, 그 기의 변화를 바로 확인할 수 있는 것이 침이다.

　침자극으로 생기는 몸속 기의 변화는 워낙 빠르고 변화무쌍하여 누구라도 느낄 수 있다. 1년 중 기운의 변화보다는 하루의 변화를 느끼기가 더 쉬운 것처럼 짧은 시간에 일어나는 변화는 금방 감지할 수 있다. 몸 안에 약물을 투여해서 나타나는 완만한 변화보다는 침의 자극으로 생기는 기의 변화가 훨씬 빨라서 몸으로 느끼기가 더 쉽다. 침을 맞으면 증상의 변화뿐만 아니라 맥 상태와 감정의 변화 등이 그 즉시 나타나며 몸 안 기의 흐름을 감각적으로 느끼기도 한다.

침을 맞다보면 이것이 바로 기로구나 하는 느낌을 받을 때가 많은데 딱히 말로 표현할 수 없는 기운이다. 직접 느껴보지 않으면 설명하기가 쉽지 않다. 이런 우화가 있다. 스님에게 밤새도록 돼지고기 맛은 이렇고 닭고기 맛은 저렇고 설명을 해도 아침이면 "닭고기 맛은 어떻다고?" 하고 묻는다는 것이다. 그런데 아침에 절 아래 동네로 나가 통닭 한 마리만 먹이면 "아! 이 맛!" 맛에 대한 무슨 설명이 더 필요하겠는가. 설명이 아닌 혀의 감각으로 맛을 느끼듯 기는 느끼는 것이다. 쉽게 느낄 수 있는 도구가 침이다. 침의 특징은 기를 관념적인 것이 아니고 바로 실증적으로 느낄 수 있다는 데에 있다.

경락과 기

침을 처음 배우는 초심자는 도식적으로 어디가 아플 때는 어디어디에 놓는다 하는 암기식 지식으로 침을 놓게 된다. 아픈 곳 주위의 민감한 반응점인 아시혈阿是穴을 위주로 취혈取穴하기도 하고 교과서적인 통치방通治方을 주로 쓴다. 어깨가 아프면 어깨에 놓고 허리가 아프면 허리에 놓는 식이거나, 체했을 때는 사관(四關: 손과 발에 침을 놓을 네 곳, 합곡과 태충), 설사할 때에는 족삼리(자리는 무릎 세 치 아래로 거의 만병통치혈로 알려져 있다), 이렇게 고정된 지식으로 침을 놓는다. 단순한 이 방법도 어느 정도 효과가 있다. 그런데 이렇게 하다보면 나을 때도 있지만 아무런 반응도 나타나지 않는 경우도 생긴다. 그러면 침의 효과, 즉 경락이나 기의 순환의 의미에 대해 회의에 빠지기도 한다. 어떤 때는 낫고 어떤 때는 낫지 않는다면 통계적 가치를 따져서 유효성을 검증해야 하지 않나 하는 의구심이 들기도 한다. 이런 의구심 때문에 어떤 사람은 좀더 합리적으로 보이는 서양의학의 관점으로 돌아서는 경우도 있다. 통계적이고 가시적인 자료를 제시하는 서양의학의 유혹에 빠지는 것이다.

서양의학의 근육학이나 신경학 지식을 활용하여 경락과 유사한 효과를 찾으려 하기도 한다. 물론 이 경우에 근육학적 지식이든 신경학적 지식이든 간에 일정한 효과는 볼 수 있다. 그러나 이런 해부구조학적인 지식에 매달리다 한의학의 기본 변증辨證 사유정신과 경락의 개념을 놓치면 한계에 부딪힐 수밖에 없다. 침이라는 도구와 민감점을 자극한다는 것은 같지만 어떤 질병에 어떤 경혈이 유효할 것인가를 판단하는 것은 철저히 한의학적인 변증을 통해서만 가능하기 때문이다.

예를 들어 허리가 아픈 사람이 있다고 하자. 대개의 경우 뜨뜻하게 찜질을 하거나 마사지를 하면 근육이 이완되어 통증은 줄어들게 된다. 그렇지만 근본적인 치료를 하려면 그 원인을 찾아야 한다. 『동의보감』에서도 허리 아픈 것을 십종요통十種腰痛으로 나누었는데, 담痰인지 어혈瘀血인지 식적食積인지 신장이 허(腎虛)해서인지 등에 따라 치료혈의 선택은 달라진다. 또 이 사람이 열이 많은지 냉한지, 뚱뚱하여 습이 많은지 말라서 건조한지 따져서 치료해야 할 때도 있다. 그뿐만 아니라 통증의 시간과 계절 등 때를 고려해야 할 경우도 있고 본래 그 사람의 체질을 따져서 요통의 근본 원인을 없애야 할 때도 있다.

이처럼 국소의 통증이든 내부 장기의 질병이든 간에 그 원인을 찾아 장부의 기를 보補하고 사瀉하는 경혈들에 침을 놓다보면 침을 놓는 자신도 그 반응에 놀랄 때가 많다. 도대체 경락이란 무엇일까? 어떤 기전으로 이런 반응이 나타날까 궁금증이 생기고 경락과 기의 순행을 다시 생각하게 된다. 어떤 경혈에 침을 놓았을 때 생각지도 않았던 다양하고 종합적인 전신적 반응이라든가 즉각적인 빠른 반응은 서양의학의 관점에서 신경 호르몬 내분비 등 어떤 이론으로도 설명이 쉽지 않다. 경락이론, 기혈이론, 음양오행을 포함해서 한의학적 이론이 아니면 그 기전은 설명되지 않는다.

기가 흐르는 통로―경락

우리 몸의 기의 흐름이나 변화를 말할 때 경락을 빼놓고서는 아예 시작도 할 수 없다. 경락을 강물에 비유하는데 그 강물의 중요한 흐름의 길목에 있는 경혈은 기의 응집소다. 그래서 몸에 이상 징후가 생기거나 어떤 질병이 생기면 연관되는 경혈점에 반응이 나타나기도 한다. 부풀거나 오목 들어가거나 색깔이 변하기도 하고 감각이 예민해져 다른 부위보다 압통이 예민하게 나타나기도 한다. 실제로 경혈점에 전류측정이나 전기저항을 측정해보면 다른 부위에 비해 아주 예민하게 반응한다. 침을 놓거나 뜸을 뜨거나 부항으로 피를 뽑아내거나 하는 등의 행위는 이 경혈을 자극함으로써 해당 경기經氣의 흐름을 조절하고 신체적·감정적인 모든 인체 내의 반응을 유도해내는 것이다. 12개의 정경正經과 기경팔맥奇經八脈 등 경락이 흐르는 노선에 있는 중요 포인트인 경혈에 자극을 주어 몸 안 오장육부의 기를 조절하는 것에 관한 학문이 바로 침구학이다.

이 경기가 흐르는 경락은 경經과 낙絡을 합친 말이다. 사람 몸에 흐르는 경맥과 낙맥을 강으로 따지면 경맥은 위에서 아래로 흐르는 큰 물줄기가 되고, 낙맥은 옆으로 가로지르는 작은 강과 강 사이를 이어주는 분지分枝라고 보면 된다. 낙맥은 훨씬 더 작은 개념이고 경맥들을 서로 연결해주며, 굵은 강줄기 옆에서 갈라지는 지류라고 생각하면 된다. 방행旁行하는, 낙맥보다 더 작은 맥을 손맥孫脈이라고 한다. 손맥은 체표 부위로 더 작게 나뭇가지처럼 퍼져 있다.

침을 놓을 때 정확하게 경혈을 찔러야 하지만 이 경혈을 정확히 찌르지 않고 주위에 비슷하게 찔러도 아주 효과가 없는 건 아니다. 정확하게 해당 경락을 찌를 때보다 약하기는 하지만, 그 노선을 약간 벗어나 옆쪽으로 침이 들어가더라도 어느 정도 효과가 있다. 바로 낙맥, 손맥들이 다 경락 옆으로 퍼져 있기 때문에 반응이 나타나는 것이다. 그러나 경락의 중심에서 벗어난 곳을 찌를 때에는 훨씬 더 강한 자극이 필요하다. 그러나 정확히 경맥에 놓았을 때는 그리 강한 자극을 주지 않아도 효과가 즉각적이고 빠르게 나타난다. 실제 침을 놔보면 전광석화라는 표현이 딱 맞다.

1970년대 초에 미국 대통령 닉슨이 중국에 갔을 때 침구학이 중국에서 미국으로 알려지기 시작했다. 지금은 미국에도 침구사가 생겼고 의료보험도 적용되고 있다. 그러나 얼마 전까지만 해도 서양의학자들은 침구학을 거의 미신으로 생각할 정도로 무시해왔다. 심지어 A라는 곳이 아팠을 때 B란 곳에다가 침을 꽂아서 아프게 자극을 주므로 일시적으로 통처의 통증을 못 느끼는 것일 뿐이라고 얘기할 정도로 경락의 작용을 인정하지 않았다. 지금은 그 정도는 아니지만 아직 경락과 기의 순행 원리를 이해하려고 하는 것 같지 않다.

서양의학자들은 기와 혈의 순환을 인정하지 않으니까 신경학적인 쪽으로 자기 나름대로 해석하거나, 아니면 내분비 등 자율신경계통을 건드려서 반응이 나타나는 것이 아닌가 생각하거나, 아니면 근육학적으로 근육의 어떤 포인트를 자극해서 나타나는 효과가 아닌가 하고 해석해서 설명을 시도하려 한다. 그러나 이 순환한다는 개념을 이해하지 않으면 침의 효과를 제대로 설명할 수 없다.

낮에는 양의 부위를 돌고 밤에는 음의 부위를 돌아 수태음폐경에서 족궐음간경까지 열두 개의 경맥을 한 바퀴씩 하루에 50번 도는, 이 순환의 이치 때문에 하루 중 시간에 따라 침 놓는 자리가 달라지기도 하고, 계절에 따라 달라지기도 한다. 신경처럼 단지 중추신경을 중심으로 퍼져나와서 분지되어 자극이 전달되는 것이라면 자극이 한 방향으로 전달하는 역할뿐이지만 경락은 계속 이어져 돌아서 경락과 경락이 서로 영향을 미친다. 각 경락은 오장육부와 연결되어 있고 12경맥은 각각 기운의 흐름이 달라서 침 시술을 할 때는 전반적인 한의학 이론이 모두 동원되어야 정확하게 선혈할 수 있다.

예를 들면 족태양방광경은 찬 기운과 관련된다. 공포영화를 봤을 때 등골이 오싹한 것이나 추울 때 등골이 오싹하는 거나 경기의 흐름은 똑같은 것이다. 족태양방광경은 뒷머리에서 등쪽으로 흐른다. 목욕하고 나서 몸이 물에 젖었을 때 선풍기 바람 앞에 서면 오싹하면서 등 뒤에서 찬 기운이 쫙 내려간다. 그 노선이 바로 방광경의 노선이다. 심하면 다리 종아리까지 쫙 내려간다. 소변이나 방광의 질환을 치료하기도 하고, 등·척추·목덜미의 이상을 조절할 수도 있다.

족소양담경하고 족궐음간경은 옆구리로 지그재그로 통과한다. 정서적인 문제나 또 다른 이유로 옆구리가 결리고 켕긴다면 간이나 담의 경락의 기운을 조절하는 침을 놓는다.

족태음비경이나 족양명위경의 경락은 배와 가슴부위, 즉 몸의 앞부분을 통과한다. 따라서 복통 등 배와 관련된 문제나 소화기능에 관련된 문제는 비경이나 위경에서 치료할 수 있다. 또 몸속에 습이 많이 쌓여 오는 문제도 해결할 수 있다. 이처럼 12경락은 각 경락에 흐르는 경기의 특성과 통과하는 몸의 부위 및 연결된 오장육부의 특성을 반영한다.

이때 침 놓는 방법은 비장의 경락을 직접 건드리는 방법도 있고 오행의 상생·상극 관계를 이용한 사암침법舍岩鍼法을 쓸 수도 있다. 사암침법의 원리는 내가 허하면 어머니를 보해주거나(虛則補其母), 내가 실하면 내 아들의 기운을 사하는(實則瀉其子) 방법이다. 비위가 약하다고 하면 비위는 오행五行상 토土니까 토의 어머니는 화火이므로 화의 기운을 보해주는 것이다. 기운이 치우치게 왕성하여 문제가 생겼다면 토의 아들인 금金 기운을 빼내어버린다. 그러면 너무 왕성했던 어머니의 기운이 줄어들게 된다. 이것은 각 경락과 경혈점들이 지닌 오행의 속성을 이용하는 방법이다. 이뿐 아니라 타고난 체질에 따라 본래 강하고 약한 경락의 기운의 편차를 조절하는 방법도 있다. 같은 질환이라도 질환의 원인을 해소하는 방법은 다양하게 유추해낼 수 있는 것이다.

사람에 따라서 특정한 경락의 기운이 발달한 경우도 있고 특정한 경락의 발달이 약한 사람이 있다. 예를 들면 족양명위경이 발달한 사람은 위경이 통과하는 부위인 눈두덩도 두툼하고 젖가슴도 크고 배도 펑퍼짐하게 크다. 대체로 뚱뚱하면서 이렇게 생긴 사람들은 위장의 경락이 발달해서 배고프면 못 참는 경향이 있다. 이처럼 12경맥이 어느 한쪽으로 더 발달하고 덜 발달하는지에 따라서 그 사람의 성격도 차이가 나고 기호도 차이가 있다. 한쪽으로 치우친 기가 넘치거나 부족함에 따라 특정 경락 질환이 잘 오게 된다. 오장의 상태에 따른 반응이 해당 경락이 유주하는 노선에 나타나므로 치료뿐 아니라 진단에도 많이 활용할 수 있다.

그리고 오장육부와 연결되지는 않았지만 몸의 정중선 가운데로 통하는 임맥과 독맥을 합쳐서 14경맥이라 부르기도 한다. 임맥은 윗잇몸 아래에서 시작해서 아래로 쭉 계속 내려가서 사타구니 회음 부위에서 멈춘다. 다시 회음에서 뒤로 돌아서 정수리 백회를 지나서 앞으로 넘어와 윗잇몸까지 내려온 것을 독맥이라고 한다. 임맥은 앞면 정중선이고 독맥은 등쪽 정중선, 척추 한가운데를 타고 오르는 경락이다. 12경맥까지는 모르더라도 임맥, 독맥만 가지고도 우리 몸에서 기의 소통상

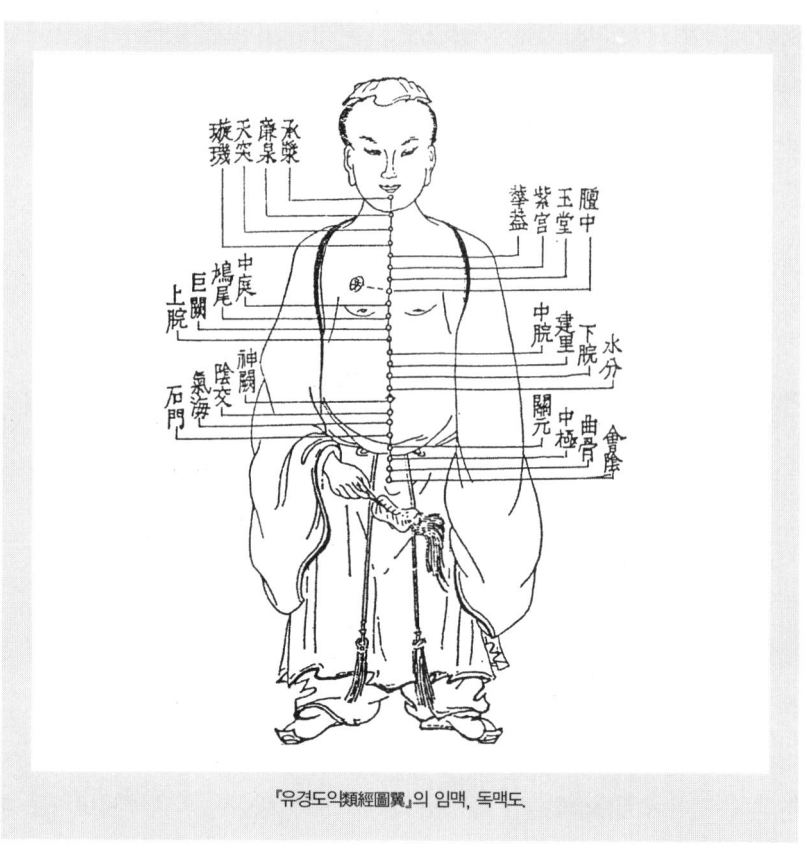

『유경도익類經圖翼』의 임맥, 독맥도.

태를 느껴볼 수 있다. 독맥의 기운이 남성적이고 논리적 기운이라면 임맥은 여성적이고 감성적인 기운이다. 즉 임맥은 음적이고 독맥은 양적이다.

  이 경맥의 기운을 실제로 쉽게 느껴볼 수 있는데 임맥, 즉 배에다가 손을 올려놓고 있을 때와 독맥, 즉 허리에 열중쉬어 자세로 손을 대고 있을 때 내 마음의 상태가 달라진다. 임맥에 대고 있을 때에는 왠지 좀 여성적 감성이 되어 공손하고 수동적인 느낌이 들지만, 독맥에 손을 얹고 있을 때에는 남성적이고 거만한 느낌이 든다. 이런 식으로 족소양담경이 흐르는 옆구리에 손을 얹고 있으면 적극적이고 공세적인 마음으로 변화가 생기게 된다. 이처럼 경락은 오장육부의 강약이 밖으로 드러나기도 하고 또 밖에서 그 경락에 흐르는 기를 조절해서 내부 오장육부를 치료하기도 하며 나아가서는 각 경락에 흐르는 경기의 특성에 따라 감정까지도 변화를 줄 수 있다. 마음의 변화는 기의 변화가 아닌가.

경락은 12경맥의 큰 강줄기가 서로 꼬리를 물고 도는 데다 작은 분지들로 서로 연결되어 있어 사람의 몸을 유기적으로 전부 연결하는 에너지 흐름의 그물망이라 할 수 있다. 저 한쪽 끝에서 반란이 일어나도 중앙에서 알 수 있고 중앙에서 뭔 일이 일어나면 시골구석에 앉아서도 중앙에 뭔 일 있구나 다 알 수 있는 것과 같다. 국소 문제가 어디서든지 다 통하게 되는 것이다. 경맥은 인체 내에서 기혈이 운행하는 통로이기에 인체의 안과 밖, 위와 아래, 오장육부, 사지, 백해百骸, 오관(이목구비) 그리고 피육근골맥皮肉筋骨脈 등의 기혈을 통달通達해서 통일적·유기적으로 묶어주는 역할을 한다. 그래서 발끝에 침을 놓으면 두통이 없어지기도 하고, 가슴이 뛰고 불안할 때 손바닥에 침 한방으로 진정되기도 하며, 열이 날 때 손끝이나 발끝에 침을 놓으면 고열이 내려가기도 하는 것이다.

경락에 통하는 기 – 경기

경락에 흐르는 기를 경기經氣라 하는데, 경맥에서 운행하는 기라는 뜻이다. 이 경기란 것은 사람 몸의 진기眞氣나 정기正氣를 대표하며, 인체의 정상적인 활동능력과 질병예방의 성질이 있으며 사기邪氣와 서로 대립되는 명칭이다. 그래서 "진기는 경기이다(眞氣者 經氣也)(「素問 離合眞邪論」)"라고 했다. 이 진기는 호흡과 음식물에서 얻는데 영기營氣,

위기衛氣, 종기宗氣, 원기原氣로 나뉜다. 종기란 것은 경락이 기를 운행하게 하는 추진 에너지라고 볼 수 있다. 직접 순행하는 것이라기보다 경기를 움직이는 추동력이라고 할 수 있다. 그리고 원기는 그 경락이 기능하고 활동하는 기초적인 에너지라고 할 수 있다. 경기는 선천적으로 받은 기운과 후천적으로 음식물에서 얻은 것으로 나누어진다. 선천적으로 받은 것이 바로 이 원기인데 바로 배꼽 아래 신간동기腎間動氣에서 비롯된다. 태어나면서 가지고 나오는 것이다. 그리고 음식물에서 받은 기는 종기, 영기, 위기로 나뉘어 경맥을 돈다. 경락에 흐르는 영기와 위기에 대해서는 한의학의 최고 경전인 『내경內經』에 잘 언급되어 있다.

음식을 먹으면 위장으로 들어가 소화 흡수되어 정미로운 기운은 폐로 보내져 오장육부가 모두 이 기를 받게 된다. 그 중 맑은 것은 영營이 되고 탁한 것은 위衛가 된다. 영은 맥 속에 있고 위는 맥 바깥에 있는데 영은 쉬지 않고 돌아 50바퀴를 돈다. 사람은 음식에서 기를 받고, 기는 끝이 없는 고리처럼 돌고돌아 순환하는 것이다.
穀入於胃 以傳與肺 五藏六府皆以受氣 其淸者爲榮 其濁者爲衛 榮在脉中 衛在脉外 營周不休 五十度而復大會 人受氣於穀 陰陽相貫 如環無端.

영은 혈, 즉 피가 되고 피는 혈관으로 흐른다. 위는 맥 바깥으로 흘러 피부 주위를 돌아서 외부 사기에 방어 역할을 한다(氣爲衛 衛於外). "수곡의 거친 기인 위기는 맥 속으로 들어가지 않고 피부와 살 속을 돌아서 황막을 따뜻하게 하여 가슴에서 흩어진다(衛者 水穀之悍氣也 其氣慓疾滑利 不能入於脉也 故循皮膚之中分肉之間 熏於肓膜 散於胸腹)." 그래서 "양

```
경기經氣 ─┬─ 품수어천稟受於天 ─ 선천지기先天之氣 ─ 원기元氣 ─ 신간동기腎間動氣 ─ 경락기능經絡機能의 기초
〈진기眞氣〉  │
          │                 대기大氣
          │              ┌─ 종기宗氣 - 관통심맥貫通心脈, 상출어폐上出於肺 ─ 영위의 운행을 추진 ─┐
          └─ 여곡기병與穀氣并┼─ 영기營氣 - 수곡지정기水穀之精氣, 화생혈액化生血液 - 행어맥중行於脈中 ├ 경맥經脈을
                         └─ 위기衛氣 - 수곡지한기水穀之悍氣, 표질활리慓疾滑利 ─ 산행맥외散行脈外 ─┘ 유행
```

은 주로 움직임을 주관하는데 사람의 지각과 움직임, 듣고, 보고, 냄새 맡고, 말하는 이 모든 것들은 양기가 피부를 돌아 전신을 충실하게 하기 때문이다(陽主動 凡人之知覺運動 耳目視聽言嗅 皆陽氣熏膚充身澤毛)." 결국 경락에 침을 놔서 반응이 나타나는 것은 그 경락을 도는 경기에 변화를 주었기 때문이다.

흔히 침을 삐거나 허리가 아프거나 어깨가 결리는 근골격계 계통의 질환을 풀어주는 것으로만 알고 있는데 경기의 순행을 잘 조절하면 일체의 근골격계의 순환장애로 생기는 질환뿐 아니라 모든 속에서 생긴 병과 정신질환까지도 조절할 수 있다. 체해서 두통이 심할 때 손끝을 따거나 사관을 터주면 답답하던 것이 쭈욱 내려가면서 머리가 상쾌해지는 것을 느껴보았을 것이다. 뭉쳤던 기가 풀어지면 내장의 움직임이 활발해지고 따라서 두통도 한순간에 가라앉게 되는 것이다. 이처럼 침은 원격조절장치처럼 몸 안 기의 흐름을 조절해서 전신의 질병을 치료할 수 있다.

침을 맞을 때 기의 변화

경락과 경혈의 실재

경락이 실재하는 것이냐 관념적인 것이냐 하는 의문들 또는 신경을

자극하는 것에 불과한 것 아니냐 하는 의구심들은 이제 낡은 논쟁거리에 지나지 않는다. 침 시술로 그 존재를 확인할 수 있으며 또 현재 서양의학의 그 어떤 이론으로도 경락이론과 일치하는 설명을 해낼 수 없기 때문이다. 북한의 김봉한이라는 사람이 봉한학설이라 하여 기존의 해부학에서는 발견하지 못했던 경락의 실체를 발견했다고 발표한 적이 있는데 아쉽게도 재현이 잘 되지 않았다(주창자인 당사자가 북한에서 숙청당했다는 애기와 함께 봉한학설은 사장되고 말았다). 일본이나 한국의 일부 연구가들이 관심을 가지고 연구하고는 있으나 해부학적으로 경락의 존재를 밝힌다는 것이 아직은 어려운 상황이다.

그러나 기공이나 무술을 수련하여 기의 흐름에 예민한 사람들이 직접 몸으로 느끼는 기 흐름의 노선이 경락과 일치하고, 어떤 경우 특정 질환에서 경락 노선이 피부에 드러나는 모양을 보면 경락의 실체를 알 수 있다. 어떤 사람은 특정 질환에서 증상과 연관된 경락에 붉은색으로 줄을 그어놓은 것처럼 선명한 선이 피부에 나타나기도 하는데 선의 모양과 경로가 경혈도 그림과 거의 일치하는 것을 볼 수 있다.

또 경락에 흐르는 기의 상태를 쉽게 확인할 수 있는 것은 어떤 질환과 연관된 경혈의 반응이다. 대체로 증상이 심할수록 대응혈(반응점이자 치료혈)들이 잘 나타난다. 잘 나타난다는 것은 경혈의 혈穴자가 구멍 혈자인 것처럼 침자리를 만져보면 구멍이 뚫린 것처럼 침이 잘 들어갈 수 있게 크게 열려 있다. 어떤 질환에 특정 경혈에 침을 놓으려고 취혈을 하다보면 그 자리에 점이 있거나 색깔이 검게 되어 있거나 하는 경혈의 반응도 볼 수 있다. 치료를 해감에 따라 열렸던 구멍은 점차 작아지고 색은 옅어진다. 구멍의 크기뿐 아니라 경혈점의 색깔과 윤기, 눌렀을 때의 경혈점의 압통도 증상의 변화에 따라 바뀌게 된다. 이러한 변화는 증상의 호전에 따라 점점 변하기도 하지만 침을 꽂고 나서 바로 변화가 나타나기도 한다.

기의 흐름을 확인할 수 있는 것들

 침을 맞는 사람도 그 변화를 느낄 수 있다. 찬 것을 많이 먹거나 배를 차게 하여 배가 살살 아프면서 설사를 할 때에는 족삼리란 혈자리에 뜸을 뜨거나 침을 놓는다. 이 자리에 뜸을 떠서 열기가 속으로 파고 들어오는 느낌이 오면 그 즉시 뱃속에서 조여오면서 아프던 것이 연기 퍼지듯 스르르 풀어지고 항문이 오므라드는 느낌이 오면서 설사가 가라앉는다. 속이 찬 사람에게 열을 내리는 혈성穴性이 있는 경혈에 자극을 세게 주면 갑자기 한기가 들게 하면서 추워지는 느낌을 주기도 한다.

 침을 맞게 되면 침자리에 시큰하거나, 뻐근하거나, 묵직하거나, 마비되는 듯한 느낌이 오는데 이것을 기지감응氣至感應이라 한다. 병증에 적절한 혈의 선택 여부를 떠나 침이 혈자리에 제대로 들어가면 기지감응을 느끼게 된다. 이때는 심한 통증이 바로 사라진다든가 못 움직이던 팔이 바로 들 수 있다든가 하는 가시적인 변화는 물론이고 맥 상태의 변화도 침을 꽂은 즉시 나타난다. 이 맥 상태의 변화를 확인하면 침이 제대로 놓였는지 여부와 알맞은 혈자리를 선택한 것인지 아닌지를 판가름할 수 있다.

 기지감응을 느끼도록 하려면 시술자도 손끝에서 득기得氣를 느껴야 하는데 득기가 되면 마치 물고기가 미끼를 문 것처럼 가라앉았다 떴다 하는 감각이 손끝에 온다. 득기감이 오지 않으면 제대로 침을 놓았다고 할 수 없다. 그러므로 침 시술시에는 적절한 수기법手技法을 통해 항상 득기를 할 수 있도록 노력해야 한다

 시술자의 수기법 중에는 여러 보사법補瀉法이 있다.

보사법에는 영수보사迎隨補瀉, 제삽보사提挿補瀉, 호흡보사呼吸補瀉, 염전보사捻轉補瀉 등이 있다. 이 가운데 영수보사는 경락이 흐르는 방향에 침끝이 역방향으로 향하게 하느냐 순방향으로 향하게 하느냐를 선택하는 것이고, 호흡보사는 숨을 들이쉴 때 침을 찌르면 사가 되고 내쉴 때 찌르면 보가 된다. 염전보사는 시계방향으로 돌리면 보가 되고 반대방향으로 돌리면 사가 되는데 남녀, 좌우, 오전·오후, 음경·양경에 따라 염전 방향이 반대가 된다. 그런데 이런 보사법이 보통 때는 그리 예민하게 느껴지지 않아 침 시술자들이 대부분 무시하거나 그 효과를 가벼이 여기는 경향이 있다. 하지만 어떤 경우에는 염전보사에서도 좌측으로 돌리느냐 우측으로 돌리느냐에 따라 완전히 다른 효과가 난다.

실재 경험한 일로, 지인이 오른쪽 팔목이 아프고 움직일 수 없어서 반대쪽 팔의 경혈에 침을 놓고 염전을 하니 조금씩 움직일 수 있었다. 그런데 가만히 생각해보니까 염전 방향이 틀린 것 같아서 반대방향으로 돌렸더니 움직여지던 팔목이 다시 움직이지 않았다. 그래서 다시 처음 방향으로 돌렸더니 다시 움직일 수 있었다. 의문이 나서 또 반대방향으로 돌려봤더니 움직이던 팔목이 역시 움직이지 않았다. 최종적으로 원래 방향으로 돌려서 풀어준 적이 있는데 전원 스위치처럼 좌우회전에 따라 영향을 받았다.

이처럼 침의 회전방향은 경기의 흐름에 영향을 미친다. 좌우측 어떤 방향이 보補가 되고 사瀉가 되는지 확증을 잡을 수는 없지만 분명한 것은 좌우의 회전이 다르게 작용한다는 점이다. 이는 기의 흐름에 어떤 방식으로든 다르게 영향을 미친다는 것을 뜻한다. 이럴 때 기의 흐름에 확신을 갖게 되고 경락이란 것의 실체를 다시 생각해보게 된다. 이처럼 침구시술은 애매모호한 기가 아니라 실증적으로 경락의 존재와 흐름을 확인할 수 있고 경락을 통한 기의 변화를 바로 그 자리에서 느낄 수 있다

치신治神과 침

침을 자주 놓다보면 어떤 때는 어느 자리에 침을 놓겠다는 침자리 처방에 대한 생각 없이 환자 앞에 설 때가 있다. 환자와 증상을 이야기하다가 손끝이 스치는 자리에서 자연스럽게 취혈이 되는 경우가 있다. 혈자리 이름이나 혈성을 구체적으로 따지지 않고 취혈되는 이런 자리가 의외로 효과가 빠르다. 물론 그동안의 지식이 결합되어 머리로 종합적으로 판단해 나타나는 것이겠지만 어느 정도 직관적이라 할 수 있다. 또 어느 혈자리에 침을 놓으려고 만졌을 때, 이 자리에 침을 놓으면 낫겠다는 막연한 느낌이 들 때도 있다.

이와 같이 자연스럽게 취혈이 된 때는 침이 아프지도 않고 대개 효과도 좋다. 몇 번의 침 시술로 뚜렷한 효과가 나타나지 않을 때 시술자로서는 환자에게 미안하고 체면이 서지 않을 때가 있는데, 이럴 때 확실히 뭔가를 보여주겠다는 각오를 새기고 침을 들게 되면 몇 번의 시술에 별다른 반응을 보이지 않던 증상이 한번에 싹 가시기도 한다. 한의사들끼리 토론하다보면 거의 일치하는 경험담을 듣게 된다. 정신을 집중하여 침을 놓을 때와 교과서적인 지식으로 침을 놓을 때의 치료 효과는 확연히 차이가 나고, 정신이 맑을 때는 침 한두 방에도 일도쾌차하더라는 이야기를 자주 듣는다. 이는 침에서 시술자의 정신 집중이 얼마나 중요한가를 보여주는 것이다.

그러나 맘만 먹는다고 언제나 이런 효과를 낼 수 있는 것은 아니다. 침놓는 시술자의 마음이 맑고 고요해야 하며 침맞는 환자와 교감이 있어야 가능하다. 환자는 의사를 신뢰하고 침에 대한 공포나 두려움이 없는 상태일 때 침의 효과가 가장 좋다. 잡념이 있거나 서로 신뢰하지 않을 때는 잘되지 않는다. 환자와 충분히 교감하고 이것은 반드시 낫는다는 신념이 있을 때는 원하는 대로 침 기운이 보내지고 증상의 변화가 빠르다.

이처럼 환자의 심리상태를 조절하고 시술자의 정신을 집중하여 신神을 얻고 기를 취하는 것을 치신법治神法이라 한다. 여기서 신이란 정과 혈, 기가 생성한 사람의 모든 정신 활동과 정기성쇠正氣盛衰의 총체적 표현이다. 『영추·소침해靈樞 小針解』편에서 '신은 인체의 정기(神者正氣也)'라고 했고, 『영추·천년天年』편에서는 "신기를 잃으면 곧 죽게 되고 신기를 얻으면 생명을 유지할 수 있다"고 했다. 신은 전신 어디에도 분포되어 경락수혈經絡輸穴을 순행하며 그 기능은 고차원적인 기능활동으로 드러나는데, 의식이나 지각, 사유 등 정신활동으로 나타난다. 여기에는 혼신의사려백지魂神意思慮魄智 등이 포함된다. 신이 기를 따라서 경락수혈로 출입하기 때문에 침으로 치료효과를 얻으려면 경락수혈이 신기를 얻어야 한다.

침의 주요한 목적은 정기를 추동하고 사기를 몰아내는(扶正祛邪) 데 있는바, 절대 신기의 조양調養을 소홀히 해서는 안 된다. 장지충張志聰은 침을 놓을 때 가장 중요한 것은 신을 얻고 기를 취하는 것이라 하여 신기를 얻는 것의 중요성을 강조했다. 침 시술자는 마치 깊은 물에 들어가는 것처럼, 손에 호랑이 꼬리를 틀어쥔 것처럼 정신을 가다듬어 침자鍼刺의 변화를 관찰하고 다른 사물에 정신을 빼앗겨서는 안 된다. 손끝에 느껴지는 기의 감응을 느끼면서 강약을 조절하고 환자의 눈을 직접 바라보며 안색의 변화를 살펴 정신혼백의 존망을 살펴야 한다.

이와 같이 환자의 상태를 살펴서 기가 너무 쇠약하면 침을 놓지 말아야 하며 기가 실하면 깊이 놓고 약하면 얕게 놓아야 한다. 미욱한 의사(粗工)는 오직 기계적으로 자법刺法을 지킬 줄 밖에 모르나 유능한 의사(上工)는 환자의 혈기와 허실을 식별하여 보사의 근거로 삼는다. 허실을 잘못 구별하여 보사를 거꾸로 하면 병세는 악화될 수밖에 없다. 집중하여 환자의 기색을 면밀하게 살펴 허실에 따른 보사를 시행할 수 있는 의사를 양공良工, 즉 신의神醫라 한다.

  시술자와 환자의 신뢰가 두텁고 의사의 신기가 통할 때에는 직관적 취혈도 가능하다. 시술자가 나이가 들어 기력이 떨어지거나 몸 상태가 좋지 않을 때 침 시술을 하면 치료 효과가 현저히 떨어진다는 것은 침을 놓아본 사람은 인정하는 사실이다. 그래서 치신治神하고자 하면 평소 수신修身을 해야 하는데 의자醫者는 기공이나 좌선 등으로 정기를 보존하고 정신을 집중하는 연습을 하는 것이 필요하다. 그리고 뭐니뭐니 해도 병자의 아픔과 고통을 이해하고 공유할 수 있는 마음과 그 고통에 대한 연민 없이는 신기가 잘 발현되지 않는다.

  고대에 주침법呪鍼法이 있었는데 침을 놓기 전에 주문을 한번 외우고 침 위에 숨을 불어주면 침 기운이 화룡火龍같이 되어 환자의 가슴속에서 나온다고 했다. 이런 표현들은 시술자의 손끝(手)과 정신(心)이 하나로 일치되는 것을 말하는데 시술자의 손끝과 정신이 일치되면 환자의 기혈도 흩어지지 않게 된다. 이런 상태에서 침을 놓으면 시술자는 쉽게 득기를 하게 되며 원하는 곳으로 침 기운을 자유자재로 보낼 수 있고 병자는 기지감응이 오면서 전신에서 기운의 변화를 바로바로 느낄 수 있게 된다.

  심오한 철학적 깊이를 품은 말뜻에서 흔한 일상의 말까지 우리 생활 깊숙이 기란 개념은 이미 스며들어 있다. 하지만 침구학에서 말하는 기는 관념적인 것이 아니고 감각적이고 실제적인 느낌이며 반응이다. 그것들을 다른 말로 표현하면 여러 가지 문자(표현)로 나타낼 수 있겠지만, 지금까지 전해오는 고전들과 기에 대한 여러 언급을 종합하면 분명

기의 발현이라고 단정해도 좋을 것이다.

  가만히 자기 몸 안에 흐르는 기의 변화를 느껴보고 그 흐름을 조절하는 태극권, 요가 등 운동이나 지압 같은 자극을 행하는 것도 요즘 유행하는 웰빙의 한 방편일 것이다.

열·린·대·화

질문자 기의 흐름도, 경혈도를 보며 우리가 유비적으로 생각할 수 있는 것은 신경계통도와 혈관계통도잖아요. 혹시 이처럼 서로를 비교해서 상관관계를 연구해놓은 것이 있나요?

김병삼 초기에 서양의학 전공자들이 '경락이 신경하고 비슷한 것 아닌가'라고 생각하고 신경과 유사점들을 매우 많이 찾아봤습니다. 그런데 조금 비슷한 것 같기는 하지만 신경하고는 너무 많이 차이가 나요. 그래서 그 뒤로는 호르몬이나 내분비하고 관련이 있지 않느냐, 그런 쪽 얘기들이 많이 나왔어요. 그런데 그것도 역시 거리가 멀다, 그것하고는 다른 계통인 것 같다고 말합니다.

마비된 근육의 어디어디에 침을 놓았더니 탁 풀어지거나 통증이 잡히는 것들을 보면서 통증클리닉 전문의들이 자율신경과 관계가 있는 것 같다고 얘기하기도 합니다. 각각 일부분 유사한 포인트도 있고 근육학을 기본으로 하는 트리거포인트나 엠피에스 등은 압통점을 찾아서 놓는 아시혈하고도 유사점이 많아요. 겹치는 혈자리도 아주 많이 있어요. 그러나 이런 것들은 일부 경혈과 같은 위치에서 민감하게 반응하는 것은 비슷하지만 그 민감점을 활용하는 면에서는 차이가 많습니다.

그러니까 예를 들어 장마철에 태백혈에 침을 놓았을 땐 잘 듣다가도 다른 때에는 안 들을 수도 있다. 이것은 한의학적인 이론이 아니면 설명할 길이 없어요. 오늘 운기학적으로 화기火氣가 많은 날이라면 오늘은 역시 화火를 풀어주는 침으로 가야 합니다.

시간에 따라 침을 놓는 것을 운기침법運氣鍼法이라고 합니다. 인시寅時에는 폐肺의 기가 흐르고 묘시卯時는 대장의 기운, 진시辰時는 위, 사시巳時는 비, 오시午時는 심, 이렇게 시간에 따라 해당 장부의 기운이 왕성하게 돈다는 얘기거든요. 그러니까 시간에 따라서 해당 경락에 관련되는 기를 조절하는 거예요. 예를 들면 소장에 관련된 침을 놓는다면 미시까지 기다렸다 놓는 거예요. 그 기운이 가장 강할 때 조절하는 것이지요. 그런데 현실적으로 환자를 쫓아가서 보는 것이 아니고 한의원에 앉아서 보기 때문에 그런 방법은 요새는 못 쓰죠. 옛날처럼 의사가 환자의 집에 가서 밥 얻어먹으면서 같이 지낼 때 쓰는 방법이죠. '자 침 맞을 시간 됐습니다.' 그러면서 그 시간에 침 놓는 거예요.

요즘엔 이런 침법을 쓰기가 어렵죠. 이런 것들을 '옛날 음양오행에 다 꿰어 맞춘 거지.' 이렇게 얘기하면 할 말 없어요. 아까 침을 오른쪽으로 돌리냐 왼쪽으로 돌리냐에 따라 반응이 다르다고 했는데 해보면 알아요. '오른쪽이나 왼쪽이나 그거 모두 단지 자극주는 것 아니야?' 라고 할 수 있는데, 이건 침을 제대로 안 놔본 사람들 생각이에요.

물론 혈자리와 유사하게 겹치는 것은 상당히 여러 가지 있긴 있습니다. 예민한 포인트들이 겹칠 수 있어요. 그런데 지금의 서양의학과 일치되는 것은 없어요. 1960년대에 북한에서 김봉한이란 사람이 경락을 발견했다, 경락의 실체를 그냥 느낌으로 느끼는 것 말고 해부학적으로 경락을 발견했다고 발표한 적이 있다고 했지요. '봉한학설'이라고 그러는데 그것을 일본에서 검증해보려고 했는데 실패했다고 합니다. 왜냐하면 검증이 되어야 하는데, 그 사람이 말한 대로 해보면 재현성이 있어야 하는데, 잘 안 돼요. 그래서 사기다, 생체실험했다 등 말이 엇갈립니다. 그래서 북한에서 그때 생체실험을 하지 않았을까 그런 얘기들이 있고 그럽니다. 하여튼 지금은 거의 흐지부지되어버렸습니다. 제 생각으론 사체를 해부해서는 경락이나 경혈의 실체를 찾아내기가 어렵지 않을까 생각합니다.

질문자 근데 요새 나온 전자침 있잖아요. 전자침을 피부에 대면 빨간 불이 들어오고, 그러면 스스로 눌러서 치료하는데 그것의 원리가 전자기의 강도로 경혈을 찾는 건지 아니면 무슨 기의 맥박을 갖고 찾는 건지 원리가 궁금하거든요.

김봉삼   경혈점의 피부전류저항이 다 다릅니다. 혈자리에서 중심으로 갈수록 전류가 상당히 높아져요. 그러니까 여기에 탐침봉을 댔을 때 전류나 저항값의 차이에 따라 불이 켜지게 한다거나 삑삑삑 소리가 나게 한 거죠. 대개 경혈 자리가 많아요. 그런데 경혈 자리가 아닌 곳도 트리거포인트라든가 예민한 자리들이 있습니다. 그것이 예민하게 반응한다고 해서 다 경혈은 아니에요. 한의학에서 아시혈이라는 게 있는데 공식 혈자리는 아닌데 어떤 증상이 있을 때 누르면 유난히 아픈 포인트가 아시혈입니다. 임시 혈자리라는 말이죠. 그런데 이 아시혈 같은 데서도 전류 저항값이 매우 높게 나타나기도 합니다.

질문자   그렇다면은 경혈 경락과 신경은 어떻게 보면은 아주 일치하지 않나 하는 생각이 들고요. 제 생각에는 신경이 한 길로 쭉 나가는 게 아니라 짤막짤막한 것이 이어져서 그렇게 되는 거 같은데요. 그렇게 신경과 신경이 접촉돼서 신경전달이 일어나는 부위, 그런 부위들과는 관계가 없나요?

김봉삼   신경하고 연결지어보려는 연구들은 상당히 많이 있었다고 봅니다. 그런데 지금은 거의 이쪽으로는 안 합니다. 오히려 자율신경하고 좀 관계가 있는 것이 아닌가 하는 얘기들이 있어요. 일반적으로 운동신경, 감각신경 쪽하고는 좀 거리가 있는 것 같고요. 약간씩 유사성을 띠고 있어요. 자율신경하고도 좀 관계 있는 것 같고 내분비 계통을 조절하지 않느냐 하는 생각도 하지요. 침을 놓고 나면 전해질의 농도가 확 변하기도 하거든요.
예를 들면 혈자리에 뜸을 뜨거나 침을 놓고 나면 어떤 특정한 부위의 백혈구 수치가 확 증가한다거나, 자율신경의 어떤 영향도 순간적으로 뒤바꿔버리거든요. 그런 측면에서 경락, 경혈이 복합적인 면을 띠고 있는 것입니다.

경락, 경혈은 현대의학이 찾아낸 어떤 구조나 기능의 옛날식 표현이라기보다는 요새는 그런 것들과 독립된 체계라고 말하는 편입니다. 그 전에는 이것(현대의학적)을 옛날엔 이렇게(경락) 보지 않았을까, 이런 쪽으로 연구했지요. 연결지어 맞춰보려고 하니 유사성을 연구했던 쪽에 가까워요. 어떤 면에서는 이런 것(현대의학적)과 관계가 있고 또 다른 면에서는 이런 차이가 있는데 일단은 독립적인 체계라고 보는 것이 요즘의 주된 인식입니다. 한의학의 추세입니다

질문자 제가 볼 때 침, 지압, 부항은 압력의 차이가 있을 뿐 사실 효과는 같다고 생각합니다. 선생님은 어떻게 생각하세요?

김병삼 지압법에도 여러 가지가 있는데요. 누르기, 문지르기, 부드럽게 마사지하기, 튕겨주기, 말아가기 등 여러 방법이 있습니다. 지압도 그 방법에 따라서 보가 되기도 하고 사가 되기도 합니다. 예를 들어 아프도록 세게 눌러주는 것은 사법瀉法이 되고 진득하게 꾹꾹 눌러주는 것은 보법補法이 됩니다. 함몰된 곳은 눌러서 보해줄 필요가 있겠고 융기된 곳은 두드려서 풀어줄 필요가 있겠지요. 그리고 뜸도 불을 붙여놓고 다 탈 때까지 놔두는 것도 있고 좀 뜨거워지면 다 타기 전에 떼어내는 것에 따라 보사가 달라집니다. 침, 뜸, 부항, 지압 모두 각각 보사법이 있지만 뜸은 보의 작용이 강하고 침은 사의 작용이 강합니다. 부항은 더 사의 작용이 강하겠지요. 경혈은 자극 방법에 따라 효과가 다를 수 있습니다.

질문자 전 발 지압을 하면 속이 안 좋거나 기가 위로 치밀어 올라가면서 효과가 있는 거 같아요. 정말 효과가 있는 건가요?

김병삼 유기능類機能 체계라고 하여 부분이 전체를 대표한다는 이론이 있습니다. 두침, 이침, 비침, 수지침, 족침 등 각각 국소에서 전체를 다 나눌 수 있어요. 그러니까 손바닥 하나에서 인체의 오장을 다 나누어볼 수 있고, 코에서 오장을 구분하여 나누는 비침도 있어요. 귀에서도 애기가 거꾸로 오그리고 있는 모양으로 구분하여 여기는 머리고 여기는 척추고 하는 식으로 인체를 그대로 대표할 수 있어요.

 수지침은 여러분이 다 들어보셨을 거고 족침도 발에서도 몸 전체를 나누어 구분할 수 있습니다. 부분이 전체를 대표하는 유기능 체계는 실제로 자연과학에도 적용되죠. 은행잎의 조각 부위는 모두 은행잎의 형태를 띠고 있대요. 그러니까 지금까지 없던 침법을 새로 만들 수도 있어요. 나는 엄지손가락 하나에서 우리 몸의 구조를 궁구해봅니다. 부분이 전체를 대표하는 이론에 따라 발에서도 전신을 똑같이 조절할 수 있습니다. 한의원에서 '수지침은 안 놓냐'고 물어보면, '아! 대포가 있는데 왜 권총을 쏩니까?' 합니다. 이런 침법들이 위험성은 적은 대신에 자극은 좀 약합니다. 손이든 발이든 일정한 효과가 있습니다.

질문자 그런데 요새 발주무르는 것이 유행이잖아요. 그게 눌러서 아픈 게 좋은 건지 안 아픈 게 좋은 건지⋯⋯ 우리가 함부로 발을 주무르면 안 되나요?

김병삼 너무 아픈 느낌이 좋을 수는 없겠죠. 침을 맞아도 마찬가지고 지압을 하든 안마를 하든 다 마찬가집니다. 시원하고, 나른하게 편안하고 기분이 좋아야 해요. 침을 맞고 났더니 몸이 휘지어서 기운이 하나도 없고 그러면 침을 좀 약하게 놓던지 그래야 돼요. 아니면 하루나 이

틀 걸러서 맞던지 그래야 해요. 이치는 간단합니다.

질문자 발을 주무르더라도 안 아프게만 해주면 되겠네요.
김병삼 주물렀더니 아이고 시원하다, 그래야 그게 제대로 한 거죠. 그러니까 그것도 마찬가지로 뚱뚱하고 피부가 두꺼운 사람은 꾹꾹 주물러줘야 시원하다 할 것이고, 몸이 약하고 피부도 얇은 사람은 살살 문지르듯이 주물러야 시원하다 할 것이고, 겨울에는 아무래도 세게 주물러야 될 것이고 여름에는 가볍게 주물러야 할 것이고…….

질문자 근데 발 주무르는 분이 텔레비전에 나와서 얘기하는 거 보면 눌러서 아픈 곳이 간 부위면 간이 안 좋은 거라는 식으로 설명하거든요. 일리 있는 말인가요?
김병삼 어떤 포인트가 유난히 압통점이 있으면 그곳에 해당하는 장부가 약한 건 맞죠. 그러니까 압통점을 진단에 이용하는 것 아닙니까? 부풀었다거나 색깔이 뻘겋다거나 까매졌다거나 아니면 눌렀을 때 유난히 아프다는 것은 반응이 나타나는 것이지요. 누르면 아픈 듯하면서 시원하다, 그러면 그 자리가 진단점이면서 치료점입니다. 체했을 때 등에서 비수脾兪 자리를 세게 누르면 그 자리만 아주 아파요. 체해서 꽉 막혔을 때 이 자리를 누르면 조심해야 돼요. 바로 그 자리에서 와락 토해버리는 수도 있거든요.

질문자 실제로 몸에 통증이 있으면 침을 놓아서 바로 확인하신다고 들었습니다. 제가 선생님의 강의 중에 관심 있게 들은 것은 사람의 감정이나 정신적인 부분들도 경락을 이용하여 한의학적으로 치료하신다는 대목이었는데, 우울증 같은 것도 치료가 가능한가요?

김병삼 우울증 같은 건 쉬운 편이죠.

질문자 그런데 그런 거를 양방에서는 호르몬의 영향, 뭐 그런 쪽으로 얘기하는 것으로 알고 있는데 한의학에서는 어떻게 치료하는지 궁금합니다.

김병삼 호르몬의 부조화는 결과적인 얘기죠. 왜 호르몬의 부조화가 생겼는지 따져야겠죠. 한의학적으로 정신병을 크게 나누면 양병과 음병으로 나눌 수 있습니다. 양병의 극단적인 경우가 광병狂病이라면 음병의 극단적인 경우는 울병鬱病입니다. 광증은 열의 기운이 치받아서 생긴 거니까, 어때요 더워하니까 옷 벗어젖히죠. 시장처럼 사람 많은 데만 나가 돌아다니죠. 가만히 있지 못하고 노래 부르고 중얼거리고 다니죠. 음식을 엄청 많이 먹죠. 이것이 양이 치받아서 생기는 광병입니다. 반드시 대변이 돼요. 변이 시커멓고 며칠 가도 똥을 안 눠요. 이 광병을 치료할 때 어떻게 하겠어요. 찬 약으로 설사를 쫙 시켜버려요.

　자폐증 아이들 중 광병까지는 아니더라도 이쪽에 가까운 애들이 많이 있습니다. 잠시도 가만히 안 있고 한의원 안의 커튼 다 잡아 뜯어버리고 진료실에 남아나는 게 없어요. 그런 애들 심장 열 푸는 거 딱 두세 첩만 먹고 나면 그 다음날 엄마가 전화합니다. '원장님 애 이렇게 오래 자도 괜찮아요?' 합니다. 잠을 잘 안 자던 아이가 하루종일 자고 나서는 그 다음에 와서는 눈을 맞출 정도로 안정됩니다. 대변만 풀어줬는데도 말입니다. 애들 자폐증도 열로 인한 것일 때는 이렇게 치료해요.

　그런데 반대로 울증은 어떨까요? 밝은 거 싫어해요. 문 닫아놓고 혼자 가만히 웅크리고 있고 사람도 싫어해요. 광증에서는 웃고 노래 부르고 밖으로 돌아다니고 그러는데 울증은 울고 자꾸 자기 물건 챙겨서 집착하고 그러지요. 이건 어떻게 해요? 뭉친 기운 풀어줘야 해요. 기가 너무 위로 치받아서 막 퍼지냐(광증), 아래로 가라앉아서 뭉치냐(울증) 이걸 보는 거예요. 기운을 보는 거예요. 속 덥혀주고 뭉친 기운 풀어주는 것이 울증의 치료예요.

양방에서 말하는 공항장애 같은 경우도 한의학으로 치료가 잘되는 편입니다. 양방에서 평생 이 약 먹어야 됩니다. 그랬는데 석 달 만에 치료되기도 합니다. 어느 기운이 어떤 방식으로 왔는지, 그 원리만 잡으면 돼요. 우울증 같은 것은 소음인에게 잘 오는데, 꼼꼼하고 치밀하고 완벽주의 경향이 있는 사람들이 대개 비위가 신통치 않습니다. 비위를 다스리고 뭉친 기를 풀어주는 방식으로 치료합니다.

'남자는 양에 속하므로 기를 얻으면 쉽게 흩어지고, 여자는 음에 속하므로 기를 만나면 쉽게 뭉칩니다.' 그래서 남자는 늘 양기를 북돋워주는 보약을 찾는 거고, 여자는 뭉친 기운 풀어주는 울화병 약을 찾습니다. 이 울鬱이 삼림 빽빽할 울 자字입니다. 산에 나무가 빽빽하게 서 있듯 기운이 뭉쳤다는 뜻이에요. 여자는 기가 뭉치기 쉬운데 기가 실한 여자들이 억압되면 더 쉽게 뭉쳐요. 그러니까 이런 여자분들은 자꾸 밖으로 활동해야 합니다.

정신적인 것은 한의학적으로 오히려 더 쉬운 편이에요. 복잡하게 볼 것 없이 기운만 좀 조절해도 잘 풀어지거든요. 예를 들어 상사병도 간과 비의 뭉친 기운을 풀어주면 되죠. 뭐 오래 갈 것도 없어 열흘 정도면 아주 간단하게 끝나버립니다.

앞으로 한의학에서 정신과가 상당히 유망해요. 이건 서양의학에서 도저히 따라올 수 없는 거예요. 왜냐하면 거기에선 정신과 육체를 분리하여 이분법으로 보잖아요. 그래서 상담요법 아니면 어떤 약물로 정신 신경을 직접 조절하는 방법을 쓰는데 우리는 오장육부의 기운을 조절해서 희로애락의 감정을 조절할 수가 있죠. 화내면 기운이 상승하고 간에 관계되며, 너무 웃으면 심장하고 관계되듯이 오장육부와 정신이 한 통속으로 돌아간단 말이에요. 그러니까 오장육부를 조절하고 그 몸을 조절하면 정신이 따라오게 되어 있어요.

예를 들면 생각이 너무 많아 자꾸 궁리하고, 나중에 해도 될 일도 미리 기와집 몇 채 지었다 부쉈다 하고, 지난 일을 곱씹어서 스트레스 받아 기가 뭉치는 사람은 비위를 튼튼하게 해주면 자꾸 궁리하는 것이 덜 해져요. 그리고 간이 약해지면 사람이 신경질적이고 지저분한 것에 짜증을 내게 됩니다. 이것도 간에 뭉친 기운만 풀어주면 신경질이 덜 납니다. 폐결핵 환자를 세상의 고독은 다 자기 것인 양 우수에 젖은 모습으로 만화나 드라마에서 묘사하죠. 폐의 기운이 떨어지면 사람이 우울하고 슬퍼하는(悲) 감정에 치우칩니다. 그러니까 그 사람은 폐기를 북돋워 줘야죠. 그게 슬픔의 감정에 치우친 것을 치료하는 방법이에요. 또 엄청난 공포에 시달리면 남자들은 발기불능 같은 것이 와요. 두려움증은 신장을 상하게 합니다(恐傷腎). 이렇게 정신적인 것이 바로 오장육부에 즉각적으로 영향을 미치기도 하고, 또 거꾸로 오장육부의 문제가 정신에 즉각적인 반응을 나타냅니다.

질문자   옛날에 일침요법이라고 하여, 아픈 사람에게 딱 한 군데만 침을 놓는 게 있잖아요? 그게 가능한가요?

김병삼   정확한 선혈과 취혈을 하면 가능합니다. 선혈을 잘하려면 병에 대한 정확한 진단이 필요하죠. 얼마 전 텔레비전에서 무릎 아파서 못 일어나는 사람 손바닥에 침을 한 대 놓고 나니 즉석에서 일어서는 것을 본 적이 있을 겁니다. 그 혈이 소부혈小府穴인데 심장 경락의 화혈火穴에 사법을 쓰는 것이에요. 그런데 이걸 쓰려면 혀끝도 빨갛고 대변도 좀 되고 얼굴도 약간 붉은 등 이 혈자리를 선혈하는 조건을 찾기 위한 진단이 있어야죠. 무릎 아프다고 모두 이 혈자리에서 효과가 나는 것은 아닙니다. 백 명에게 놓으면 어쩌다 몇 명은 맞출 수 있겠지만 어디가 아프니까 여기다 침을 놓더라, 이렇게 따라하면 이건 바보예요. 왜 여기에 놓았는지 알아야 합니다.

일침으로 치료가 가능하려면 취혈도 잘해야 되고 가장 중요한 게 선혈이죠. 혈자리 어디를 선택하는 선혈이 상당히 중요해요. 저도 이 방법을 종종 쓰는데 딱 떠오를 때만 씁니다. 왜냐하면 매번 침 하나로 해결하려고 하면 너무 골치가 아파요. 무릎 아픈 것 치료하려고 머리에서 발끝까지 미주알고주알, 생리는 어때요, 대변은 어때요, 이러면 환자는 신경질을 내요. 다른 간단한 방법으로 해결될 수 있으면 그때그때 편리한 방법을 쓰는 거죠. 일침으로도 가능해요. 그건 절대 거짓말이 아닙니다. 대신에 앞서 얘기했던 치신治神할 수 있어야겠죠.

정신을 집중하여 침을 놓다보면 침 놓는 것도 참 재미있습니다. 그래서 이 자리에선 개인적인 경험을 많이 이야기한 것 같은데, 우리 몸의 기를 이해하는 데 도움이 되었는지 모르겠습니다. 감사합니다.

5강

한의학에서 음식과 氣

"중국 사람들은 날아다니는 것 중에서는 비행기, 네 발 달린 것 중에서는 책상을 제외하고는 다 먹는다"는 말이 있다. 이 말에는 대상을 먹을 수 있는 것과 없는 것으로 나눈다는 관점이 포함되어 있다. 이는 그것이 고체든 동물이든 가식성可食性을 기준으로 대상을 나누는 것이다.

'가식성'이라는 말은 몸이라고 하는 특정한 조건을 갖는 주체로서 말한 것이다. 먹을 수 있기 위해서는 주체인 사람의 몸이라는 조건에 따라 먼저 너무 딱딱하거나 질기지 않아서 입으로 씹어서 삼킬 수 있어야 하며, 몸으로 들어간 다음에는 위胃에서 소화가 되어야 한다. 소화가 된 다음에는 그것이 몸에 나쁜 영향을 주어서는 안 된다. 먹고 나서 심하게 열이 난다든지 종기가 생긴다든지 하는 나쁜 영향이 없어야 한다. 그리고 마지막으로는 잘 배설되어야 한다. 아무리 좋은 영향이 있는 것이라도 제대로 배설되지 못하면 결국 먹을 수 없게 된다.

이러한 대상과 몸의 관계는 하루아침에 이루어지지 않는다. 특히 대상이 몸에 미치는 영향은 적어도 3세대를 거쳐보아야 확인이 가능하다.

3세대를 거친다는 말은 몸의 재생산, 곧 지속적인 생식을 보장할 수 있는가의 문제를 확인하기 위한 것이다.* 그러므로 모든 음식은 최소한 백 년 이상 시간을 두고 가식성 여부를 판단해야 한다.

공기는 음식이 아니다

사람은 먹어야 산다. 먹지 않으면 죽는다. '음식'이란 사람이 살기 위하여 먹고 마시는 것을 통틀어 말한 것이다. '음식飮食'에서 '음飮'이란 액체 또는 유동성이 있어서 마실 수 있는 먹을거리를 말하고 '식食'이란 고체로 된 것을 잘게 씹어서 넘기는 먹을거리를 말한다. 그런데 기체 상태의 것은 음식에서 제외된다. 기체가 음식에서 제외된다는 말은 사람이 먹고 마시는 모든 것에서 음식과 공기를 구분한다는 말이다. 이는 음식과 공기를 먹는 방식이나 그것이 몸과 작용하는 방법과 몸에 미치는 영향이 다르기 때문이다.

음식은 입으로 씹거나 삼킴으로써 몸 안으로 들어오는 것이고 공기는 코로 들이마심으로써 몸 안으로 들어오는 방식을 취한다. 이는 주체가 대상과 관계하는 방식의 차이다. 그리고 이 방식은 좁게는 주체의 입과 코, 넓게는 주체의 몸이라는 조건에서 결정된다.

● 『예기禮記』 「곡례曲禮」에 '의불삼세醫不三世, 불복기약不服其藥'이라는 말이 있다. 여기에서 '三世'란 첫 번째가 『황제침구黃帝鍼灸』이고 두 번째가 『신농본초神農本草』이며 세 번째가 『소녀맥결素女脈訣』과 『부자맥결夫子脈訣』(唐 孔穎達, 『禮記正義』)이라고 해석하기도 하지만 "의사가 三代를 넘지 않으면 그 집 약을 먹지 말라"로 해석되기도 한다. 3대를 넘긴다는 말은 경험을 충분히 쌓았다는 말인데, 이 경험에는 같은 공동체에 속한 환자의 대에 걸친 생식과 연관된 부분을 포함하는 것으로 보인다.

이와 연관하여 인간 복제 문제를 생각해볼 수 있다. 인간 복제가 가능하다는 것과 복제된 인간이 생식을 포함하여 정상적으로 살아갈 수 있는지는 전혀 별개의 문제다. 지금까지 복제된 동물들이 대부분 1대에서조차 생명의 지속이 어렵거나 2대의 생식이 불가능했다는 사실은 의학을 포함한 모든 과학기술이라는 것이 최소한 3대에 걸친 증명을 거칠 필요가 있음을 보여주는 것이다.

몸은 기다

몸을 무엇으로 보는가, 곧 몸을 세포나

분자 수준에서 볼 것인가, 아니면 기로 볼 것인가의 문제는 몸에 대한 실천, 나아가 대상과 실천에 관한 문제다. 몸을 신의 창조물로 보는가, 아니면 하늘과 땅의 기로 이루어진 것으로 보는가, 하는 관점의 차이는 몸을 둘러싼 자연에 대한 실천을 결정한다. 신의 창조물로서 몸 이외의 다른 대상에 일정한 작용과 반작용을 가하는 몸이라는 관점과, 그 자신이 하나의 자연으로 자연의 흐름에 따라 맞추어 살아가는 몸이라는 관점은 몸이 무엇인가 하는 문제를 결정한다. 한의학은 후자의 견해를 취한다.

사람의 몸을 하나의 기로 볼 때 그 기는 부모에게서 선천적으로 받은 부분과 살면서 보충하는 기 그리고 하늘의 맑은 기, 곧 공기로 이루어진다. 부모에게 물려받은 기를 선천적인 정精이라고 하고 살면서 보충하는 기를 후천적인 음식(수곡水穀)의 정精이라고 한다. 여기에 공기가 더해져 사람이 사는 것이다. 정에서 기가 나오지만 이때의 기는 몸 안에서 생성된 기이며 공기는 외부에서 들여온 기이다. 몸 안에서도 정을 바탕으로 기가 생기며 이것과 외부의 기가 서로 작용하여 온전한 몸의 기를 이룬다.

이 중 선천적인 정은 부모에게 받는 것이어서 내가 결정할 수 없고, 생식을 위해 중요한 요소다. 또한 몸의 생명을 유지하기 위한 기초기 때문에 그것을 잘 보존하고 보충하는 것이 중요하다. 이러한 보존과 보충 방법은 기본적으로 음식과 공기다. 음식에 대한 한의학의 실천은 약과 식이食餌로 발전하고 공기에 대한 것은 내단內丹으로 발전한다.●

여기에서『동의보감』은 몸이 기라는 전제하에 몸을 구성하는 근본적인 요소로 정기신精氣神을 말한다. 정과 기에 더하여 신神을 중요한 요소로 본 것이다. 선·후천의 정에서 나온 기와 외부의 기로 몸이 이루어지지만 그러한 정과 기의 작용의 결과 나타나는 신은 다시 기와 정에 작용한다. 신

● 한편 선천적인 정을 보존하고 보충하는 방법의 하나로 방중술房中術이 발전한다.

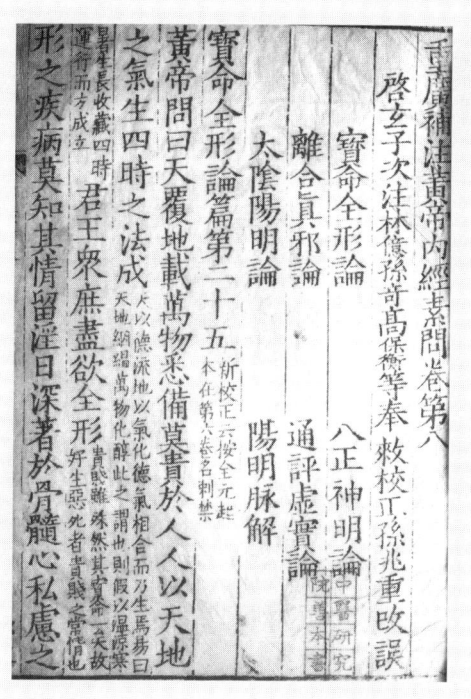

오늘날 우리가 알고 있는 『황제내경·소문』은 왕빙이 전면적으로 재편집한 것을 임억 등이 다시 교정한 것이다. 『황제내경』은 천문, 지리, 인사를 모두 아우른 의학의 전형을 보여준다.

은 생명력이 작용한 결과면서 다시 생명력에 작용하는 힘이다.

정기신을 좀더 설명한다면, 정은 몸을 이루는 기초 물질이다. 이를 바탕으로 오장육부나 팔다리 같은 각각의 작용으로 분화되는 것이 기다. 다시 말하자면 기는 물질적인 정의 작용이다. 그러한 작용이 몸을 통해 실현되어 몸으로 느끼는 것이 기다. '몸은 기'라는 의미는 몸이 하나의 기 덩어리로 이루어졌다는 의미가 아니라 몸은 기의 작용이라는 의미다. 그리고 이런 작용으로 드러난 생명력의 발현, 그것이 바로 신이다. 신에는 감정이나 사유 같은 정신적인 것이 포함되지만 동작이나 색, 냄새 같은 것을 통해 드러나는 분위기도 포함된다. 이러한 정과 기 그리고 신은 서로 상대방의 것으로 전화轉化하기도 하고 서로에게 영향을 주기도 한다.

 몸을 그저 기로만 파악해서는 실천을 다양하게 할 수 없다. 현실의 다양한 실천적 요구에 따라 정은 기로 분화되고 다시 여기에 신이 더해져서 한의학은 정신 영역까지 적극적으로 포괄할 수 있게 된다. 신을 중시하는 전통은 이미 『황제내경』에서 시작되지만 신을, 몸을 세 가지 구성 요소(삼보三寶)로 파악한 것은 『내경』과 도교의 전통을 이은 『동의보감』이다. 『동의보감』 이전의 의학에서는 신이 정, 기, 신, 혈, 진액, 오장육부, 근골 등과 같은 몸의 다양한 구성 요소의 하나일 뿐이었다.

음식의 소화 그리고 몸의 구조

 음식과 공기가 몸에서 어떻게 작용하는가 하는 문제를 몸의 구조와 연관해 보기로 하자.

 한의학에서는 음식의 소화 과정을 다음과 같이 설명한다. 음식이 몸에 들어가면 먼저 위胃로 가는데, 위에서 1차로 소화되어 소장으로 내려가며 소장은 여기에서 청탁淸濁을 가린다. 그래서 맑고 가벼운 것은 비脾의 힘으로 전신에 퍼지며, 탁하고 무거운 것은 대장으로 들어가 몸 밖으로 나가게 된다. 그러므로 오장五臟은 모두 위에서 기를 받아 작용할 수 있게 된다. 위에서 소화된 음식은 남은 찌꺼기인 조박粗粕과 진액, 종기宗氣가 되는데, 들이마신 공기는 이 종기와 관계하게 된다. 종기는 가슴속에 쌓여 있는 기를 가리킨다. 이것은 폐에서 들어온 청기淸氣와 비위脾胃에서 소화되어 변화된 수곡의 정기精氣가 결합되어 만들어지는 것이다.

 따라서 먹을거리인 음식과 숨쉴거리인 공기는 주체와 관여하는 방식이나 몸 안에서의 작용이 다르며 이런 점에서 공기는 음식으로 분류되지 않는다. 대상과 관계하는 방식, 곧 입을 통한 것인가 아니면 코를 통한 것인가, 또한 그것이 몸에 어떻게 어떤 작용을 하는가에 따라 분류된 것이다.

이를 거꾸로 말하면 몸의 구조에 따라 대상과의 관계방식이 결정된다는 것이다. 입과 식도, 위, 장 등으로 구성된 소화기관과 코, 기관지, 폐 등으로 구성된 호흡기관이라는 몸의 구조에 따라 대상의 관계방식이 달라진 것이다. 결국 대상은 내 몸이라는 조건과 떠나서 존재할 수 없다. 이렇게 본다면 대상의 분류 역시 몸과 연관하여 이루어진다.

분류의 문제

분류의 차이는 대상을 인식하는 방식의 차이다. 대상을 어떻게 이해하는가에 따라 분류도 달라진다. 린네의 『자연의 체계』(1735)는 사실상 '성의 체계'라고 할 수 있는 것으로, 수술은 '남편'으로, 암술은 '아내'로 표현되고 암술과 수술이 함께 있는 것을 "남편과 아내가 같은 침대에서 잔다"고 표현한 것처럼 생식이 가능한가를 기준으로 한 분류다.

이는 대상을 자기 생산과 재생산의 주체로 보는 관점이면서, 동시에 인간이 자연을 생산해내려는 발상을 포함하고 있다. 대상이 주체인 나와 연관되어 변한다고 한다면 대상에 대한 주체의 작용은 객관적일 수가 없다. 이미 주체와 결합된 대상에 대해서는 반복 재현이 가능하고 투입input과 결과output 사이의 양적인 인과관계를 만들 수 없다. 따라서 대상은 주체와 분리되어야 한다. 대상을 객관적인 존재로 주체와 분리하려는 의도의 바탕에는 이처럼 대상에 대한 객관적인 작용이라는 실천이 전제되어 있다.

대상을 그 자체로, 다시 말해서 주체인 인간과 분리되어 객관적으로 존재하는 대상으로 보는 관점은 역설적으로 그 대상에 어떻게 작용을 가하여 그것을 변용시킬 것인가 하는 주체적인 관점과 같은 것이다. 만일 주체가 대상에 대해 그것에 작용하여 변용하려는 실천적 의지가 없다면 대상은 더는 관심의 대상이 될 수 없다.

이에 비해 중국의 전근대에서는 대상을 분류하는 사고가 주체인 인간, 그것도 몸을 중심으로 이루어지고 있다. 다시 말해서 객체는 객관적으로 분리되어 존재하는 것이 아니라 주체와 결합되어 작용하는 것으로 이해되는 것이다. 여기에서도 객체는 주체와 결합하는 방식과 주체에 작용하는 내용에 따라 분류된다. 그리고 주체에 대한 객체의 이러한 작용을 기라고 한다. 그러므로 객체의 기는 항상 주체와 관계 속에서만 파악된다. 객체 자체의 구조나 질서가 중요한 것이 아니라 그것이 주체에 작용하는 방식과 '효과'가 중요한 것이다. 이러한 사고의 출발은 바로 신농神農이다.

신농, 온갖 풀을 맛보다

전한말前漢末(기원전 1세기 후반)에 성립한 것으로 보이는 『신농본초경神農本草經』은 이러한 분류의 사상을 전형적으로 보여주고 있다.

신농이 처음으로 온갖 풀을 맛보고 나서야 비로소 의醫라는 일이 있게 되었다(『사기』「삼황본기」)는 말은 대상에 대한 인식이 맛보기에서 시작됨을 보여준다. 풀의 맛을 본다는 것은 대상을 몸으로 아는 것이다. 곧 먹어보고 아는 것이다. 이에 비해 풀의 화학적 성분을 분석하는 것은 대상을 나와 분리되어 객관적으로 존재하는 것으로 인식하는 방법이다. 그것이 어떤 성분으로 구성되었는지는 주체인 나와 무관하다. 반면에 맛을 보아 아는 방법은 대상을 인식하려는 주체의 몸으로 느끼는 주관적인 인식 방법이다. 다시 말해서 신농은 대상이 나에게 미치는 작용, 그리고 그 효과를 기준으로 분류한 것이다. 이런 기준에 따라『신농본초경』에서는 본초를 세 종류(三品)로 나눈다. 이 삼품은 곧 상품·중품·하품으로, 상품은 양명養命, 중품은 양성養性, 하품은 치병治病하는 약이다. 먹어서 무해하고 오래 먹어도 사람을 해치지 않고 '몸을 가볍게 하고 기를 늘려주며, 늙지 않고 수명을 늘리려고 하는 데'에 쓰는 약이 상품이다. 중품은 무독한 것과 유독한 것을 나누어 쓰며 '병을 그치게 하고 허약한 것을 보하는 데'에 쓰는 약이다. 반면에 독이 있고 오래 복용하지 못하며 '한열寒熱의 나쁜 기운을 몰아내고 적취를 깨서 질병을 고치려고 하는 데'에 쓰는 치료약이다. 먹어서 그것이 내 몸에 좋은가 아닌가, 다시 말하자면 대상이 주체에 미치는 작용을 기준으로 상·중·하의 삼품이 나뉜 것이다.

이는 먹어보고 아는 인식 방법이다. 시각마저도 그 객관성을 의심하는 관점에서 볼 때, 미각과 이를 통한 감각 주체의 변화에서 인식의 근거를 찾을 수는 없다. 그러나 민속학의 관점만이 아니라 서양 근대의 약학도 실은 대상이 내 몸에 미치는 영향을 인식의 근거로 삼고 있다. 아스피린이 해열제인 것은 그것을 먹었을 때 내 몸의 열이 내리기 때문이다. 다만 대상이 이러저러한 '객관적' 구조(이를테면 특정한 화학 성분)를 갖고 있기 때문에 결과적으로 내 몸의 열이 내린다고 하는 거꾸로 된 서술 방식을 취하기 때문에 전도된 인식론을 갖고 있을 뿐이다. 이런 전도된 인식은 대상을 주체에서 분리하는 과정에서 성립된다.

다시 공기는 음식이 아니다

삼품 분류에서 동물이나 식물, 광물은 구분되지 않는다. 광물의 일부가 식물로 분류되는 것을 보면 먹을 수 있는가 없는가, 독이 있는가 없는가, 또한 어떻게 먹는가 하는 구분이 더 중요한 것이다. 곧 이는 약의

'효과'에 따른 분류라고 할 수 있다.

이는 대상의 객관적 구조나 존재 양식과는 관계없이 분류된 것이다. 이런 분류는 아리스토텔레스가 『동물지』에서 단일한 것, 같은 것, 등질부분等質部分을 추구한 것과 대조적이다. 아리스토텔레스에게 이질적인 부분은 모두 동질적인 부분으로 구성된 것에 지나지 않는다. 다만 이질적인 것은 색이나 다소, 대소 등과 같은 과부족에서 오는 차이일 뿐이다. 아리스토텔레스 역시 대상을 그 자체로 보려는 발상을 보여준다.

물론 중국에서도 주객이 결합된 분류만 있었던 것은 아니다. 대상 자체의 존재 방식에 따른 분류도 있었다. 그 중에서도 중요한 것은 생태적인 분류다.

생태에서는 지형, 토양, 물, 빛, 온도, 식물 상호간의 관계가 분류의 기준이 된다. 예를 들어 『관자』「지원」에서는 모든 풀과 토양이 어울리는 방식에는 각기 잘 자라나는 데에 마땅함이 있고, 지대가 높거나 낮거나 각기 거기에 맞는 풀과 토양이 있고, 모든 풀은 자기가 자라는 곳이 있다고 한다. 이런 생태학적 관점에서 『주례周禮』의 「지관地官」이나 『고공기考工記』 등에서는 5분류를 하고 있는데, 산림, 천택川澤, 구릉丘陵, 분연墳衍(수안水岸과 저지低地), 원습原隰(고원高原과 습지)이라는 다섯 종류의 토지로 분류하고 거기에서 자라는 동식물군을 나누고 있다. 한편 『이아爾雅』에서 "'육'은 산에서 나는 부추다"라고 한 것처럼 형태의 유사성도 분류의 한 기준이 되고 있다.

이러한 생태나 형태에 따른 분류는 대상을 대상 자체로 보려는 것이기는 하나 각 대상의 생태적 조건이나 그 조건에 따라 만들어진 형태가 그 대상의 기를 결정한다는 관점[●]을 취하고 있다는 점에서 그 대상은 이미

● 예를 들면 호랑이는 습기가 많은 대나무 숲에서 지낸다든지 밤에 주로 움직인다든지 하는 측면에서 음적陰的인 동물이라고 보는 것이다. 또한 붉은 색인 산조인은 붉기 때문에 화火의 장기臟器인 심心으로 들어가 양혈養血한다. 이런 사유 방식을 '형상약능론形象藥能論', Signatura plantarum이라고도 한다. 이 문제는 뒤에서 다시 언급한다.

전체와 연결된 대상이며, 우주 전체가 하나의 기라는 관점에서 보면 이 분류는 생태적 조건과 대상의 관계만이 아니라 주체와의 관계도 포함하는 분류라고 볼 수 있다. 따라서 효과를 내세우든, 생태나 형태를 내세우든 결국은 대상과 주체의 관계를 전제로 하고 있다는 점에서는 동일하다.

그런데 이러한 분류는 더 많은 약물의 발견이나 사용과 함께 변화된다. 이는 주체의 대상에 대한 관계가 그 범위와 내용에서 변했음을 보여주는 것이다.

도홍경은 『신농본초경』을 교정·증보하고 주석을 가하여 『신농본초경집주神農本草經輯注』(전3권, 500년경)를 저술하고 거기에서 약물을 '옥석초목충수과채미식玉石草木蟲獸果菜米食'으로 분류했다. 여기에는 대상의 존재 방식에 따른 분류가 더해져 있다. 그러나 각각의 항목은 다시 상·중·하품으로 나뉘어서 『신농본초경』의 분류는 계속 이어지고 있다.

중국 고대의학을 연구해온 일본의 야마다 게이지(山田慶兒)에 따르면 "삼품 분류가 역사적 지지를 얻었던 요인에는 약물학적 유효성 외에 사회적 유효성이라고 할 만한 것이 있었다. 그것을 지지하고 있었던 것은 삼품 분류가 생겨난 모태가 된 도가의 양생사상 또는 불로장생을 지향하는 신선도교의 사상이다"●고 하여 분류에서의 사회적 근거, 곧 '사회적 유효성'을 말하고 있다.

명나라 때 왕륜王綸의 『본초집요本草集要』(전10권, 1496)에서 비로소 삼품 분류가 없어지고 대상 자체의 유류有類에 따른 분류로만 된 책이 나온다. 그리고 이것은 이시진李時珍의 『본초강목本草綱目』(전52권, 1593)에서 완성된다.●● 그러나 『본초강목』에서도 삼품 분류라는 개념이 완전히 사라진 것은 아니어서 '강綱' 수준에서는

● 山田慶兒, 『本草と夢と鍊金術と』(朝日新聞社, 1997), 71쪽.
●● 이시진으로 대표되는 이러한 경향에 대해 비판이 없는 것이 아니다. 청나라 때의 당종해唐宗海는 「본초문답本草問答」에서 "본초가 진나라와 당나라 이후로 천 갈래 백 갈래로 나뉘어 『본초강목』에서 극에 달했다. 이로써 사람의 눈을 현혹시키게 되었다"고 비판한다(『본초문답』, 「서」).

각 약물의 분류는 대상의 존재방식에 따르고 있지만, '목目' 수준에서는 주체와의 관계에 따른 다양한 분류가 시도되고 있다. 또한 각 약물의 설명에서는 『신농본초경』의 삼품 분류에 기초한 내용이 여전히 남아 있고 기본적으로 약물은 모두 그 효과를 중심으로 설명된다.

이와 같이 대상 자체의 존재방식에 따른 분류가 새로운 분류체계로 등장했지만 그 속에 다시 주체와 객체의 결합 방식에 따른 분류가 혼재되어 있는 바탕에는 주객 관계에 관한 일정한 변동, 곧 주객의 분리라는 요구와 그에 대한 주객합일의 대립이 깔려 있는 것이다.

의식동원醫食同源의 의미

분류의 체계와 사상에 일정한 변화가 일어났지만 대상을 주체와의 관계 속에서 파악하는 태도는 근대 이전의 동양 사회에서 보편적인 것이었다. 주객의 통일이라고 할 수 있는 이러한 사고방식은 근대에 들어오면서 파기된다. 이런 점에서 사상적으로 근대의 기점은 주객의 분리라고 할 수 있다.

주객을 통일적으로 파악하는 사고방식에서는 인간을 포함한 세상의 모든 것이 모두 하나의 기다. 그런데 그 중에서 사람만은 천과 지의 기를 온전히 받아 태어나 사계절의 법칙에 따라 이루어지기 때문에 완전한 존재가 되며, 따라서 가장 귀하다. 그런데 사람이 사계절의 법칙에 어긋나게 살고 술과 음식을 제 마음대로 먹고 마음을 제대로 쓰지 못하면 병이 생기게 된다. 사계절의 법칙에 어긋나게 되면 외부의 나쁜 기운을 받게 되며, 먹는 것을 제대로 하지 못하면 몸 안에 음식이나 비생리적인 물질, 곧 담음痰飮 같은 것이 쌓이게 되고, 마음을 제대로 쓰지 못하면 기가 막히거나 어지러워져서 제대로 돌지 못하게 된다. 이런 상태가 바로 병이다.

『석명釋名』에서 "'질疾'은 병이다. '질'은 빠르다는 말이다. 외부의 기운이 사람의 몸속으로 급하게 쳐들어오는 것이 바로 '질'이다"고 하고 "병은 더불어 있는 것이다. 몸 안의 좋은 기(正氣)와 외부의 나쁜 기(邪氣)가 피부나 몸속에 더불어 있는 것이다"라고 말한다. 이렇게 되면 기는 몸에서 더는 정상적인 작용을 하지 못하게 된다. 이런 상태를 기의 편중으로 표현한다. 기가 어느 한쪽으로 치우쳐 있는 것이다. 이럴 때 약은 자신의 치우친 기로써 몸의 치우친 기를 바로잡는 것이다. 청나라 후기에 활동했던 당종해(唐宗海, 1862~1918)는 이를 이렇게 말한다.

"사람의 기가 한쪽으로 치우쳐 너무 과도하거나 쇠약하게 되면 병이 생긴다. 이럴 때 약물의 한쪽으로 치우친 기를 빌려 내 몸의 기의 과도함이나 쇠약함을 조절하여 기를 조화롭고 고르게 하면 병은 없어진다. 사물의 음양을 빌려 사람 몸의 음양을 변화시키는 것이다. 바로 이런 이치로 신농은 약으로 병을 치료할 수 있었다(『본초문답』 권 1)."

약이나 사람의 몸이나 모두 천지의 기를 받아 생긴 것이며 이런 점에서 모두 하나의 기라고 할 수 있다. 그러나 사람만이 온전한 기를 받았을 뿐이며 다른 모든 만물은 일정하게 치우친 기를 타고난다. 이 치우친 기는 음양이라는 틀로 파악되어 사람을 제외한 만물은 음이나 양에 속하게 된다. 물론 사람도 남녀가 각기 양과 음으로 나뉜다. 다시 말하면 다른 사물에 비해 사람은 온전한 것이지만 상대적으로 남자는 양기가 많고 여자는 음기가 많은 것이다. 따라서 남녀의 교합은 좀더 온전한 기를 갖추기 위한 필연적인 행위다(바로 여기에서 방중술이 시작된다).

만물을 음양으로 나누고 다시 음은 다시 음양으로 나뉘어 음 중의 음(陰中之陰)과 음 중의 양(陰中之陽)으로 세분된다. 양도 마찬가지다. 음양의

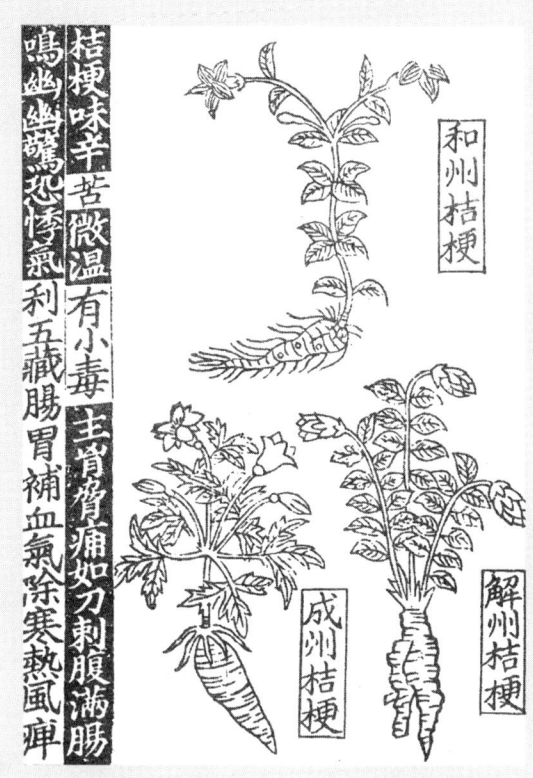

『증류본초證類本草』도라지 도판. 대부분의 음식물은 말리게 되면 기와 미, 특히 미가 강해진다. 도라지는 날로 먹으면 그냥 음식이지만 말려 쓰게 되면 '길경桔梗'이라는 약이 된다.

이러한 분류에 따라 만물은 각기 치우친 기를 갖게 된다. 그리고 이러한 치우친 기의 작용이 바로 사람의 몸에 미치는 효과에 해당하는 것이다.

음식은 이러한 약 중에서 치우침이 비교적 덜한 것을 말한다. 도라지는 갖은 양념에 무쳐먹을 때는 음식이지만 말려서 쓰게 되면● '길경桔梗'이라는 약이 된다. 율무도 그냥 쪄서 먹거나 갈아먹을 때는 음식이지만 말려서 쓰게 되면 '의이인薏苡仁'이라는 약이 된다. 음식과 약의 차이는 다름아닌 기의 치우침

● 음식을 말리면 일반적으로 그 음식의 기미는 더 강해진다. 방향성을 갖고 있는 경우는 방향성은 줄어들지만 다른 기의 작용이 더 강해지므로 기가 줄어든다기보다는 마르기 전의 기와 다른 기가 생긴다고 본다. 다시 말하면 효과가 달라진다고 보는 것이다.

이 어느 정도인가, 곧 내 몸에 미치는 효과가 얼마만큼 치우쳐 있는가에 따라 나눈 것에 지나지 않는다. 약이나 음식이나 그 근원은 같다(醫食同源)는 말은 바로 이런 의미다. 이 글의 처음에서 음식을 말하면서 약을 중점적으로 언급한 것은 바로 이러한 의식동원醫食同源이라는 전제 때문이다.

그런데 여기에서 문제가 되는 것은 음양과 더 나아가 오행이라는 분류 틀, 그리고 약과 음식이 몸과 관계하는 방식의 차이라는 문제다.

음양과 오행 그리고 유류類

음양과 오행은 자연과 사회와 몸이 하나의 고리로 연결되어 있다는 것을 전제로 한다. 다시 말하자면 우주는 하나의 기일 뿐이다. 이는 모든 사물은 서로 보편적 연관이 있다는 의미다. 다만 그 연관은 서로 분리되어 독립된 존재들 사이의 무차별적인 연관이 아니다. 모든 사물이 보편적으로 연관되어 있다는 말만으로는 아무런 내용도 가질 수 없다. 사물은 몸을 매개로 해서만 사물일 수가 있다. 한의학이 토대로 삼는 세계는 바로 이러한 몸을 매개로 한 세계다.

예를 들어 '천지인天地人'은 시간(天)과 공간(地)이 몸을 매개로 결합된 개념이다. 천지인은 사람을 중심으로 보면 한마디로 '사물事物'과 '정情'이라고 할 수 있다. '사事(시간)'와 '물物(공간)'은 사람 중심으로 파악한 천지며 그 사물이 사람에게 작용하여 드러난 것이 바로 정이다.

음양

음양은 주체와 일정한 관계로 결합되어 있는 대상을 파악하는 하나

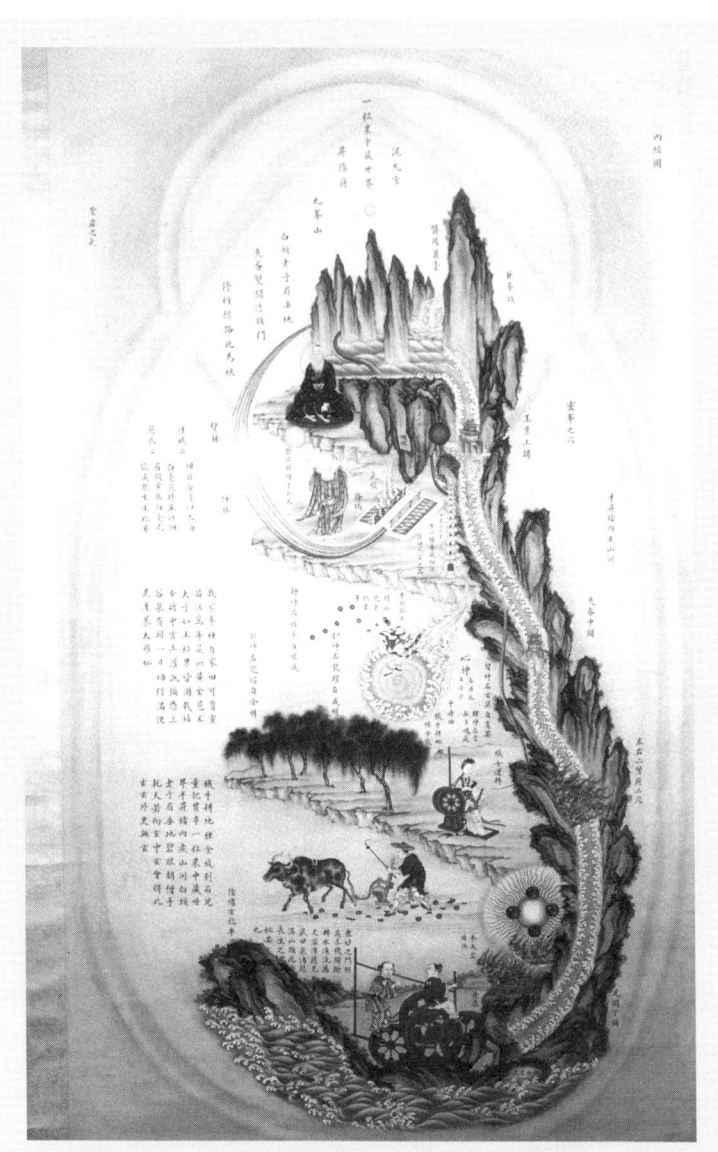

도교의 인체관을 보여주는 「내경도內景圖」.
자연과 인사가 몸과 하나임을 보여준다. 이 그림은 청나라 때의 그림으로 근대 서양과학의 영향이 반영되어 있다.

의 인식틀이다. 음양은 동적인 것과 정적인 것, 밝음과 어두움, 강한 것과 부드러움, 높은 것과 낮은 것과 같은 사물의 대립되는 두 측면을 말한다. 음양은 하나의 기에서 파생된 개념으로,『주역』의 방식으로 말하자면 "역易에 태극이 있어서 이것이 음양을 낳고 음양은 사상四象을 낳고 사상은 팔괘를 낳는다"는 것이다.『노자』의 방식으로 말하자면 "도는 하나를 낳고 하나는 둘을 낳고 둘은 셋을 낳고 셋은 만물을 낳는다(『노자』42장)." 여기에서 태극이나 '하나'는 기에 해당하며 '양의兩儀'와 '둘'은 음양을 말한다. 이것이 더 분화하여 만물을 이룬다.

만물을 이루는 과정에서『주역』은 사상(태양太陽, 소양少陽, 태음太陰, 소음少陰)이라는 단계를 더 설정하며 이에 따라 64괘까지 발전되며『노자』에서는 '셋'이라는 단계를 거쳐 만물을 이룬다. 이러한 기의 전개는 다시 오행과 결합되어 더 복잡한 체계를 이룬다.

음양에서 주의할 점은 그것이 모순 개념에서처럼 단순한 대립물이 아니라는 점이다. 음양은『주역』에서 언급한 것처럼 일정한 사회적 가치체계를 포함한 말이다. 음양 중 어느 것을 귀하게 여기는가는 시대나 사회마다 변동이 있었다. 일반적으로 황제黃帝의 역易이라고 하는 하夏나라의『연산역連山易』과 주周나라의『주역周易』, 그리고 황노지학黃老之學에서는 양을 귀하게 여기고, 신농의 역易이라고 하는 은殷나라의『귀장역歸藏易』과『노자』에서는 음을 귀하게 여기는 것으로 본다. 한의학은 황노黃老 계열의 학문으로 역시 양을 귀하게 여긴다.『황제내경』을 북방계 의학이라고 규정하기도 하는데, 이는 북방 도교계열에서 양을 귀하게 여기는 전통과 일치한다.

음양에 대한 해석은 역사상 다양하게 있었으며 현대에 와서도 여러 견해가 엇갈리고 있다. 그 중 한 예로, 서양에서 중국철학의 대가로 통하는 앤거스 그레이엄(A. C. Graham, 1919~91)에 따르면 음양에는 위와 아래, 지배와 피지배만 있다. 3(그레이엄에 따르면 '삼위일체trinity')에는 사이between/안within이라는 개념은 없다. '사이'라는 것은 주관을 객관화할 때에만 성립하는 개념이다. 그러므로 음양에는 대립을 만들어내는 제3의 것에 대한 고려가 없다.●

그러나 그렇다고 해서 그레이엄이 기대하는 것처럼 음양 개념에 신神과 같이 그 음양을 만들어내는 어떤 근본 원인이 필요한 것은 아니다. 그리고 실제 동양에는 3이라는 개념이 있었지만 그것은 발생적으로도 다른 경로가 있으며 또 그것은 천지인이나 음기, 양기, 충기沖氣와 같이 음양에 의해 생겨나거나 음양의 대립을 조화시켜 다양한 변화를 가져오는, 곧 만물을 구성해내는 계기로 설정된 것이지, 3 자체가 음양을 만들어내는 근본 원인으로 설정된 것은 아니다. 오히려 음양은 오행과 결합되어 대상의 다양한 측면을 분석해내는 틀로 자리 잡는다. 이러한 발전과정에서 만물을 만들어낸 근원으로서 제3의 신이라는 존재는 요구되지 않고 또 주관을 객관화하는, 거꾸로 말하자면 대상을 객관화하는 작업도 필요하지 않다.

● Graham, *Yin-Yang and the Nature of Correlative Thinking*, The Institute of East Asian Philosophies, 1986, 40~1쪽. 이 저술 외에도 서양의 중국철학의 명저로 통하는 *Disputers of the TAO*(우리말 번역: 『도의 논쟁자들』(새물결, 2003))가 있다.
●● 이런 점에서 마오쩌둥의 다음과 같은 주장은 매우 흥미가 있다. "사물 발전의 모든 과정 속에 있는 모순 운동만이 아니라 그 상호연관 속에서, 또한 그 각각의 방면이 갖고 있는 상황 속에서 우리는 반드시 그 특징에 주의를 기울여야 하며, 또한 과정이 발전하는 각 단계 속에서 그 특징에도 주의를 기울여야 한다(毛澤東,「矛盾論」,「矛盾的特殊性」, 中共中央毛澤東選集出版委員會 編『毛澤東選集』第一卷, 人民出版社, 1991, 第2版, 314쪽)."

오행

음양 개념이 일정한 가치체계를 포함한 한 사물의 대립되는 두 측면을 분석하기 위한 인식틀인 데 비해, 오행은 한 사물의 발전 과정과 단계, 사물들 또는 과정 간의 관계를 설명하기 위한 인식틀이다.●● 예를 들어 목화토금수木火土金水에 해당하는 간심비폐신肝心脾肺腎이라는 분류는 오장 상호간의 관계를 설명하기도 하지만 그것 자체가 몸의 기가 흐르는 과정을 말하는 것이다. 이런 관점에서 보면 장부라는 개념은 기가 흐르는 통로의 한 결절점結節點에 지나지 않는다. 마치 물이 흐르다가 연못도 이루고 호수도 이루듯이 장부 역시 그러한 기의 흐름의 선상에 있는 것이다.

오행 개념이 형성되던 초기에는 반드시 그런 것은 아니었지만 완성된 후에는 분명히 개별적인 실체를 지칭하는 개념은 아니다. 64괘 하나하나가 굳이 실제로 존재하는 개별적인 대상을 지칭할 필요가 없듯이 오행 하나하나는 개별적인 목木이나 화火로 대표되는 속성이나 작용을 지칭하는 것이다. 여기에는 우주를 구성하는 원소라는 발상은 없다. 곡식의 생산 과정에 필요한 요소로서 목화토금수가 설정되었지만 오행이라는 체계를 구성하는 순간부터 목화토금수는 개별적인 개체로서가 아니라 곡식을 생산하기 위한 한 과정의 각 단계를 지칭하는 상징이 되어버린다.

오행은 세계의 구성 요소를 다섯 가지로 환원하기 위한 도구가 아닌 것이다. 중국철학의 대가이자 하버드대학교 역사학 교수였던 벤자민 슈워츠(Benjamin I. Schwartz, 1916~99)의 지적처럼 오행에서 "현상의 모든 부류들은 모든 것을 포함하고 포용하는 비환원적 질서 속에서 자신들의 주체적인 존재를 유지한다. …… 이것은 경험된 세계의 다양한 현상들을 어떤 근원적인 물질로 환원하기보다는 이것들을 포섭하고 또 분류하려는 자세를 갖고 있는 전일성이다."● 환원주의는 실재와 현상 사이의 괴리, 경험의 비실재성을 전제로 한다. 실재와 현상을 분리한다는 것은 실재라는 것이 객관적으로 주체와 분리되어 존재한다는 의미며, 그렇기 때문에 실재가 드러나 주체에게 보이는 방식은 주체마다 다를 수 있다는 사실을 전제로 한다. 곧 경험의 비실재성을 전제로 하고 있다.

이러한 사고는 주체와 객체를 분리하지 않으면 성립하지 않는다. 그러나 전근대의

● 벤자민 슈워츠, 나성 옮김, 『중국 고대사상의 세계』(살림, 2004), 491~2쪽.

중국에서 모든 현상은 본질의 현상인 셈이며 경험은 본질의 경험이다. 주체든 객체든 모두 하나의 기에서 나온 것이며 따라서 주체와 객체가 분리되지 않기 때문에 현상과 경험의 문제는 제기되지 않는다. 오히려 현상과 경험을 벗어난 실재라는 것은 관심의 대상이 아닐 뿐만 아니라 현실적인 것이 아니다. 따라서 환원이라는 문제는 제기될 여지가 없다. 전근대의 중국에서 굳이 '우주를 구성하는 원소'라는 개념을 들라고 하면 그것은 기다. 그러나 이 기 역시 무형의 무질서에서 생긴 유형의 질서일 뿐이며 주체에서 독립된 객관적 실재는 아니다.

예를 들어 오행은 간심비폐신이 각각 하나의 장臟으로서 오행에 참가하고 있지만 그것은 몸 안에서 흐르는 기를 장부의 작용의 차이라는 차원에서 구분한 것뿐이다. 오행에 배속된 봄, 여름, 장하長夏, 가을, 겨울은 계절이라고 하는 동질적인 기후(天氣)의 변화과정을 다섯 단계로 분류한 것이다. 다시 말해서 오행은 동질적인 한 사물의 발전과정과 그 단계를 말한 것이다.

그런데 한 사물의 발전과정의 각 단계들은 다시 이질적인 다른 사물의 발전과정의 단계들과 관계를 맺는다. 장기의 발전과정의 한 단계인 간肝이 기후의 발전과정의 한 단계인 봄과 관계를 맺는 것이다. 이 관계는 한 사물의 발전과정의 한 단계와 다른 사물의 발전과정의 한 단계가 서로 같은 기(同氣)라는 것을 의미한다.

사물로서의 기는 다르지만 사물의 발전과정의 한 단계로서 작용하는 기는 같다. 예를 들어 발전단계로서의 간과 봄은 모두 살아나는 기운(生)이라는 점에서 같다. 그 대상은 몸에 같은 효과를 가져오기 때문이다. 여기에서 효과는 대상과 몸을 매개하는 고리다. 따라서 일견 아무 연관도 없어보이던 봄과 간, 푸른빛과 바람은 효과를 매개로 하여 목木이라고 하는 오행의 동일한 행(단계)으로 설정되어 서로 연관된다. 이런 사태가 가능한 것은 바로 자연과 사회가 몸에서 느끼는 효과라고 하는 매개로 연결되어 있기 때문이다.

이렇게 본다면 오행은 특정하게 분화된 어떤 기의 동질적인 내용을 구성하는 대상들 사이의 관계, 그 기의 발전과정과 다른 기의 발전과정 사이의 관계, 발전과정 내부에서의 발전단계 사이의 관계를 말하는 것이다.

이런 점에서 오행은 패턴pattern과 가깝다. 다만 패턴과 다른 점은 그것이 다섯으로 정형화되어 있다는 점과 그 다섯은 음양과 마찬가지로 일정한 가치체계 속에 편입되어 있다는 점이다.

음양과 마찬가지로 오행의 각 행行이 가치를 갖고 있다고 설정한 것은 사물의 발전과정에서 차지하는 각각의 지위, 역할의 차이를 드러내기 위한 것이다. 모든 사물의 발전과정은 항상 음양의 운동에 따라 이루어지지만 거기에서 주도적인, 주요한 측면은 양인 것처럼, 오행에서도 이를테면 화에 해당하는 심이 군주의 지위에 해당하는 것은 장기의 발전과정 또는 상호관계에서 심이 주도적인 지위, 주요한 측면임을 말하기 위한 것이다.

한편 삶이라는 관점에서 볼 때 木은 봄에 해당하여 살아나는 기운(발생지기發生之氣)을 갖고 있으므로 좋은 것이며, 반면에 金은 죽이는 기운(숙살지기肅殺之氣)을 갖고 있으므로 나쁘다. 물론 삶 자체도 개별적인 삶은 水(겨울)에서 끝나게 되지만 類로서의 삶은 다시 반복되는 것이므로 좋고 나쁘고의 문제는 특정한 개별적 차원 또는 과정에서 제기되는 문제다. 같은 계절이라고 해도 주체가 앓고 있는 병이나 체질에 따라 나쁠 수도 있고 좋을 수도 있다. 자연은 불인不仁한 것이다.

오행을 과정 또는 단계 사이의 관계로 볼 때 문제가 되는 것은, 예를 들어 木에는 간과 바람, 눈, 화(怒), 신맛과 같은 다양한 종류가 포함되며 金에는 폐, 마른 기운, 코, 슬픔, 매운맛과 같은 종류가 포함되어 다양한 층차가 있는 만물 사이에 일정한 오행의 계열이 형성된다는 점이다. 그리고 다른 차원으로 보이는 매운맛과 화의 관계가 오행의 논리에 따라 형성된다. 맛과 감정이라고 하는 일견 아무런 관계가 없어 보이는 사물들 간의 관계가 설정되고 있는 점이다. 예를 들자면 金은 木을 제어하기 때문에 화가 날 때는 매운맛을 먹어서 화를 삭일 수 있다는 것이다. 이 문제는 비류취상比類取象의 문제다.

비류취상

일견 달리 보이는 대상들은 그것이 갖고 있는 기의 동질성 여부로 같은 유類로 분류된다. 두 개의 같은 소리를 내면 서로 공명하는 것처럼 같은 기끼리는 서로 상감하며(동기상감同氣相感), 이런 경우 별개의 두 사물은 같은 기로 분류된다. 곧 유가 같은 것이다. 그러므로 서로 다른 수준의 기로 존재하는 사물들은 같은 유로 분류됨으로써 결국 주체에 같은 작용을 미치게 되고, 이런 의미에서 그것은 같은 유의 사물로 인식된다. 그 대상이 같은 유인지 아닌지 나누는 근거는 그 사물의 상象에서 얻는다. 그리고 이 상은 직관적 추상이라는 방법으로 얻게 된다.

직관은 주체의 감각에 기초한, 몸을 매개로 한 인식이다. 그러나 취상取象은 감각에서 일정한 추상 작용을 거친 것이다. 그리고 이때의 추상은 주체에서의 추상이다. 상품이라는 현상이 노동이라고 하는 본질적 규정에 도달하는 것은 상품 자체의 객관적 존재 방식에 따른 추상에 의한 것이다. 그러나 취상이라는 인식방법에서 추상은 나에게 대상이 어떻게 작용하는가에 따른 추상이다. 내가 보거나 냄새를 맡거나 듣거나 먹거나 하는 감각 행위를 통하여 그 작용을 느끼고(感) 상을 취하는 것이다.* 여기에서 주체와 대상을 매개하는 것은 주체의 느낌, 곧 오관을 통한 감각이다.

이러한 비류취상의 예를 『본초문답』에서 볼 수 있다. 이 책은 당종해가 지은 것으로, 그는 서양의 근대의학에 대해 중서회통中西匯通이라는 관점에서 서양의 근대의학을 흡수하여 전통적인 한의학의 내용을 보강하려는 태도를 취하고 있다. 그는 서양의 의학으로 한의학을 증명하고 서양의학 중에서 한의학적으로 부합되는 부분만을 취사선택하려 했다. 이런 점에서 서양의 근대 문물을 적극적으로 받아들였지만 오히려 그의 이론은 숭고주의를 벗어나지 않는다. 『본초문답』은 신농 이래의 전통을 되살리고자 하는, 이시진의 『본초강목』 이후 강화된 실용분류 경향에 대한 대응이었다고도 볼 수 있다.

『본초문답』에서 전근대에서 진행된 취상의 방식을 볼 수 있다. 이 책에서는 약물의 성性을 만드는 것이 무엇인가에 이렇게 말하고 있다.

"무엇에 따라 사는가에 근원을 두고 그 성이 이루어진다. 양기를 타고 자라는 것의 성은 양이고 음기를 타고 자라는 것의 성은 음이다. 음 중의 양기나 양 중의 음기를 타고 자라기도 하는데 모두 그 자라나는 것을 보고 구분한다."

그러므로 습지에서 자라는 것은 음의 성을 가지며 양지에서 자라는 것은 양의 성을 갖는다. 이러한 생태적인 관점과 더불어 형태 역시 취상의 중요한 요소다. 예를 들어 인삼은 줄기가 셋인데 각각 다섯 개의 잎이 난다. 3이나 5는 양수陽數기 때문에 비록 음습陰濕한 곳에서 자라지만 음에서 양이 생겨난 상이다. 그러므로 양적인 성을 갖지만(補氣) 동시에 음적인 성(生津)을 갖는 것이다. 이밖에 색, 계절, 방위 등이 중요한 상을 얻는 근거가 된다.

● '감感'에서 '함咸'은 뜯어먹는다는 의미도 있으며 『주역』의 함괘咸卦에 대한 풀이는 "함은 느낀다는 뜻이다. 부드러운 기운은 올라가고 강한 기운은 내려와서 두 기운이 감응하여 서로 더불어 머물러 기뻐하며 남자가 여자에게 낮춘다. 그러므로 모든 것이 형통하니 마음을 곧고 바르게 가져야 이롭다. 여자에게 장가가면 좋다"고 되어 있다. 음양의 두 기운이 만나 서로 주고받으며 느껴서 기쁘다. 『주역』에서는 서로 주고받음을 가장 분명하게 느낄 수 있는 일, 주고받음으로써 기쁜 일, 그것을 구체적으로 결혼이라고 말하고 있다.

다른 예를 더 들면 뱀은 '길다'는 상에서 水로 추상되며 기어다닐 때 구부러진다는 상에서 木으로 추상된다. 다른 예를 들어 호랑이는 사납고 날래며 단 한 번의 타격으로 소를 죽일 수 있으므로(象) 호랑이 뼈는 근을 강하게 하고 뼈를 튼튼하게 만드는(强筋壯骨) 것으로 인식된다. 호랑이가 울면 바람이 일고 바람은 호랑이를 따르므로 호랑이 뼈는 중풍이나 통풍을 치료할 수 있다. 이러한 주체의 감각에 기초한 추상에서 얻은 호랑이가 갖는 여러 상에서 호랑이는 서쪽 金(白虎)에 속하여(比類) 木에 해당하는 풍을 치료하는 것(金克木)이다.

이러한 직관에 기초한 추상으로 오행의 유가 나뉜다. 이렇게 유가 나뉘고 나면 오행의 유 사이에는 오행에 기초한 관계가 성립된다. 유가 주체의 감각을 매개로 형성된 것이기도 하지만 오행의 유 사이의 관계 역시 주체를 매개로 형성된다. 주체와 객체를 통일적으로 매개하는 것은 바로 미각이나 후각, 시각과 같은 주체의 감각이다. 따라서 주체의 감각은 의심스러운 주관성이 아니라 오히려 그것 없이는 대상을 알 수 없는 필연적 계기다.

여기에서 감각의 주체인 몸을 매개로 층차가 다른 다양한 사물들의 관계가 성립한다. 따라서 오행의 논리에 따라 심장(火)이라는 장기와 두려움(水) 또는 매운맛(金)의 관계가 자연스럽게 성립한다. 이러한 주객의 통일성은 삶을 살리는 방식(養生)의 문제 역시 통일적으로 파악하게 한다. 각 계절에 따라 옷차림은 물론 마음가짐까지 달리해야 한다는 말은 그런 예의 하나다.

마오쩌둥의 모순론과 오행설

마오쩌둥은 중국공산혁명 후 문화대혁명을 통해 전통과 우파에 투쟁을 전개했고, 다른 한편으론 인민의 의료 등 복지문제에 관심이 컸었다.『모순론』은 이러한 당내 우파와 교조주의를 견제하기 위해 씌어진 글이다.

한의학은 자연과 사회를 몸을 매개로 통일적으로 파악하여 실천하는 학문이다. 앞에서 본 그레이엄의 문제는 몸이라는 매개를 배제한 데에 있다. 음양은 신이 만드는 것이 아니라 바로 몸으로 느끼는 효과다. 그것이 추위나 고요함과 같이 몸에 음적인 것으로 분류된 효과를 가져오는가, 아니면 더위나 움직임과 같은 양적인 효과를 가져오는가에 따라 음양이 나뉜 것이지 관념에 의한 인위적인 분류로 생긴 개념이 아니라는 말이다. 해가 드는 곳을 양이라고 하고 그늘진 곳을 음이라고 하는 것도 바로 양지와 그늘이 몸에 미치는 효과를 말하는 것이다. 사회적 연관이라는 점에서도 마찬가지다. 화를 내는 것을 양이라고 하고 두려워하는 것을 음이라고 하는 것은, 화가 나면 열이 나면서 무언가 밖으로 배출하려 하고 두려워하면 몸이 움츠러드는 것과 같이 몸에 각각 양적인 또는 음적인 효과를 주기 때문이다. 이와 같이 자연만이 아니라 몸을 매개로 자연과 사회가 하나로 결합되는 것이다.

그러나 문제는 음양 개념이 특히 사회관계에서 일정한 가치체계를 갖는다는 점이다. 이는 마치 남자는 높고 존귀하며, 여자는 낮고 미천하다는 식으로 사회적인 차별을 합리화하는 수단이 될 수 있기 때문이다. 또한 오행에서는 火에 속하는 심을 군주로 설정하여 나머지 다른 장기들은 각기의 직책이 있는 신하가 된다. 이는 생물학적인 친소 관계가 예禮라고 하는 사회적 관계로 환원된 것이다. 이러한 관점은 한의학에만 독자적인 것은 아니며 전근대의 동아시아 사회에서 일반적인 사정이었다. 이는 마치 몸을 매개로 자연과 사회를 통일적으로 파악하는 것처럼 자연이나 사회에서의 관계를 몸에서의 관계와 동일시하는 것이다. 이러한 문제를 어떻게 보아야 할 것인가?

마오쩌둥(毛澤東, 1893~1976). 혁명정부의 중서中西의 결합과 전통의학 발전 정책의 성과로 나온 「자오유주도」를 살펴보고 있다.

이 문제에 대한 마오쩌둥의 다음과 같은 분석은 흥미롭다. 마오쩌둥에게 실천은 이론의 기준이다. 지금 분석하려는 『모순론』도 당내의 교조주의에 반대하기 위해 씌어진 것이다.

마오쩌둥에게 모순은 보편적인 것이다. 모든 사물은 대립과 통일이라는 과정을 통해 발전해가는데, 이러한 발전과정의 처음부터 끝까지 모순(의 운동)이 존재한다. 이것이 모순의 보편성이다. 그러나 더 중요한 것은 모순의 특수성이다. 인간이 물질을 인식하는 것은 물질의 특수한 운동형태를 인식하는 것이다. 다른 사물과 구분되는 운동형태의 특수성을 인식할 수 없다면 곧 그 사물을 인식할 수 없다는 말과 같다.

모든 운동형태에는 그 내부에 자신의 특수한 모순을 포함하고 있으며 이 특수한 모순이 한 사물을 다른 사물과 구별하게 하는 특수한 본질이다. 인간의 인식은 항상 개별적이고 특수한 사물의 인식에서 점차 일반적인 사물의 인식으로 확대해가는 것이며, 특수에서 일반으로, 다시 일반에서 특수로 나아가는 과정을 반복하며 심화된다. 따라서 각 사물의 특수한 본질을 인식해야만 모순의 보편성도 인식할 수 있다.

그런데 질적으로 다른 모순은 질적으로 다른 방법을 써야만 해결할 수 있다. 질적으로 다른 모순을 파악하기 위해서 중요한 것은 대상을 '매개'로 파악하는 것이며, 그러기 위해서는 사물 발전의 모든 과정에 존재하는 모순의 운동을 그 상호연결 속에서, 또한 그 각각의 특수한 정황 속에서 그 특징에 반드시 주의해야 할 뿐만 아니라, 그 과정이 발전하는 각 단계 속에서 나타나는 특징에도 주목해야 한다.

사물의 발전과정에는 많은 모순이 있는데 그 과정이 소멸될 때까지 그 과정을 주도하는 주요모순이 있지만 이것으로 규정되는 크고 작은 또 다른 모순이 존재한다. 주요모순도 발전과정이 진전됨에 따라 더 격화되기도 하고 완화되기도 하지만 부차적인 모순이 더 드러나기도 하고 새로운 모순도 생기기 때문에 과정에는 일정한 단계가 생기게 된다. 과정과 단계를 설정한다는 의미는 그 과정이나 단계에서 지도적이고도 결정적인 역할을 하는 주요모순을 찾는다는 것이다.

주요모순 중에서도 지도적이고 결정적인 역할을 하는 모순의 주요 측면을 파악하지 않고서는 어떤 실천도 할 수 없다. 질적으로 다른 모순은 질적으로 다른 실천으로만 해결되기 때문에 주요모순과 모순의 주요 측면을 파악하는 것은 매우 중요한 일이다. 또한 모순에는 적대적인 모순과 비적대적인 모순이 있다. 적대적 모순은 제거되어야 할 것이고 비적대적 모순은 비적대적인 방법으로 해결되어야 할 것이다.●

이러한 마오쩌둥의 논의는 마치 음양과

● 이상은 中共中央毛澤東選集出版委員會 編 『毛澤東選集』 第一卷(人民出版社, 1991, 第二版)에 실려 있는 「모순론矛盾論」의 내용을 정리한 것이다. 번역에서 김승일 옮김, 『모택동선집』 제1권(범우사, 2001)을 참조했다.

● 진단에 따라 약재를 배합하여 처방을 구성하는 원칙으로, 군약주약은 치료에서 주된 작용을 나타내는 약으로 주증主症 또는 주병主病을 치료한다. 신약은 주약을 도와서 주증을 치료한다. 좌약은 겸증兼症을 치료하는 약으로, 주약으로 해결할 수 없는 합병증 또는 부차적인 증상을 치료한다. 사약은 보조약으로, 주약의 독작용을 덜어주고 약 맛을 좋게 하며 여러 가지 부작용이 나타나지 않게 한다. 또는 어떤 약을 어떤 특정한 곳으로 이끌어가는 인경引經작용을 한다. 사회의 군신관계에 비유하여 약 사이의 질서를 세웠다.

오행의 논리를 모순이라는 말로 변용한 것처럼 보인다. 그리고 주요모순이라는 개념은 오행에서 심이 군주의 지위를 차지하는 이유를 설명해준다. 다시 말해서 심은 장기의 발전과정에서 주요모순에 해당하는 것이며 주요모순의 주요한 측면을 차지한다. 오행에서 일견 주관적으로 보이는 사회관계의 적용은 바로 이러한 측면에 대한 분석으로도 볼 수 있다. 이것이 처방을 구성할 때 군신좌사君臣佐使라는 개념이 도입된 이유이기도 하다. 또 음양이나 오행에 사회관계가 도입됨으로써 과정과 단계가 분명해지는 장점이 있고 단계 사이의 관계 역시 분명해지게 된다.

다만 마오쩌둥의 모순론과 오행설의 가장 큰 차이는, 오행설에서는 발전단계가 5로 규정되어 있다는 점이다. 또 하나는 비류취상과 연관된 것으로, 모순론에서는 여러 사물의 각 발전과정과 발전단계 사이의 관계를 설정하지 않는다는 차이가 있다. 오행설에서는 취상하여 얻은 유사이에는 거의 무제한적인 관계가 성립한다. 따라서 오행설은 수준을 달리하는 서로 다른 사물 사이의 관계에 대한 설명을 가능하게 해준다.

몸을 통해 기를 본다

기를 통해 음식을 본다는 것은 맛을 보고 기를 본다는 것이며, 맛을 보고 기를 본다는 것은 결국 몸을 통해 기를 본다는 것이다. 기는 몸을 통해서만 나타난다는 의미는 바로 음식에서 가장 분명하게 드러난다. 기라는 관점에서 볼 때 밥을 먹으면 배가 부른 것은 밥이 탄수화물과 지방과 단백질로 이루어졌기 때문이 아니다. 그것은 밥의 기운이 비위脾 胃를 채워주었기 때문이다. 기는 몸을 채우는 것이다(『관자』). 물을 먹으면 갈증이 없어지는 것은 그것이 H_2O이기 때문이 아니라 물은 오행의 水이기 때문에 火(갈증)를 제어하여 화의 기운이 줄어든 것뿐이다. 이러한 설명 체계가 가능한 것은 대상을 기로 보았기 때문이다. 다시 말하자면 대상을 몸을 통해서 보았기 때문이다. 이는 주객을 분리하지 않는 인식 방법이며, 주객의 온전한 합일에 이르는 가능성을 담보한 인식 방법이자 실천의 기초다.

주객이 합일된 인식은 대상에 대해 주체의 의지대로 자의적 작용을 하지 않는 것은 물론 대상을 보존한다거나 보호한다는 관점도 갖지 않는다. 예를 들어 자연은 개발 대상도 아니지만 보호 대상도 아니다. 주체인 사람은 자연의 논리에 따라 작용하고 또 자연은 자신의 논리를 사람의 몸을 통해 실현한다. 대상의 논리는 주체의 몸을 통해 확인되기 때문에 대상에 대한 주체의 자의적인 작용은 곧 병이라고 하는 현상으로 드러난다.

예를 들어 사용가치가 무시된 교환가치의 생산은 주객이 분리된 인식, 그런 세계에서는 아무런 문제가 되지 않는다. 적어도 그런 생산(작용)을 하는 주체에게는 아무 문제가 없다. 문제가 되면 다시 대상에 보완적인 작용을 가하거나 그도 아니면 오염되지 않은 곳으로 옮겨가면 그만이다(이른바 휴양산업의 근거가 바로 여기에 있다). 오늘날 공해문제나 자연파괴를 보는 생태학적인 사고도 대부분 보완의 정도 차이일 뿐 주객을 분리하여 본다는 점에서는 교환가치의 생산체계와 별다른 것이 없다.

이에 비해 주객이 합일된 인식, 그런 실천은 대상에 대한 잘못된 작용은 곧 병이라는 결과를 가져오기 때문에, 대상에 대한 자의적 실천이

원천적으로 배제되지는 않는다고 해도 적어도 자기 제어의 기전을 내포하고 있다는 점에서 자연과 인간의 공존을 가능하게 한다.

주객합일의 인식체계에서도 역시 인간은 중심이다. 다만 그 중심은 자연의 논리 속에서만 존재할 수 있다. 따라서 인간중심주의(인본주의)와 같은 대상에 대한 무한한 작용(이윤추구)도 불가능하지만 그렇다고 대상에서의 고립도 불가능하다. 왜냐하면 주객합일이라는 전제 자체가 주체의 대상에 대한 지속적인 작용을 의미하기 때문이다. 다만 그것은 대상의 논리 속에서, 대상의 논리가 주체에게 관철되는 관계다. 그리고 이런 관계 속에서 자연과 인간의 화해가 가능하며 나아가 그런 관계를 기초로 사람 사이의 관계, 곧 윤리(禮) 역시 새롭게 세울 수 있을 것이다.

6강
음식 속의 氣味를 찾아서

음식과 약의 기미

기미란 무엇인가

한의학에서 한약을 가리키는 본초本草는 기미氣味일 뿐이다. 본초는 병을 치료하기 위해, 또는 생명력을 강화하기 위해 먹는 것이다. 일상적인 생활을 위해, 또는 병을 치료하기 위해 먹는 음식도 기미氣味일 뿐이다. 기와 미는 무엇인가? 기와 미를 몸 안과 겉이라는 관점에서 볼 때 먼저 몸의 겉에서 느끼는 기는 온도이며 미는 맛이다. 그러나 몸 안에서 느끼는 기와 미는 모두 효과다.●

음식은 몸을 통해서 몸에 나타나는 기미의 효과로 느낀다. 이런 의미에서 사람이 먹고 사는 것은 음식이 아니라 음식의 기미다. "하늘은 사람에게 다섯 가지 기운(五氣)을 먹여주고 땅은 다섯 가지 맛(五味)을 먹여준다."●● 하늘과 땅으로 구

● 음식을 기미로 파악하는 것은 데모크리토스에 따르면 '서출庶出'에 해당하는 물질의 성질(제2의 성질)을 파악한 것이다. 곧 보기, 듣기, 맛보기, 느끼기, 냄새 맡기 등 객관성이 없는 지식이다(코플스톤, 『그리스 로마 철학사』(철학과 현실사, 1998), 179쪽).
●●『소문』, 「육절장상론편제구」.

성된 우주 도식에서 하늘의 기와 땅의 미味는 곧 만물을 구성하는 것인데 오직 사람만이 하늘과 땅의 온전한 기를 얻은 존재이며 다른 만물은 기와 미의 치우침을 얻었다. 그러나 만물은 온전함과 치우침의 차이는 있지만 둘 다 모두 기미라는 점에서, 그리고 넓은 의미에서의 기라는 점에서는 같은 것이다. 따라서 기미가 있는 음식은 곧 사람이다.

음식의 기

음식에서 기는 한열寒熱 작용을 한다. 어떤 음식이 몸에 들어가서 몸을 덥게 하는가 아니면 차게 하는가 하는 작용을 구분하는 틀이 바로 음식의 기다. 예를 들어 마늘이나 고추, 겨자 같은 것은 몸을 덥게 하기 때문에 더운 음식이다. 반대로 오이나 메밀, 보리 같은 것은 몸에 들어가 몸을 차게 하기 때문에 찬 음식이다.

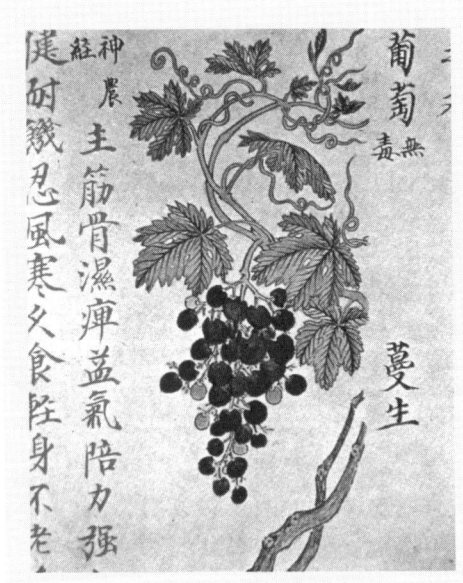

「증류본초」.
포도는 그 성질이 차서 사상의학에서는 양기가 많은 태양인에게 매우 중요한 음식이라 약이 된다.

음식의 기가 차다, 덥다는 말은 그 음식의 온도를 의미하는 것이 아니다. 음식의 온도도 포함될 수 있지만 그보다는 그 음식이 몸에 들어가 몸을 덥게 하거나 차게 하는 기의 작용과 그 효과를 음양이라는 틀로 나눈 것이다. 몸을 차게 만든다는 것은 체온이 내려가는 것만이 아니고, 예를 들어 설사를 한다든지, 목이 말라도 정작 물은 먹으려 하지 않는다든지, 뜨거운 음식을 좋아한다든지, 소변이 맑고 많이 나오는 등의 상태가 된다는 것이다. 반면에 덥다는 것은 몸에서 열이 나는 것은 물론 변이 굳어 변비가 된다든지, 목이 말라 물을 많이 먹는다든지, 찬 음식을 찾는다든지, 소변이 적고 붉어진다든지 하는 상태가 되는 것이다. 그래서 마늘은 아무리 시원하게 해서 먹어도 몸을 덥게 하며 메밀은 뜨거운 국물에 말아먹어도 몸을 차게 만든다.

음식이나 약물에서의 기는 네 가지로 나뉜다. 그것은 한열온량寒熱溫涼이다. 그러나 온량溫涼이 정도의 차이라고 보면 음식의 기는 곧 한열寒熱이고 한寒을 열이 없는 것으로 본다면 음식의 기는 열熱이다. 이렇게 보면 음식의 기에 대한 논의는 여전히 양陽을 중시하는 내경의학의 전통을 잇고 있다.

그런데 이 음식의 기에는 한열만 있는 것이 아니고 승강부침升降浮沈이라는 운동도 포함된다. 대개 더운 것은 위로 올라가며 찬 것은 아래로 내려온다. 따라서 한열온량과 승강부침은 함께 작용하게 마련이다. 그래서 대개 맵고 더운 음식은 기를 위로 올리며, 쓰고 찬 음식은 기를 아래로 내린다.

음식의 맛

미味는 맛이다. 이 맛은 입에서 느끼는 미각을 기초로 하지만 더 중요한 것은 그것이 몸에 들어가 어떤 작용을 해서 어떤 효과가 나는가

● 이와 연관하여 연구방법과 서술방법, 상향과 하향, 논리적인 것과 역사적인 것이라는 범주의 문제가 고려되어야 한다. 梯明秀,『ヘーゲル 哲學と資本論』(未來社, 1960), 第四章 참조.

하는 점이다. 오미五味는 각각 매운맛은 발산하며 신맛은 수렴하며 단맛은 누그러뜨리며 쓴맛은 굳게 하고 짠맛은 부드럽게 한다. 이는 거꾸로 발산하기 때문에 매운맛으로 분류되며 수렴하기 때문에 신맛으로 인식된다고도 볼 수 있다.●

어떤 사람은 매운맛은 맛이 아니고 통각痛覺과 온도 감각이 복합된 피부 감각이라고도 하지만, 한의학에서 말하는 맛은 입에서 느끼는 맛이라기보다는 그 맛이 몸에 들어가서 작용한 결과 느끼게 되는 효과를 말하는 것이다. 그러므로 그것이 미각이든 통각이든 관계가 없다. 오히려 미각이나 통각은 혀에서 느끼는 맛이나 아픔의 정도만을 말하고 있다는 점에서 한의학적인 관점에서 보면 큰 의미가 없다.

우리말에 "밥맛이 없다"는 표현이 병이나 여러 가지 이유로 맛을 제대로 느끼지 못해 실제로 입맛이 떨어진 경우도 있지만, 마음에 들지 않거나 '재수가 없다'는 심리 상태를 표시할 때도 있는 것처럼 맛이란 혀에서 느끼는 맛만이 아니고 온몸으로 느끼는 효과를 말한다. 이런 점에서 맛도 기와 마찬가지로 몸을 통해 드러나는 대상의 주체에 대한 작용이다.

다섯 가지 맛은 먼저 입으로 들어가 장과 위에 저장되는데, 맛에는 각자 저장되는 곳이 있어서 각각 오장의 오기를 기른다.

한의학에서 말하는 다섯 가지 맛은 오행의 목화토금수의 순서대로 신맛, 쓴맛, 단맛, 매운맛, 짠맛이다. 신맛은 몸 안에 들어가 수렴하는 작용을 한다. 그러므로 신맛은 기침은 그치게 하거나 자기도 모르는 사이에 저절로 흘러나오는 소변 같은 것을 멎게 하고 땀을 그치게 한다. 간의 기운을 북돋운다.

쓴맛은 열을 내리고 설사를 하게 하거나 습기를 말린다. 심장의 기운을 북돋운다.

단맛은 팽팽한 기운을 느슨하게 하면서 촉촉하게 적셔주는 역할을 한다. 또 기운을 보하는 효과도 있다. 비장의 기운을 북돋운다.

매운맛은 열과 땀을 내며 뭉친 기운을 흩어지게 하는 효과가 있다. 폐의 기운을 북돋운다.

쓴맛은 굳은 기를 부드럽게 풀어준다. 신장의 기운을 북돋운다.

이처럼 다섯 가지 맛은 각각의 효과가 다를 뿐만 아니라 오장과 관계도 다르다. 또한 오행의 한 '행行'으로서 자신이 속한 장기 외의 다른 장기와도 일정한 관계를 맺게 된다. 바로 이런 원리를 근거로 몸의 상태에 따라 입맛도 달라진다.

일반적으로 몸 안에 열이 있으면 입맛이 써지고, 몸이 차면 짠맛을 좋아한다. 입맛이 너무 단 경우에는 비위脾胃에 습열이 있는 경우이며, 신맛이 돌거나 신물을 삼키는 것은 체했거나 간에 열이 있는 것이다.

요리의 도道

그러나 음식의 온도도 중요하다. 얼린 마늘도 몸을 덥게 하지만 살짝 구운 마늘은 더운 기를 더 많이 갖게 된다. 반면에 찬 기를 갖는 음식도 따뜻하게 먹으면 찬 기운이 줄어든다. 예를 들어 우유는 찬 음식인데, 이를 따끈하게 데워 먹거나 끓여 먹으면 찬 기운이 줄어들어 설사 같은 찬 기운의 작용을 줄일 수 있다. 그래서 너무 찬 것은 덥게, 너무 더운 것은 차게 하는 것, 그렇게 함으로써 몸에 미치는 치우친 작용을 줄여 몸의 음양 균형을 갖게 하는 것, 이것이 바로 요리의 도道다.

모든 음식은 약보다는 덜하지만 모두 치우친 기와 미가 있다. 이런 치우친 기나 미를 오래 먹다보면 몸도 어느 한쪽으로 치우친 기를 갖게 된다. 이를 조절하려는 것이 바로 요리다. 기의 관점에서 볼 때 음식에 열을 가하거나 찬 기운을 가하는 것은 바로 이러한 목적 때문이며 이렇게 요리된 음식을 먹음으로써 몸을 온전하게 기를 수 있는 것이다. 그리고 우리가 보통 '맛있다'고 느끼는 것은 바로 이런 음양의 조화가 잘 된 음식을 먹고 느끼는 몸의 반응이다.

일반적으로 데치는 것보다는 삶는 것이, 삶는 것보다는 볶는 것이, 볶는 것보다는 튀기는 것이 더운 기운을 많게 해준다. 여기에 시원하게 먹는 것은 날로 먹는 것보다 찬 기운을 더해준다. 물론 얼리면 찬 기운은 가장 커진다. 대개 따뜻한 것은 보하는 기운이 많으며 찬 것은 쏟아내는(瀉) 기운이 많다.

맛있는 음식, 맛없는 음식

그러나 사람들이 개별적으로 느끼는 맛이란 반드시 음양이 조화된 것만을 맛있게 여기지는 않는다. 흔히 중국음식은 식으면 맛이 없다고 한다. 그것은 중국 요리가 대부분 찬 기운을 갖고 있는 돼지기름을 사용하거나 돼지를 재료로 사용하기 때문에 찬 기운을 중화시키는 열이 있을 때 더 맛을 내고 식으면 찬 기운이 강해지기 때문에 맛이 없다고 느낀다. 이는 몸으로 느끼는, 효과로 느끼는 온도에서의 음양의 조화를 고려한 맛이다. 차를 따끈하게 먹는 것도 차의 찬 기운을 따뜻한 기로 완화하는 것이다.

반면에 차거나 더운 기운을 더 강하게 하여 그 치우침을 맛있게 여기기도 한다. 예로 미지근한 냉면을 누구나 맛없게 여기는 것이 그것이다. 찬 기운이 많은 차茶를 차게 식혀서 먹는 것도 그런 예다. 찬 기운을 더 강화하기 위한 것이다. 그러나 이런 음식은 크게 치우쳤기 때문에 오래, 늘 먹을 수는 없다. 일시적인 효과가 필요한 경우 외에는 바람직하지 않은 방법이다. 예로 냉면을 많이 먹고 설사를 하는 경우도 있고 더운 음식을 많이 먹고 어지럽거나 눈이 침침해지기도 한다. 어떤 사람이 점심으로 더운 개고기를 먹고 저녁에 다시 더운 장어를 먹고 나서 일주일 동안 잠이 오지 않았다고 한다. 사람이 잠들게 되는 것은 몸에 음기가 많아지기 때문이다. 밤도 음기가 많은 때다. 그러므로 잠들게 된다. 그런데 이 사람은 더운 음식, 곧 양기를 더해주는 음식을 너무 먹어서 상대적으로 양기가 많고 음기가 적어서 잠이 오지 않았던 것이다.

그러나 개인적으로 느끼는 맛이란 각 개인의 상태에 따라 다르다. 그래서 심하게는 몸이 찬 사람은 시원하게 냉장했던 맥주를 실온이나 그보다 더 따뜻하게 데워서 먹기도 한다. 또 음양의 기만이 아니고 오미라고 하는 미味 역시 그것을 맛있게 여기는 데에는 개인 차가 있다. 예를 들어 평소 신 것을 먹지 않던 사람이 임신한 다음부터 유난히 신 것만 찾는 경우가 있다. 이는 신 것을 먹어서 임신 초기에 필요한 木의 기운, 발생하는 힘을 얻으려는 것이다.* 이처럼 자신의 몸 상태, 더 자세히는 오장의 상태에 따라 몸에 필요한 맛을 얻으려는 것이기 때문에 입맛은 자연스럽게 변한다. 어린이의 입맛과 어른의 입맛이 다른 이유나 술을 좋아하는 사람이 단맛을 싫어하는 이유, 특정한 질환이 있는 사람이 특정한 맛을 탐하는 이유는 모두 그 사람의 몸 상태에 달려 있는 것이다.

그러므로 맛있는 음식은 누구에게나 똑같이 맛있는 것이 아니다. 오히려 고정된 맛은 몸의 균형을 더 파괴하게 된다. 따라서 맛있는 음식만 찾아다니는 것은 내 몸의 균형을 파괴하기 위해 노력하는 것과 똑같다. 나에게 필요한 기와 미를 찾으면 되는 것이다. 그러기 위해서는 먼저 '허무虛無한

● 임신 과정에 따라 즐기는 맛이 달라지는 것을 한의학에서는 양태설養胎說과 연관하여 설명한다. 양태설은 임신한 개월 수에 따라 내용이 달라지기 때문에 '축월양태설逐月養胎說'이라고도 하는데, 이에 따르면 매월마다 태아를 기르는 기가 정해져 있어서 그 기를 잘 길러야 한다. 임신 1개월째에 태아를 기르는 기는 '족궐음간경足厥陰肝經'이므로 간에 해당하는 木의 기를 길러야 하고 木의 기를 더해주는 신맛을 먹어야 하는 것이다.
이 양태설은 북제北齊의 서지재徐之才, 492~572)가 만들었다고 하는데, 이 내용은 『제병원후론諸病源候論』에 실린 뒤 『천금요방千金要方』 『외대비요外臺秘要』 등에 다시 실렸다.

●허영만, 「식객: 1 맛의 시작」(김영사, 2003).

입맛을 필요로 한다. 허무한 입맛이란 어느 하나에 집착하지 않는 입맛을 말한다. 마치 마음이 허무하여 어느 하나에 집착하지 않고 늘 평상심平常心을 유지할 수 있는 것처럼 단맛이나 매운맛 등 어느 하나에 고정된 입맛은 허무한 것이 아니다. 특정한 맛에 고정되어 있기 때문이다. 특정한 맛에 집착하기 때문이다. 『회남자』에서 말한 것처럼 비워져 있어야 쓸 수 있다(『회남자』「원도훈」).

또 하나, 음식은 항상 사람이 만들고 또 사람과의 관계 속에서 먹게 된다는 점에서 모든 맛에는 인간관계에서 드러나는 인정人情이 각인되어 있다. "맛을 느끼는 것은 혀끝이 아니라 가슴이다. 그러므로 세상에서 가장 맛있는 음식은, 이 세상 모든 어머니의 숫자와 동일하다"●는 말은 음식과 인정의 관계를 가장 적확하게 말하고 있다. 이 인정 역시 기로 이루어진 몸들 사이의 관계라는 점에서 역시 기다.

맛에서의 허무

이런 점에서 음식을 '맛있게 여기기'는 음식을 제대로 먹기 위한 매우 중요한 태도다. 『노자』「독립獨立 80」에서 "네가 먹는 것을 달게 여겨라(甘其食)"하고 『소문』「상고천진론편上古天眞論篇 1」에서 "네가 먹는 것을 맛있게 여겨라(美其食)"라고 한 것은, 무엇이 되었든 자기가 먹게 되는 음식을 맛있게 여겨야 건강할 수 있다는 말이다. 여기에는 음식 욕심을 버려서 마음을 허무하게 하려는 의도가 들어 있다.

먹는 음식을 달게 여기기 위해서는 먼저 한두 가지 맛에 집착해서는 안 된다. 단 것만 좋아하거나 매운 것만 좋아하는 경우는 자기가 좋아하는 맛 외의 맛을 달게 여길 수 없다. 그러므로 주어진 음식을 달게 여길 줄 알아야 긍정적인 마음가짐을 갖게 되고 몸의 건강도 보장할 수 있는 것이다.

그러나 다른 한편 이 말에는 음식을 둘러싼 사회적 갈등을 관념적으로 해결하려는 의도도 들어 있다. 예를 들어 매일 보리밥과 된장만 주어지는 사람에게 '맛있게 여기기'를 말한다면 그것은 그 사람의 마음을 허무하게 만들지는 모르지만, 몸의 건강이라는 점에서는 음양, 나아가 오장의 균형을 파괴할 뿐이다. 사회적 갈등 역시 전혀 해결되지 않는다. 주어진 음식을 맛있게 여기기가 정치적 필요에 따라 주어지고 또 이를 관념적으로 승인할 수 있을지 모르지만 몸은 거짓말을 하지 않는다.

그러므로 '맛있게 여기기'는 마음의 허무를 지향하는 것이라기보다는 입맛의 허무를 지향하는 것으로 이해해야 한다. 내 몸에서 진정 필요한 것이 무엇인지 제대로 짚어낼 수 있는 입맛을 늘 갖는 것이 바로 허무한 입맛의 상태다.

오지五志의 어느 하나의 지志에 치우치지 않고, 또한 어느 하나의 '지'에 얽매이지 않는 것이 허무인 것처럼, 맛에서도 어느 하나의 맛에 치우치지 않고, 또한 어느 하나의 맛에 얽매이지 않는 것이 허무다. 화낼 만한 일이 있는데도 화를 내지 않거나(못하거나) 슬퍼해야 할 일이 있는데도 슬퍼하지 않는(못하는) 무감각, 무감동의 상태가 허무가 아닌 것처럼,● 단맛을 단맛으로 느끼지 못하고 쓴맛을 쓴맛으로 느끼지 못하는 것이 맛에서의 허무는 아니다.

맛에서 허무를 지향하는 것은 바로 대상과 주체의 온전한 합일을 위한 조건이다. 음식이라는 차원에서 외부의 기와 내부의 기가 하나로 결합되는 매개가 바로 맛이며, 따라서 이 매개인 맛을 온전히(허무하게) 한다는 것은 주객의 합일을 위한 조건이 되는 것이다.

● 유교에서는 이런 사람들은 불인不仁한 사람이라고 말한다. 불인하다는 것은 한의학 용어로, 마비되어 감각이 없는 것이다. 꼬집어도 아픈 줄 모르고 불에 닿아도 뜨거운 줄 모르는 것이 불인한 것이다. 사회에서도 마찬가지로 물에 빠지려는 아이를 구하려 하지 않는 것은 불인한 것이다.

음식의 정情, 음식은 가려먹어야 한다

음식은 하나의 재료로 이루어지기도 하지만, 많은 경우 두 가지 이상의 재료가 필요하다. 이는 어떤 하나의 재료가 갖고 있는 치우친 기미를 다른 재료의 기미로 보완하거나 완화하거나 아니면 더 강화하기 위한 것이다.

● 七情은 단행單行, 상수相須, 상사相使, 상오相惡, 상외相畏, 상반相反, 상쇄相殺다.

음식이 갖고 있는 기미가 작용하여 드러난 것을 정情이라고 한다. 마치 성리학에서 말하는 성정性情과 같은 개념이다. 어떤 음식이 그 하나로, 또는 다른 음식과 만나 드러내는 작용이 바로 정인데, 이를 한의학에서는 일곱 가지(七情)로 나눈다.

어떻게 배합하느냐에 따라 요리된 음식의 작용은 현격하게 달라질 수 있다. 따라서 아무 음식이나 서로 섞어서 좋은 것이 아니다. 그리고 이런 배합은 짧게는 100~200년, 길게는 천 년 이상 경험해서 재구성되고 증명되어야 한다. 이른바 음식궁합이라는 말은 이 칠정七情의 구체적인 예를 보여주는 것이다. 예를 들자면 돼지고기를 소금이나 간장에 찍어먹기보다는 새우젓에 찍어먹는 것은 돼지고기의 찬 기운을 새우의 더운 기운으로 중화하기 위한 것이다. 돼지고기를 상추가 아니라 깻잎에 싸서 먹는 것도 마찬가지 이유다. 냉면을 먹을 때 육수의 찬 온도와 메밀의 찬 기운을 중화하기 위해 더운 겨자를 조금 넣는 것은 지나치게 찬 기운을 누그러뜨리기 위한 것이다. 이런 경우 "음식의 궁합이 잘 맞는다"고 한다.

어느 민족이나 사회든 그 구성원이 늘 먹어온 전통적인 음식은 거의 대부분 음식 사이의 궁합이 잘 맞게 되어 있다. 또한 계절적으로도 철따라 먹는 음식이 정해져 있는 것은 계절의 변화에 따른 몸의 변화를 배려한 것이다.

제철음식이라는 말이 그렇지만 음식의 재료가 언제 나는가 하는 문제도 중요하다. 한의학에서는 계절마다 자라나는 음식에는 그 계절의 기가 포함되어 있다. 그래서 여름에 자라는 쌀은 따뜻한 기운이 있어서 겨울에 먹기 좋고, 추운 겨울을 지나는 보리는 찬 기운이 있어서 여름에 먹기 좋다. 그러므로 아무 때나 아무 음식끼리 서로 결합할 수 있는 것은 아니다. 계절과 음식의 기미, 또 그런 재료들의 정情과 거기에 미치는 요리의 작용을 모두 고려하여 나온 것이 가장 이상적인 음식이다. 우리의 전통 한식은 바로 이러한 원리와 방법에 따라 오랜 세월에 걸쳐 이루어진 음식이다.

반면에 일부에서 유행하는 퓨전 음식이란 개념은 맛의 다양성만을 추구하는 것으로, 앞에서 말한 기미와 정情이라는 관점을 결여하고 있다. 뷔페 역시 마찬가지다. 다양한 맛을 한꺼번에 맛볼 수 있다는 것이 큰 장점처럼 보이지만 음식의 궁합을 고려하지 않고 먹게 된다는 점에서는 제대로 된 식사로 볼 수 없다.

앞에서도 말했지만 음식은 최소한 100~200년의 경험을 통하지 않고는 제대로 된 음식으로 자리 잡을 수 없다. 이런 점에서 퓨전 음식은 좀더 조심스러워야 하고 뷔페를 먹는 사람들은 이것저것 가리지 않고 먹는 습관을 버려야 한다. 실제 뷔페를 여러 번 경험해본 사람은 그렇게 다양하게 먹지 않는다. 먹고 나서 별로 몸에 좋았다는 느낌이 없었기 때문에 자신도 모르게, 자연스럽게 가려 먹는 것이다.

음식의 도道

음식에는 기미가 있으며, 음식 상호간의 관계도 있다. 그런데 이 음식이 몸으로 들어오면 위로 가서 소화되고, 그 다음 각각의 음식은 영양분이라는 이름으로 뭉뚱그려져 몸의 여기저기로 이동하는 것이 아니라 각

●『소문』「선명오기편宣明五氣篇 23」.

자의 길을 간다. 음식이 각자의 길을 가는 것은 각자의 맛에 따라 오장으로 가는 것이다. 신맛은 간으로 들어가고 매운맛은 폐로 들어가며, 쓴맛은 심장으로 들어가고 짠맛은 신장으로 들어간다.● 각각의 맛은 자신이 속한 장기로 들어간다. 맛이 어떤 장기로 '들어간다'는 것은 그 장기의 기를 기른다, 북돋운다는 말이다. 따라서 어떤 특정한 맛을 많이 먹게 되면 그 장기의 기가 크게 된다. 오행의 논리가 그러하듯이 지나치게 크게 되면 병이 된다. 이런 점에서도 고착된 입맛은 결국 특정 장기는 물론 다른 장기까지 해치게 된다.

또한 음식은 이처럼 맛에 따라서도 들어가지만 경락의 이론에 따라서도 들어간다. 이는 어떤 음식이 몸에 들어가 어떤 경락에 작용하는가, 곧 어떤 치료 효과가 있는가 하는 차원에서 파악한 것이다. 이를 한의학에서는 귀경론歸經論이라고 한다. 예를 들어 도라지는 맛이 쓰고 맵다. 그리고 폐경으로 돌아간다(歸). 이는 도라지가 폐경의 병인 해수나 천식에 효과가 있음을 말한 것이다. 도라지가 쓰고 맵기 때문에 쓴맛은 심장과 폐장으로 들어가서 심장과 폐장의 기를 길러주지만 다른 한편에서는 폐경의 병을 치료한다는 측면에서는 폐로 돌아간다고 본 것이다. 그러므로 귀경론은 치료라는 관점에서 경락을 기준으로 음식을 인식한 것이다.

음식은 달거나 쓰거나 어느 하나의 맛만 있는 경우도 있지만 두세 가지의 맛이 함께 있는 경우도 있다. 귀경에서도 하나의 경맥에만 들어가는 것도 있지만 여러 경맥에 동시에 들어가는 경우도 있다. 이는 치료 범위가 그만큼 넓다는 말이기도 하다.

육식인가 채식인가

개고기를 먹어도 되는가 아닌가 하는 문제는 한의학적으로 보았을 때는 기미의 문제일 뿐이다. 개고기의 미는 달고 짜고 시며 기는 따뜻하다. 그리고 신경腎經으로 돌아간다. 그러므로 개고기는 미가 여러 가지듯이 그것이 키우는 장기도 여럿이다. 그 중에서도 특히 신경으로 돌아가 신양腎陽을 보한다. 쉽게 말해서 음위증陰痿症에 좋다는 말이다. 신양이 허할 때 음식 중 개고기만큼 효과가 있는 음식은 드물다. 따라서 개고기는 몸에 필수불가결한 음식이 된다. 일반적으로 개고기는 몸이 허약하거나 비위脾胃가 약할 때도 좋고 허리가 아프거나 손발이 찬데, 신허腎虛로 귀가 잘 들리지 않을 때도 좋다. 큰 병을 앓고 난 뒤에는 반드시 개고기를 먹게 되어 있다. 따라서 한의학의 관점에서 개고기는 몸을 일반적으로 보하면서 특히 신양腎陽을 보하는 매우 중요한 음식이다. 또 약으로도 사용된다.

개고기 논쟁에서 보는 것과 같이 모든 음식에는 역사적·문화적 의미가 포함되어 있다. 오누키는 이를 '자기 은유로서의 음식'이라고도 말한다.● 확실히 음식은 그것을 먹는 사람을 결정한다. 마치 경제학에서 그 사람이 무엇을 어떻게 생산하고 소비하는가에 따라서 그 사람의 사회적 관계가 결정되는 것처럼.●●

그런데 특정한 음식 한두 가지가 문제가 아니라 육식 자체를 폐기하려는 시도도 보인다.●●● 그러나 모든 음식이 그러하듯이 육식과 채식의 몸에 대한 관계는 서로 다르다. 따라서 그 어느 것도 온전한 몸을 위해서는 폐기할 수 없는 것이다. 그리고 그것은

● 오누키 에미코, 박동성 옮김, 『쌀의 인류학』(소화, 2001), 제1, 7, 8장 참조.

●● 이런 문제와 연관하여 안도 쇼에키(安藤昌益)의 견해는 주목할 만하다. 고바야시 히로유키(小林博行), 『食の思想』(以文社, 1999) 참조. 안도는 한의학에서 말하는 腎精 대신 穀精을 설정하고 있다. 이렇게 되면 사람은 곧바로 곡식과 같은 수준에서 논의할 수 있게 된다. 이에 비해 마르크스는 인간을 사회적 관계의 총체로 규정한다.

●●● 채식주의자들이 모두 그러하다. 제레미 리프킨, 신현승 옮김, 『육식의 종말』(시공사, 2002)은 육식 문제를 다양하게 분석하면서 그것을 자본주의의 모순과 연관짓고 있다. 그러나 그의 문제제기는 자본주의에 대한 절망적 분노 또는 생산력에 대한 공포를 내보일 뿐, 자본주의의 모순이 곧 자본주의의 종말이 아님을 외면하고 있다는 점에서 일면적이다. 그리고 소유나 노동과 마찬가지로 육식 자체가 자본주의의 본질이 아님에도 마치 소유나 노동 또는 육식의 종말이 자본주의의 모순을 해결하는 방안인 것처럼 설명함으로써 오히려 자본주의의 모순을 왜곡하는 측면도 간과할 수 없다. 이밖에 조금 다른 차원의 문제제기지만 에릭 슐로서, 김은령 옮김, 『패스트푸드의 제국』(에코리브르, 2001)도 참고할 수 있다.

● 「소문」 「장기법시론편藏氣法時論篇 22」.
●● 이 부분은 야마자키 이쿠코(山崎郁子), 「中醫營養學」(第一出版, 1995), 9쪽의 내용을 정리한 것이다.

자연을 구성하는 방식이다. 『황제내경』에서는 이렇게 말한다.

"약은 나쁜 사기를 물리치며 다섯 가지 곡식은 몸(오장의 기)을 길러주고 다섯 가지 과일은 몸이 자라는 것을 도와주며 다섯 가지 가축은 몸이 자라는 데에 더 보태주며 다섯 가지 채소는 몸을 채워준다. 음식의 기와 미를 함께 먹음으로써 정精을 보하고 기를 보태준다."●

여기에서 보는 것처럼 채식과 육식은 각각 몸에 미치는 효과가 다르다. '몸의 기, 특히 오장의 기를 어떻게 키우는가'라는 측면에서도 다르지만 음양으로 보면 식물은 음이고 동물은 양이기 때문에 몸 전체의 음양 두 기의 조화라는 측면에서도 다르다. 따라서 채식이나 육식 어느 한 쪽을 고집한다면 몸은 음이나 양 어느 한 쪽으로 치우친 기를 갖게 된다. 따라서 사람은 잡식동물이어야 한다.

서양의 근대과학에서는 여기에서 일반적으로 육식의 중요성을 강조한다. 그것은 동물 단백질이 근육이나 조직, 혈액의 조성에 미치는 직접적 영향 때문이다. 그러나 서양의 근대과학에서 볼 때도 우리가 섭취한 것이 근육이나 조직 등으로 되는 것은 뇌의 명령에 따른 것이며, 이러한 뇌의 활동에 필요한 것은 포도당으로, 이 포도당은 곡물에서 얻는 것이다. 또한 단백질이나 지방이 산출한 에너지는 그 최종대사물이 체내에 머물게 되면 인체에 일정한 해를 끼치는 데 비해 곡물 에너지는 그러한 해가 없다.●●

족발과 닭발

앞에 인용한 『황제내경』의 문장에서는 다섯 가지 음식의 종류(약을 포함하여)가 모두 필요함을 말하고 있다. 몸에 대한 효과가 다르기 때문이다. 여기에 더하여 『황제내경』에서는 음식의 기와 미를 모두 먹어야 한다고 말하고 있다. 다시 말하여 음식을 추출하여 기氣만을 먹거나 반대로 추출한 찌꺼기, 곧 미味만 먹거나 해서는 안 된다는 것이다. 일반적으로 기와 미를 다 먹는 방법은 날로 먹

● 음식에 독이 있을 때는 데치거나 삶은 물을 버리기도 한다. 여기에서도 독은 지나치게 치우친 기미다.
●● 이와 연관하여 압력솥의 문제도 생각해보아야 한다. 압력이 가해지면 1기압에서 끓일 때와 다른 성분이 우러나올 것은 분명한 일이며 또한 불필요한 기가 빠져나가지 못한다는 점도 분명하다. 이런 성분이 몸에 어떤 효과를 가져올지에 대해서는 현대 과학의 수준에서는 아직 알 수 없다.

거나, 불로 가열하여 삶거나, 말려서 먹는 것이다.˙ 예를 들어 소를 잡으면 피나 간 등은 날로 먹는다. 그밖의 육질은 날로 먹기도 하고 굽거나 삶아서 먹게 되며 일부는 말려서 포를 해두었다가 먹는다.

약을 쓰는 방법도 마찬가지다. 한약은 여러 가지로 만들지만 가장 기본적인 방식은 약재 그대로 가루 내어 쓰거나 물에 달이는 방식 두 가지다. 이미 그 방법은 충분히 알려져 있었지만 특수한 경우를 제외하고는 일반적으로 증류 추출이나 알코올 추출과 같은 방식을 채택하지 않는다. 또 물로 달일 때에도 1기압에서 수증기의 출입이 적당히 통제되는 방식을 쓴다. 약탕기를 종이로 된 약봉지로 싸매는 이유가 여기에 있다.˙˙ 이와 연관하여 압력솥의 문제도 생각해보아야 한다. 압력이 가해지면 1기압에서 끓일 때와 다른 성분이 우러나올 것은 분명한 일이며 또한 불필요한 기가 빠져나가지 못한다는 점도 분명하다. 이런 성분이 몸에 어떤 효과를 가져올지는 현대과학의 수준에서는 아직 알 수 없다.

다른 한편 음식의 기미를 전부 먹는다는 말은 가공 방식, 좁게는 추출 방식의 문제만은 아니다. 여기에는 음식이 되는 재료 전부를 대상으로 한다는 의미도 포함되어 있다. 우리는 소를 잡으면 살만 먹는 것이 아니라 꼬리뼈를 포함한 모든 뼈, 무릎, 염통, 혀, 생식기 등 거의 모든 부분을 먹게 된다. 『동의보감』에 따르면 소를 먹는 부위는 모두 18종이다. 『본초강목』에는 오장 등을 더 세분하여 33종 이상이 열거되어 있다.

여기에 고기의 부위에 따른 구분(안심, 등심, 사태 등)까지 더하면 소는 그야말로 각 부위마다 쓰임이 별개라고 볼 수 있다.

음식의 대상이 되는 재료는 기미의 치우침이 있기는 하지만 그 자체로서는 하나의 소우주를 이루고 있다. 따라서 그 재료의 각 부분은 다양한 기미의 결합으로 이루어져 있다고 볼 수 있다. 식물은 뿌리와 줄기, 가지, 열매, 꽃, 잎 등으로 이루어져 있는데, 각 부위마다 저마다 기미를 갖고 있으며 이러한 기미가 모여 하나의 식물을 이루는 것이다. 따라서 어떤 식물이 달고 따뜻한 기미가 있는 것으로 파악된다 하여도 그 식물을 이루고 있는 각 부위는 기미가 서로 다를 수 있으며 따라서 그 식물의 전체를 쓰기도 하지만 각 부위를 나누어서 달리 쓰기도 한다.

예를 들어 우리가 먹는 귤의 속살(귤육橘肉)은, 기는 차고 맛은 달며 시다. 그래서 소갈증을 멎게 하고 입맛을 돋우며 소화를 돕는다. 반면에 귤껍질(진피陳皮)은, 기는 따뜻하고 맛은 쓰고 맵다. 가슴에 뭉친 기를 없애고 위로 치미는 기를 내리고 소화를 돕는다. 이질도 그치게 하며 담을 삭이는 데 좋다. 구역질도 그치게 하며 대소변을 잘 통하게 한다. 그래서 숙취의 여러 증상을 없애는 데도 효과가 좋다. 귤껍질에 붙어 있는 흰 속은 갈증을 멎게 하고 술을 마신 뒤 토하는 것을 다스린다. 씨(귤핵橘核)는 요통과 아랫배가 아프면서 소변을 보지 못하는 것을 치료한다. 덜 익어서 푸른빛이 나는 귤껍질(청피青皮)은 기는 따뜻하고 맛은 쓰다. 기가 막힌 것을 뚫어주고 소화를 잘 시키며 적積이 뭉친 것을 풀어준다. 귤잎은 가슴으로 치미는 기를 내려가게 하고 간의 기를 잘 돌게 하며 젖이 붓는 것을 치료한다.* 귤 하나만 보더라도 이처럼 각 부위마다 기미가 다르고 쓰임이 다르다.

또 다른 예로 돼지는 水에 속하는 동물로 그 기는 신腎으로 돌아간다. 기는 차기 때

● 이상은 『동의보감』 탕액편湯液篇 「과실부果實部」의 귤에 관한 내용이다.

문에 족소음신경足少陰腎經의 나쁜 열을 내린다. 맛은 달면서 짜다. 약간의 독이 있다고 했다. 차기 때문에 열독熱毒을 없애는 효과가 있다. 그런데 돼지의 부위 중 족발(猪蹄)은 기가 차고 맛은 달다. 기를 보하고 산후 젖이 잘 나오게 한다(이때는 주로 족발 삶은 물을 마신다). 족발 삶은 물로 헌데를 씻으면 헌데가 마르면서 아픔이 멎는다. 돼지 역시 거의 모든 부위를 먹을 수 있지만 골은 먹지 않는다. 독이 있기 때문이다.

닭은 털의 색에 따라 다소 차이가 있다. 흰 닭은 시고 약간 따뜻하며 붉은 닭과 검은 수탉은 달고 약간 따뜻하고 검은 암탉은 달고 시며 따뜻하며 누런 닭은 달고 시며 평平하고 오골계는 달고 평하다. 닭 벼슬의 피(鷄冠血)는 짜고 평平하여 눈병에 쓰이며 몸에서 나온 피는 골절과 팔다리가 저리고 마르는 데 쓰며 간은 신腎을 보하고 담은 눈을 밝게 하고 똥집의 안쪽 누런 막(鷄內金)은 달고 평하여 설사나 소변 질환에 쓰며 소화를 돕는다.

이를 서양의 근대과학적인 시각에서 본다면 부위마다 성분이 다르거나 또는 단백질 몇 퍼센트, 지방 몇 퍼센트처럼 성분의 배합이 다르다는 말로 표현할 수 있다. 그러나 문제는 현재 수준의 서양 근대과학으로서는 한의학에서 말하는 이러한 기미의 차이를 분석할 수 없다는 점이다. 무엇보다도 성분을 추출하기 위해서는 알코올과 같은 물이 아닌 용매를 사용해야 하며(여기에서 추출되는 성분의 차이가 생긴다) 알려진 물질 외의 부분에 대해서는 분석이 불가능하기 때문이다. 따라서 현재 수준의 서양 근대과학에서 알 수 없는 부분, 곧 기미를 온전하게 추출하는 용매인 물로 추출된 물질에 포함된 모르는 부분은 불순물로 처리될 수밖에 없다. 서양의 근대과학에서 '과학적으로' 또는 '객관적으로' 증명되지 못하면, 정확히 말하자면 자기가 증명할 수 없으면 배제해버린다.

이러한 태도는 음식 재료의 가식可食 부분을 가려내고 나머지를 버리

● 야마자키 이쿠코, 앞의 책, 51쪽.

는 재료의 '폐기율廢棄率'이라는 개념에서도 나타난다. 서양의 근대 영양학에서 "식품 성분표에는 분석 수치의 처음에 '폐기율'이라는 항목이 설정되어 있어서 그것을 제외한 것이 먹을 수 있는 부분이고, 가식 부분 1,000gm당의 수치가 열거되어 있다. 곧 일상적인 식습관에서는 폐기되는 부분이 있다고 처음부터 생각하는 것이다." 그래서 "물고기 같은 경우는 평균 35퍼센트 전후가 처음부터 먹지 않는 부분으로 취급된다. 육류의 폐기율은 0퍼센트로 되어 있지만 이것도 처음부터 가식 부분인 육질과 내장 부분에 한정하고 있기 때문이다."● 그러나 한의학에서는 처음부터 가식 부분은 그 재료의 전체가 된다. 물론 그 중에는 독이 있거나 씹거나 삼킬 수 없어서 가식할 수 없는 부분도 있다. 그렇지만 이런 부분을 제외한 나머지는 모두 먹을 수 있는 것으로 상정되며 또 각 부위마다 다른 기미가 있는 것으로 인식한다. 음식의 대상이 처음부터 그 음식의 전체로 설정되고 있는 것이다.

이는 음식의 각 부분이 서로 다른 기미가 있으며 따라서 몸에 미치는 영향 역시 다르기 때문에 음식 전체를 먹는다는 발상은 몸의 균형을 위해 매우 중요하다.

몸이 음식과 관계하는 데 영향을 주는 요소들

여기에는 먼저 몸에게는 체질, 연령, 성별 등이 중요한 요소이며 몸을 둘러싼 환경이라는 관점에서는 계절, 지리, 주거 조건 등이 중요하다. 사회적 환경이라는 점에서는 경제적 조건, 정치 및 인간관계 등이 중요하다. 이러한 조건들은 몸에 칠정七情이라고 하는 변화를 가져온다. 곧 감정의 문제를 야기하며 일곱 가지로 분류된 칠정은 몸이 음식과 관계하는 데 직접적으로 작용한다.

체질과 음식

체질은 그 사람이 타고난 바탕이다. 『동의보감』에 따르면 '질質'은 기가 분화하여(太初) '형形'이 생기고 나서(太始) 그 사물을 그 사물이게끔 만드는 바탕이다. '질'이 생긴 뒤에야(太素) 비로소 병이 생긴다. '질'은 다른 사물과 구분되는 개별적인 특수성을 뜻하는 것이어서 '체질'이라는 말에는 이미 사람마다 바탕이 다르다는 의미가 포함되어 있다. 이러한 체질이라는 말은 의학적으로는 같은 병이라도 체질에 따라 치료 역시 달라져야 한다는 사실을 의미한다. 이는 음식에도 그대로 적용된다. 체질에 따라 음식이 달라져야 한다는 것이다.

음양으로 체질을 나누어본다면 음적인 체질은 일반적으로 몸에 찬 증상이 많다. 몸이 차기도 하고 설사 같은 음적인 증상이 나타나는 것이다. 그래서 똑같은 냉면을 먹었어도 쉽게 설사하는 사람이 있고 오히려 쾌변을 보게 되거나 몸이 더 가벼워지는 사람도 있다. 이런 몸의 차이는 그 사람의 음식에 대한 기호에서도 드러난다. 냉면을 즐겨 찾는 사람이 있는가 하면 마지못해 먹는 사람도 있다. 얼음을 띄운 찬물이 아니면 못 먹는 사람이 있는가 하면 한여름에도 따끈한 물을 먹는 사람도 있다. 이러한 기호의 차이는 몸의 '질質', 곧 체질의 차이다.

체질의 차이를 구분하는 방식은 매우 다양하다. 그것은 사상의학이나 히포크라테스의 사체액설四體液說처럼 4일 수도 있고 『내경』처럼 5일 수도 있다. 그러나 그것은 사람의 바탕을 구성하는 기본 요소가 무엇인가에 따라 나뉜 것이지 체질이라는 기본적인 관점을 벗어난 것은 아니다. 사상의학은 폐비간신肺脾肝腎이라고 하는 네 장기의 기의 대소大小를 기준으로 나눈 것이며, 사체액설은 화수풍토火水風土, 불교의학에서는 지수화풍地水火風, 『내경』에서는 목화토금수木火土金水를 기준으로 나눈다.

어떤 기준으로 나누든 각 요소 사이에 균형을 이루는 것이 체질 분류의 목적이다. 체질을 나눈다는 것은 주체의 관점에서 음식의 섭취나 병의 치료, 나아가 양생 방법을 달리해야 한다는 것을 의미한다.

한의학에서는 기본적으로 음양 또는 오행에 따라 체질을 분류한다. 따라서 마찬가지로 음양과 오행으로 분류된 음식의 기미에 따라 음식을 가리게 된다. 체질에 따라 음식이 달라지기도 하지만 같은 음식이라도 요리 방식이 다르게 된다. 이는 모두 음식이 몸에 작용하는 방식을 조절하기 위한 것이다.

나이에 따라 먹는 것도 다르다

사람의 나이란 사람이 태어나고 자라면서 겪는 사계절의 주기를 말한다. 이 계절의 주기는 양기가 솟아나는 봄에서 시작하여 양기가 숨어버려 음기만 남은 겨울에서 끝난다. 사람 역시 봄과 같이 순수한 양기 덩어리(純陽之體)로 태어나 온전한 음기가 되면 죽는다. 따라서 나이는 한 개체가 태어나서 자란 생물학적인 시간이라기보다는 사계절로 파악된 자연주기와의 관계다. 나이는 그러므로 12월 31일에 태어난 아기는 뱃속에서의 1년을 포함하여(한 살) 태어난 다음날인 1월 1일에는 두 살이 된다.

한의학에서 나이는 이와 같이 자연의 기와 밀접한 관계가 있어서 파악되는 주기다. 그냥 기라고 해도 사람과 자연의 관계가 포함되지만 특별히 자연과의 관계 속에서 파악할 때는 인기人氣라고 한다.

한의학에서 사람의 나이를 보는 관점은 두 가지다. 하나는 자연의 기 흐름과의 관계에서 보는 '인기'와 몸을 재생산하고 그 개체의 생명력을 추동해 나가는 '신기腎氣'가 그것이다.

사람의 기와 자연의 기 사이의 관계를 기준으로 해서 보았을 때 인기는 10년을 주기로 변한다. "사람이 태어나 10세가 되면 오장五臟이 비로소 안정되고 혈기血氣가 소통되기 시작하며 진기眞氣가 아래에 있어 뛰어놀기를 좋아한다. 20세에는 혈기가 왕성해지기 시작하고…… 빨리 다니기를 좋아한다. 30세에는…… 천천히 걷기를 좋아한다. 40세에는…… 기혈氣血이 그득하게 차서 동요하지 않으므로 앉기를 좋아한다. 50세에는…… 눈이 어두워지기 시작한다. 60세에는 심기心氣가 약해지기 시작하여 근심하거나 슬퍼하기를 잘하고 혈기가 늘어져서 눕기를 좋아한다. 70세에는 비기脾氣가 허약해져 피부가 마르며, 80세에는 폐기肺氣가 약해지고 백백魄이 떠나 헛소리를 잘한다. 90세에는 신기腎氣가 말라 나머지 네 가지 장기臟器와 경맥經脈이 완전히 비어버리게 된다. 100세가 되면 오장이 모두 허약해지므로 신기神氣가 떠나고 뼈만 남아 죽게 된다."●

이에 비해 신기를 중심으로 보면 "여자는 7세에 신기腎氣가 왕성해져서 이(齒)를 갈고 머리가 길어지며, 14세에는 천계天癸가 꽉 차서…… 월경이 때맞추어 나오므로 자식을 둘 수 있으며…… 35세에는 양명맥陽明脈이 쇠약해져서 얼굴이 초췌해지기 시작하고 머리카락이 때로 빠지며…… 49세에는…… 천계天癸가 다 말라 월경(地道)이 통하지 않게 되므로 형形이 허물어지고 자식을 낳을 수 없게 된다."

"남자는 8세에 신기腎氣가 실해져 머리카락이 길어지고 이를 갈며, 16세에는 신기가 왕성해져 천계天癸가 꽉 차며 정기精氣가 넘쳐흘러 음양이 조화되므로 자식을 낳을 수 있으며…… 40세에는 신기腎氣가 쇠약해져 머리카락이 빠지고 이가 마르며…… 64세에는 이와 머리카락이 빠지게 된다."●●

따라서 자연과의 관계에서 보면 사람의

● 『靈樞』, 「天年第五十四」.
●● 이상 『素問』, 「上古天眞論第一」.

기는 오장과 혈기의 기가 중요하며 몸의 주기로 보면 신기(신기의 물질적 표현이 곧 '천계'다)가 중요하다. 따라서 이러한 몸의 변화에 맞추어 음식도 조절해야 한다. 아이에게 좋은 음식이 노인에게 좋은 것은 아니며 음식을 먹는 방법도 나이에 따라 달라져야 한다.

남자음식, 여자음식

전근대에서 남녀라고 하면 거기에는 소아와 노인이 포함되지 않는다. 남자(그냥 사람이라고도 하고 '장정莊丁'이라고도 한다)는 부역과 물질적 부, 사람을 재생산하는 주체며 여자(이런 사람을 '부인婦人'이라고 한다)는 사람 자체를 재생산하는 주체다. 그러므로 앞의 인용에서 본 것처럼, 남자는 16세에서 64세, 여자는 14세에서 49세까지의 사람을 말하게 된다. 남녀 모두 16세와 14세 아래는 소아이며 64세와 49세 이상은 노인이다. 간단히 말하자면 한의학에서 남자와 여자는 모두 사람을 재생산할 수 있는가 아닌가의 차이로 구분된다. 이는 신기를 중심으로 본 것이다. 신기를 중심으로 사람을 구분하는 바탕에는 사람이 중요한 생산력이면서 목적인 사회가 상정되어 있다.

이에 비해 상품의 생산이 중요한 목적인 사회에서는 생식 능력과는 관계없이 경제활동을 할 수 있는가, 다시 말하자면 상품을 생산할 수 있는가의 여부가 사람을 나누는 중요한 기준이 된다. 전근대에서 사회보호 대상에 과부나 홀아비 등이 포함된 것은 경제적인 불리함도 고려되어 있지만 그보다는 이들이 사람을 생산할 수 없는 조건에 처해 있기 때문이다. 이에 비해 근대사회에서 장애인이 보호 대상에 포함되는 것은 그들이 상품 생산에서 장애가 있기 때문이다.

사람의 재생산 주체로서의 남녀는 소아나 노인과는 음식이 달라질 수밖에 없다. 한마디로 남녀에게는 신기를 잘 길러주는 음식이 필요한 것이다.

● 「醫學正傳」 卷之四 「諸氣」.

이런 규정은 사회적인 것이며 당연히 남자와 여자가 갖는 생리적 차이에서 오는 규정도 있다. 생리적으로 보았을 때 여자는 음적이며 남자는 양적인 존재다. 그러므로 "남자는 양에 속하여 기를 얻어도 쉽게 흩어지고 여자는 음에 속하여 기를 만나면 막히기 쉽다. 그래서 일반적으로 남자의 기병은 적고 여자의 기병은 많게 마련이다. 따라서 여자는 혈血을 조절하여 그 막힌 기를 풀어주어야 하며 남자는 기氣를 조절하여 혈을 길러주어야 한다."※

따라서 사회적인 의미에서 남녀에게 필요한 것이 신기를 북돋워주는 음식이었다면 생리적 관점에서 필요한 것은 혈 또는 기를 길러주는 음식이다. 단적으로 말하자면 남자에게는 양기를 북돋워주는 음식, 여자에게는 월경을 잘 통하게 하는 음식이 필요하다. 한국 남성들의 지나친 보신문화가 문제로 되기도 하지만 거기에는 이러한 한의학적인 관점이 깔려 있는 것이다.

이에 비해 상품생산 사회에서 남녀의 구분은 의미가 없다. 마치 상품의 개별적인 차이와 특성을 해소하여 대량생산이 가능했던 것처럼, 여기에서 필요한 것은 상품을 생산하기 위해 필요한 영양소지 남녀의 혈기 차이에 따른 음식의 구분이 아니다. 상품생산을 목적으로 하는 근대 공장에서 남녀의 음식을 구분해서 공급한다는 것은 있을 수 없는 일이다. 성별에 따른 분업 역시 마찬가지다. 사회적으로나 생리적으로 남녀의 차이가 해소된 근대 공장에서 생리나 출산 휴가가 비용으로만 고려되는 이유는 바로 이런 데에 있다.

자연적 조건

자연은 하늘과 땅이다. 따라서 하늘의 기는 사계절의 기, 곧 풍한서

● 『素問』「四氣調神大論第二」.　　습조화風寒暑濕燥火다. 각 계절은 서로 다른 기를 갖고 있고 거기에 따라 사람의 기도 바뀌기 때문에 음식도 계절에 맞게 조절해야 한다.

각 계절에는 각 계절의 기가 있다. 봄은 양기가 솟아나기 시작하는 때다. "봄의 삼 개월은 묵은 것에서 새롭게 돋아나는 계절(發陳)이다. 천지天地가 다 살아나고 만물이 싱싱하다. (봄에는) 늦게 자고 일찍 일어나야 한다. 한가로이 뜰을 거닐며 머리를 풀어헤치고 몸을 느긋하게 하여 마음에 무언가 자꾸 생기게 해야 한다. (살아 있는 것을) 살리되 죽이지 말며 남에게 베풀되 빼앗지 말며 상賞을 주되 처벌하지 말아야 한다. 이것이 봄기운에 맞추어 (봄의 덕德인) 싹틈(生)을 기르는 도道이다."●

봄의 기운에 맞추려면 수렴시키는 음식이 아니라 봄의 기운인 뻗어나는 기를 가진 음식을 먹어야 한다. 다른 계절도 마찬가지다. 그러면 어떤 음식이 봄의 기운을 갖고 있는가? 일반적으로 특정 계절에 난 음식은 그 계절에 필요한 기를 갖고 있다. 그러므로 특정 계절과 맞는 음식은 바로 그 계절에 난 음식이다. 제철음식을 먹어야 한다는 말은 바로 이런 의미다.

또한 봄에는 특히 뻗어나는 간의 기운을 북돋워야 한다. 그러므로 간에 들어가 간의 기를 키우는 음식을 먹는다. 이 역시 봄에 나는 음식은 대부분 간의 기를 북돋워준다. 봄나물이 대표적인 예다. 제철음식은 그 계절에 필요한 기와 그 계절에 더 키워야 하는 장부의 기를 함께 공급한다.

땅이라는 조건도 마찬가지다. 땅이 높은지 낮은지, 습한지 건조한지, 추운지 더운지 등의 조건에 따라 각각 그에 반대되는 것으로 보충해야 한다. 땅에서 자라는 동식물은 일차적으로는 그 땅의 기운을 받는다. 그러나 다른 한편 동식물은 자신의 기가 지나치게 치우치는 것을 막고 온전한 기를 유지하기 위해 그 땅의 조건과 반대되는 기를 갖게 된다.

예를 들어 인삼은 그늘에서 자라지만 양기를 품고 있다. 물이 잘 빠지는 모래 같은 조건에서 잘 자라는 감초는 자신이 자라는 땅이 건조함에도 다른 것을 촉촉하게 적셔주는 기운을 갖고 있다.

어떤 동식물이 자신이 자라는 하늘과 땅의 조건을 어떻게 반영했는가. 그 결과 그 동식물이 어떤 기미가 있는가 하는 데에는 편차가 크다. 여름에 자라 여름에 수확했다고 해서 모든 음식이 더운 기운만 갖고 있는 것이 아니며 반대로 찬 기운만 갖고 있는 것도 아니다. 습한 지역에서 자랐다고 습하게 하는 기운만 갖고 있는 것도 아니며 반대의 경우도 마찬가지다.

어떤 음식이 어떤 기운을 갖고 있는가 하는 문제는 단순한 하늘과 땅의 기운만으로 결정되는 것이 아니라 그 음식의 색과 모양, 맛, 움직임 등 다양한 요인에 따라 결정된다. 한의학의 진단은 바로 이런 인식을 위한 방법론이다. 보고 듣고 만져보고, 그리고 무엇보다도 먹어보고 아는 방법이다. 그리고 이러한 인식의 결정체가 '본초本草'라는 이름으로 정리된 체계다.

『동의보감』에서는 유독 여름만은 양생하기 어렵다고 말한다. "사계절 중 오로지 여름만은 조섭調攝하기 어렵다. 복음伏陰이 몸 안에 있어 뱃속이 차고 설사를 하기 때문이다. 신腎을 보하는 탕약이 없어서는 안 되며 음식물이 조금이라도 차면 먹기를 그만둔다. 심心은 왕성하고 신腎은 약한데 무엇을 삼가야 하는가? 다만 정기精氣가 빠져나가는 것을 경계할 뿐이고 잠자는 곳은 삼가 밀폐된 공간이 마땅하다. 뜻과 생각을 고요하게 하여 심기心氣를 조화롭게 한다. 얼음물과 과일은 사람에게 유익하지 못하여 가을이 되면 반드시 학질과 이질이 생기게 된다"고 했다.●

사람의 몸은 계절의 변화에 따라 변하는 것이어서 이러한 변화에 맞추어 음식도 달

● 『동의보감』 제1권 신형, 「사계절에 맞는 양생법」, [동의과학연구소 옮김, 『동의보감』 제1권 (휴머니스트, 2002), 173쪽].

라진다. 앞에서 든 예처럼 여름에는 음기가 몸 속으로 숨는다. 다시 말하면 몸의 겉은 더워지지만 속은 차게 되는 것이다. 냉면을 여름이 아니라 겨울에 먹어야 한다는 것은 몸 속이 차지는 여름에 속을 더 차게 만들기 때문이다.

　이처럼 음식은 계절의 변화, 그에 따른 몸의 변화에 맞추어 먹어야 한다. 그러나 이런 문제가 떠오른다. 계절(하늘)과 땅, 몸의 변화를 어떻게 다 고려하면서 음식을 먹을 것인가? 또 그 많은 음식의 기미 하나하나를 어떻게 알 수 있는가, 또 알아도 그걸 어떻게 다 고려하면서 먹는가? 답은 간단하다. 그것은 전통이다. 각 민족, 사회는 오랜 역사를 지나면서 자신들에게 맞는 가장 정확한 음식 먹는 방식을 만들어왔다. 하나의 예를 들자면 여름에 삼계탕을 먹는 것이 그것이다. 삼계탕은 더운 기운을 갖고 있는 닭고기에 열을 내주는 인삼을 넣어 만든 더운 음식이다. 그러므로 속이 차지는 여름에 맞는 가장 정확한 음식인 셈이다. 이처럼 전통적으로 먹던 방식을 그대로 따르면 그것이 바로 양생을 위해 가장 정확한 음식이 된다.

　이런 의미에서 하늘(계절)과 땅(지리) 그리고 몸이라는 조건을 해소하여 세계인의 입맛을 하나로 만들어버리려는 다국적 회사의 패스트푸드나 음료는 가장 나쁜 음식이다. 전통에 없는 특이한 음식을 먹어보는 것은 그야말로 특이한 경우에만 해당하는 것이다. 병이 들어 음양의 균형이 깨졌다든가 아니면 한때의 입맛을 위해 비전통적인 음식을 먹을 수는 있지만 일상적으로 전통을 벗어나게 되면 곧바로 몸의 균형을 파괴하여 병을 가져오게 된다. 돼지기름을 일상적으로 먹던 중국 사람들이 패스트푸드가 들어오면서 성인병, 특히 청소년의 성인병이 급증한 예는 바로 이런 사정을 잘 말해주고 있다.

사회적 조건

사회는 사람 사이의 관계를 바탕으로 규정된다. 사회는 제도가 아니라 제도화된 사람 사이의 관계다. 그리고 사람 사이의 관계가 물질을 매개로 드러나는 것이 정情이다. 따라서 몸의 관점에서 사회적 관계는 정을 통해 표현된다. 이를 한의학에서는 칠정七情이라고 한다. 칠정은 그 자체는 병이 아니지만 한 개인에게서 드러나게 되면 이미 병으로 작용한다.

풍(바람)이 모든 병의 시작이라고 한다면 칠정은 모든 병의 바탕이다. 똑같은 병이라도 실제 임상에서는 각기 다른 칠정의 상태를 바탕으로 해서 생긴다. 근대라는 사회는 사람과 자연과의 관계보다 사람 사이의 관계가 더 결정적인 영향을 미치는 사회다. 병의 발생도 칠정과의 관계에서 더 많이 생기며 따라서 칠정의 치료가 중요하게 된다.

똑같은 조건에서 음식을 먹어도 화가 나 있다든지, 무언가를 골똘하게 생각하면서 먹거나, 그 음식을 꺼림칙하게 여기며 먹는 경우 종종 체하거나 배탈이 난다. 『논어』「향당」편에서 음식을 먹으며 말을 하지 말라고 한 것은 음식을 먹으며 말을 하면 폐기肺氣를 상하기도 하지만 다른 한편 말 때문에 기분이 상하면 결국 탈이 나기 때문이다.

화나는 감정은 오행의 논리에 따라 목극토木克土하기 때문에 비위의 기를 상하게 한다. 화가 나면 간의 기가 뭉친다. 이럴 때는 간의 기운을 풀어주어야 한다. '소간疎肝'시킨다는 것은 바로 뭉친 간의 기를 풀어준다는 것이다. 그러므로 화가 났을 때는 소간 작용을 하는 음식이나 약을 먹는다. 냉이 씨 같은 것이 그런 음식이다. 간의 기운이 약할 때는 간의 기를 돕는 복분자나 산수유, 더덕, 모과, 밀 같은 음식을 먹는다(이런 내용은『동의보감』의「단방」에 각 항목별로 잘 정리되어 있다).

화가 났을 때 꼭 간에 작용하는 음식이나 약만으로 소간하는 것은 아니다. 거꾸로 폐에 작용하는 약을 써서 간의 기운을 풀 수도 있다. 금극목金克木하는 원리를 이용하여 금의 기운을 올려줘서 간의 기운을 풀 수도 있다. 예를 들면 화가 났을 때 폐의 기운을 북돋는 매운맛을 먹으면 화가 풀릴 수 있다. 무서울 때(水)는 토극수土克水하는 초콜릿(단맛, 土에 해당)을 먹고 슬플 때(金)는 화극금火克金하기 위해 쓴 커피(火)를 먹는다.

흔히 입맛이 변했다고 하는데, 여기에는 몸 자체의 변화도 있을 수 있지만 칠정의 변화도 있을 수 있다. 노인이 되면서 (비위가 약해지면서) 전에 없이 단맛(土에 해당하는 비위의 기를 돕는다)을 먹게 되는 것은 몸의 변화에 따른 입맛의 변화고, 전에 없이 화가 나서(木) 자신도 놀랄 정도가 되면서 갑자기 매운 것(金)을 많이 찾는 것은 감정의 변화에 따른 입맛의 변화다.

감정과 몸의 상태는 서로 영향을 주고받는 것이어서, 단맛을 많이 먹다보면 비위의 기가 늘어져 몸도 늘어지고 마음가짐도 느긋해지며 게을러지고, 매운맛을 많이 먹다보면 공격적이 된다(금의 기운인 숙살지기 肅殺之氣가 커진다). 그러므로 칠정의 관계를 고려한 음식의 선택, 맛의 선택은 매우 중요하다. 거꾸로 자신의 입맛이 어떤지에 따라서도 몸의 상태를 알 수 있다.

앞에서 허무한 입맛을 말했지만 몸만이 아니라 정서적으로 평정을 유지한다면 어느 하나의 맛에 집착하지 않게 된다. 또 특정한 맛을 필요로 하지도 않는다. 허무한 입맛을 갖고 있다면 그냥 여러 가지 맛을 골고루 취하면 그만이다.

그러나 현실은, 현실의 사회관계는 정서적인 평정을 유지하기 어렵게 만든다. 근대로 올수록 사람 사이의 관계가 큰 비중을 차지하는 것처럼 칠정은 더욱 복잡하고 격렬하게 작용한다. 단순한 음식과 약을 통한 칠정의 평정 회복이 불가능해지는 것이다. 그렇기 때문에 사람들은 더 자극적인 맛을 추구한다. 그러나 그럴수록 칠정을 만드는 사회관계는 더 악화될 수밖에 없다. 더 강화된 칠정으로 다른 사람을 대하기 때문이다. 다른 사람과 관계를 맺기 때문이다.

큰 의사는 병이 아니라 사회를 고친다

기로서의 음식은 그 자체가 자연이면서 또한 사람이며 사회다. 그러므로 음식에 문제가 생겼다는 것은 자연과 사람과 몸 모두에 문제가 생긴 것이다. 특히 몸의 상태에 따라 칠정이 드러나기도 한다는 점에서 칠정은 이러한 문제점을 상징적으로 보여준다.

칠정을 고치려면 결국 사회 자체를 고치지 않으면 안 된다. 흔히 '큰 의사는 병이 아니라 사회를 고치는 의사'라는 말은 바로 이런 의미다. 병의 근본을 치료하지 않고 말단만을 고쳐서는 임시방편도 되기 어렵다.

다만 이때 사회의 치료는 어떤 원리에 따라 이루어져야 하는가 하는 문제가 남는다. 이는 칠정을 야기시킨 그 사회에 대한 다양한 차원에서의 분석을 기초로 해야 한다. 단순한 경제나 정치적 관계만이 아니라 자연과 몸 그리고 문화(전통)라는 측면에서의 분석이 이루어져야 한다. 그리고 이러한 분석에 기초한 새로운 사회는 자연에 대한 관계나 사람 사이의 관계, 몸에 대한 관계가 하나의 원리에 지배되는 그런 사회여야 한다. 비록 전근대에 적용된 학문 체계지만 한의학은 이런 점에서 미래의 사회를 구성하는 데 하나의 거울이 된다. 오늘날 한의학 연구가 중요한 점은 단순한 병의 치료가 아니라 이렇듯 사회의 치료를 고려했기 때문이다.

지금까지 음식을 통해 살펴본 것처럼 한의학은 자연과 사회와 몸을 하나로 이해하는 유기적인 학문이다. 그렇다면 미래 사회에 적용될 수 있는 의학은 어떤 것이어야 하는가? 그것은 현재의 근대 서양의학은 분명 아니며 전근대의 한의학 역시 아니다. 또한 동서의가 절충주의적으로 결합된, 결국에는 근대 서양의학화西洋醫學化한 중의학中醫學도 아니다. 미래의 의학이 어떤 것인지는 아직 알 수 없지만 분명한 것은 새로운 사회 속에서 자연과 사회와 몸을 하나의 원리로 설명할 수 있는 것이어야 한다는 점이다. 그럴 때 우리는 허무한 입맛을 유지할 수도 있고 또 제대로 된 음식을 제대로 먹을 수도 있을 것이다.

열·린·대·화

질문자 동의과학연구소에서 번역한 『동의보감』을 보면 기에 관한 유물론적인 설명이 많습니다. 저는 유물론唯物論이나 유심론唯心論이란 용어를 기와 연결하는 것이 적절하지 않다고 생각합니다. 제 생각이 보다 상식적일 텐데, 유물론적인 설명이 있는 것은 어떤 의도가 있다는 생각이 듭니다. 과연 전문적인 의학이론서를 번역하면서 그리고 실제로 환자를 치료하는 임상 경험까지 포함해서, 기라고 하는 것을 인간의 신체 속에서 만날 때 유물론적인 관점에서 보는 것이 어떤 의미가 있는지요?

박석준 유물론을 말할 때, '물질'을 어떻게 규정하느냐에 따라 유물론이란 말의 의미도 다양할 수 있습니다. 일단 먼저 말씀드리고 싶은 것은 제가 사용한 물질이라는 말은 매우 포괄적이고 넓은 의미의 단어입니다. 근대 서양과학의 개념과는 거리가 있습니다. 다만 지금 여기서 이와 관련된 논의를 하는 것은 적절하지 않으므로, 저는 조금 우회적으로 답변하고자 합니다.

한의학을 문제삼을 때 가장 곤란한 점은 한의학을 서구의 '근대과학'적 기준에서 평가하려는 태도입니다. 즉 한의학에서 사용하는 약이나 침 등이 과연 서양 근대과학으로 검증이 가능한 것인가 하는 문제입니다. 한의학에서 말하는 치병治病, 쉽게 말해 한의학의 모든 진단과 치료에서 가장 기초적인 개념이 기입니다. 한의학에서 말하는 의학적 치료라는 것이 결국 조기치신調氣治神일 뿐이죠. 제 길을 가지 못하거나 한쪽으로 치우친 기를 잘 조절해주는 것입니다. 이것이 한의학에서 말하는 치료입니다.

강의를 하면서 이야기했듯이 약에는 기미라는 것이 있습니다. 이 기미 또한 기라고 할 수 있습니다. 결국 침이나 약이나 다 기를 조절해주는 것일 뿐입니다. 그런데 문제는 이 기라는 것을 명확하게 설명해주기가 어렵다는 데 있습니다. 서구 근대과학적 검증을 할 수 있느냐 하는 물음은 달리 말하자면 정량화할 수 있는가 하는 문제로 바꿔볼 수도 있을 것 같습니다.

질문자 좀더 쉽게 설명해주시겠습니까?

박석준 제가 철학과 한의학 등 여러 분야를 전공한 사람들과 『동의보감』을 번역하면서, 또 그밖에 『황제내경』과 같은 전통 의서들을 읽을 때 느끼는 가장 큰 어려움, 곤혹스러움은 그 기라는 용어가 대부분 생략되어 있기도 하고 개념적으로도 매우 다양하게 쓰인다는 점입니다. 명확한 구분도 없이 말이지요. 이 때문에 기에 대해서 명확한 인식 없이 그 용어를 쓰는 경우도 있습니다.

그런데 여기서 우리가 생각해보아야 할 것은, 우리가 어떤 대상을 정확히 인식하고 있다고 해서 그것이 반드시 정확한 실천으로 이어지는 것은 아니라는 점입니다. 오히려 정확하게는 몰라도 잘 실천할 수 있는 경우도 있습니다. 예를 들어 김치가 어떤 반응을 거쳐야 거기에 유산균이 많아지는지 모르면서도 주부들은 김장을 잘 담급니다. 실제로 식품영양학과 교수보다 일반 주부들이 김치는 더 잘 담그지요! (웃음) 한의학에도 이와 같은 측면이 있습니다. 한의학은 어떤 면에서는 기술에 관한, 테크닉에 관한 학문이기 때문에 이런 실천적인 면을 많이 포함하고 있습니다. 이 때문에 기에 관한 규정이 명확하지 않아도 한의학의 의술은 유지될 수 있다고도 생각합니다.

그런데 정량화의 문제를 생각하면 이야기가 많이 달라집니다. 기를 문제삼을 때, 기가 물질이냐 아니냐, 또는 기가 실체인가 아니면 다른 무엇인가 하는 그런 문제제기 방식 자체가 사실은 서양의 근대과학적 태도에서 제기되는 것입니다. 그런데 서양의 근대과학의 특징은 일단 주객을 분리시킨 상태에서 그 객체에 접근하는 방식이라 생각합니다. 하지만 한의학적 사고방식은 이와 다릅니다.

한의학의 사고방식은 주객主客의 분리가 없습니다. 그래서 실험적 방법과 같은 것이 중요한 판단 기준이 되지 않았지요. 이와 달리 인간의 오감을 통한 감각, 그리고 그 결과로 내 몸에 어떤 현상이 초래되는가, 다시 말해 감각과 효과 등이 더 중요한 판단 기준이었습니다. 쉽게 말해서 이것의 성분이 무엇무엇이고 그 양은 어느 정도인지 그리고 그것이 다른 것과 결합했을 때 어떤 화학반응을 일으키는가 등의 문제들이 중요한 게 아닙니다. 중요한 것은 그것이 내 입에서 쓰냐 달콤하냐, 또 그것을 먹은 다음 배탈이 나느냐 안 나느냐 하는 것이 중요하다고 보는 것입니다.

저는 서구 근대사회에서 정착된 사고방식, 특히 철학과 의학에서 주객이 분리된 관점에서 사고하는 방식이 낳은 문제들을 해결하는 데 한의학의 관점이 일정한 의미를 갖는다고 봅니다. 즉 객관적 진리의 여부를 한의학에서 기에 접근해 가는 태도, 감각과 효과를 기준으로 기를 바라보는 관점이 주객 분리의 사고방식이 낳은 문제들을 풀어가는 하나의 준거틀이 될 수 있지 않을까 생각합니다.

질문자 느낌을 말하는 것이로군요. 인간의 몸과 외부 사물, 또는 몸하고 자기 내면과의 관계가 주어지지 않으면 기와 관련된 것을 말하기 어렵다는 이야기로 들립니다. 만지고 나서 차갑다고 하거나 기운이 차갑다라고 하는 것은 결국 같은 뜻인데, 이것이 조금 전에 이야기한 감각과 효과라면 그것은 곧 기가 감각의 세계, 느낌의 세계와 관련되어 있다는 것 아니겠습니까?

아까 기와 관련해서 정확하게 이야기하기 어렵다고 하셨습니다. 그런데 이번의 강좌를 들으면서 든 생각인데, 음악이든 서예든 한의학이든 모두 인간의 몸의 표현이거나 몸을 매개로 해서 일어나는 것이 아닌가 하는 생각이 듭니다. 즉 이성의 세계가 아닌 몸의 세계, 몸과의 관련 속에서의 세계이기 때문에 불분명한 게 아닌가 하는 생각이 들었습니다. 그럼 한의학에서는 기만 얘기하고 이理와 같은 것은 이야기하지 않나요? 과학이라면 어떤 원리나 법칙을 뜻하는 이를 말할 법 한데…….

박석준 이라는 말은 한의학에서는 거의 사용하지 않는 것 같습니다. 한의학에서는 기라는 용어를 많이 쓰고 거기에 정情이나 신神이 중요한 요소로 작용하죠. 근데 지금 질문이 사실은 거의 오늘 얘기할 것의 정곡을 찌르는 것 같아요. 문제는 구체적으로 설명하기 어려운데다가 두리뭉실하게 썼다는 것 같습니다. 그런데 그것은 표현상의 문제일 수도 있는데요, 한의학에서는 기를 절대로 두리뭉실하게 사용하지 않습니다. 왜냐면 기를 음기나 양기, 두리뭉실하게 대강 나눠서 치료했다가는 사람을 바로 죽이게 돼요. 그렇기 때문에 기라는 것은 분명히 구분되어야 합니다. 단지 그것이 하나의 언어로써 명확하게 표현이 안 된 경우는 있어요.

그런데 아주 간단하게는, 예를 들어 오장육부를 말할 때도 구체적인 치료에 들어가서는 간은 간의 기라고만 말하지 않고 이를테면 음양으로 나누어 간의 양기, 간의 음기, 이런 식으로 구분하고 있습니다. 거기에 한의학에서 병인이라고 보는 풍이라든지 한이라든지 습이라든지, 이런 것들이 결부되면 간에 열이 있다는 식으로 판단하게 됩니다. 흔히 한의사들이 당신의 '간에 열 있어, 심장에 열 있어'라고 말하는데, 어떤 사람은 그게 무슨 소리냐, 온도계로 재보면 똑같지 않느냐 이렇게 반문합니다. 그럼에도 한의학에서는 거기 어떤 병인이 붙거나 장기와 결합하여 여러 변화가 왔을 때에는 분명하게 다 다른 기의 개념을 쓰고 있습니다. 그러지 않고서는 치료 자체가 불가능하죠. 진단도 안 되고 치료도 안 되고.

그래서 실제로 우리가 그야말로 '기막히다', 아니면 그 사람과 '기가 통했다', 이런 표현이 상당히 추상적으로 느껴질지 모르지만 실제로는 분석할 수가 있다면 매우 엄밀한 체계가 이루어져 있을 거란 말입니다. 오히려 그것을 지금의 방법으로는 분석하기가 어렵거나 불가능한 부분이 있어서 그럴 뿐이지. 그래서 실제 특히 기술적인 학문들, 예를 들면 풍수지리도 그런 거라고 보거든요. 이런 학문에서는 좌청룡 우백호 이런 식으로만 나눠서는 풍수학이란 것이 절대 성립이 될 수 없다고 생각하고요. 더 세분화된 설명체계가 없을 수 없는 것이죠. 특히 우리나라의 풍수는 중국에 비해 더 그렇다고 생각합니다. 그래서 겉에서 모르는 사람이 보면 두리뭉실한 것 같지만 실제로 응용할 때는 아주 세분화된, 층차를 달리하는 여러 수준이 또 있다는 거죠. 그 측면이 무시되면 안 될 것 같아요.

질문자 저는 치과의사입니다. 한의학에서 하는 이야기를 들어보면, 모든 질병의 원인을 외부에서 찾기보다는 자기 몸의 부조화에서 일어난다고 보지 않습니까? 서양의학은 병균이든 무엇이든 외부에서 원인을 찾지요. 원인을 모르니까 하다못해 스트레스를 말하기도 하지요. 그런데 가만히 보면 서양의학은 바깥에서 그 원인을 찾고, 한의학은 안에서만 찾고. 하지만 제가 보기에 이것은 둘 다 문제가 있는 것처럼 보입니다. 양쪽 다 어느 한 측면을 소홀히 하는 게 아닌가 하는 생각입니다. 그걸 같이 합해서 하는 것, 동서의학을 같이 합쳐서 하는 것, 한의와 양의가 협진하는 병원도 있던데 실제로 그렇게 협진을 해보셨습니까? 그리고 효과가 있던가요?

박석준　저는 협진 자체가 불가능하다고 생각하지는 않지만 일단 원리적으로는 서로 맞지 않는다고 생각합니다. 예를 들어 허리가 아픈 경우, 한의학에서 보면 신장 기능이 떨어졌거나 하는 등의 주로 내과적 원인으로 인한 요통환자일 뿐이고 서양의 근대의학에서 볼 때는 외과적인 관점에서 디스크(요추간판탈출증) 환자라고 합니다. 한의학에서는 추간판이 탈출되어 있어도 거기에 어떤 조치를 할 생각을 하지는 않죠. 엑스레이나 시티로 확인할 수 있다 해도 한의학에서는 그와 관계없이 치료를 하죠. 그래서 실제 효과를 볼 수 있는 것이고요.

중요한 것은 먼저 한·양방의 이러한 차이를 분명히 해야 한다는 겁니다. 그런 다음에 어떻게 결합할지에 대한 내용이 만들어질 수 있겠지요. 서로 아무것도 모르면서 합할 수는 없지 않나요? 현재로서는 이런 서로에 대한 이해가 없기 때문에 중국의 중의학과 같은 식으로 양방적인 관점과 방법으로 재편된 협진을 하거나, 양방 또는 한방에 의한 일방적인 상대의 이용만이 있는 것 같습니다.

저는 한방은 한방대로, 양방은 양방대로 자신의 독자성을 유지할 때에만 치료효과가 제고될 것이라고 생각합니다. 그래서 좀더 완결된 형식과 내용이 마련되지 않은 현재와 같은 상태에서는 우선 한·양방이 각자 독자성을 유지하면서 양방이나 한방이 서로에게 보완하는 형태로 가야 하지 않을까, 그래야 더 좋은 치료효과가 나오지 않을까 생각합니다. 결국 일정 기간 동안은 현재의 의료 이원화를 좀더 강화하는 형태로 가는 것이 바람직하다는 거죠. 특히 한의학의 경우, 진단에서 치료까지 대부분 양적으로 파악할 수 없고 가시적인 것이 아니기 때문에 일률적인 잣대로 잴 수는 없을 겁니다.

또 치료효과라는 것에 대한 한·양방의 관점과 환자의 관점도 다를 수 있습니다.

질문자 저는 방금 그런 생각이 들었어요. 1500년대나 1600년대 서구에서 페스트라든지 많은 돌림병들이 돌 적에 소독이 되는 어떤 행위만 하면 아이를 낳을 적에 산모의 생존율이 높아진다는 것을 그 사람들은 알았어요. 근데 나중에 알게 된 게 소독의 개념의 어느 땐가 나타났죠. 나중에 파스퇴르라든지 이런 사람들이 소독이 뭔지 확실히 알고 세균이라는 것을 누가 발견하면서 소독약이 나오고 세균을 완전히 죽인다는 거를 우리 눈으로 확인시켜줄 때까지 소독이라는 게 있다는 것을 전 인류가 계속 뭔가 희미하게 알았던 것 같아요. 그래서 지금 보면 뭔가 분명히 있는데 소독이라는 것을 확실하게 정의 내려주는 사람이 생길 때까지, 많은 사람들이 수용할 수 있도록 그걸 정의 내리는 사람이 생길 때까지 모든 인류가 애매하게 살아갈 수밖에 없었던 것 같아요. 그런데 결국은 그런 사람이 나타나서 이제는 전 인류가 소독이라는 게 뭔지 확실히 알고 있지 않습니까? 소독을 하면은 사람이 안 죽고, 안 하면 죽고. 소독이라는 것이 예전부터 있었던 거거든요. 지금도 마찬가진 것 같아요.
기라는 것도 대단한 사람이 나타나서 이를 명확하게 정의해주는 일이 생길 때까지는 분명히 문제가 있을 것 같습니다. 그러다가 파스퇴르나 세균학자가 나타날 때까지 모르고 있었듯이 지금도 우리는 그런 상황에 있지 않나. 지금도 마찬가진 것 같아요. 단지 기를 명확하게 설명해주거나 뭔가가 없기 때문에 이렇게 난리다. 지금 인류가 많은 것을 파헤치고 있지 않습니까?
어디서 인간은 알아야 하는 것의 15퍼센트밖에 모른다는 얘기를 들은 적이 있는데 나머지 85퍼센트를 모른다고 해서 없다고 할 수는 없는 거거든요. 단지 아직 그것을 명료하게 설명해줄 사람이 안 나타났기 때문에 그런 거 아닐까 생각해보았습니다. 그렇지 않은가요? 기의 개념을 분명하게 밝혀줄 어떤 천재나 과학자나 나오지 않아서 그런 것 아닐까요?

박석준 사실 요즘의 기에 대한 관심은 돈이 되기 때문인 것 같습니다. (웃음) 만약 이게 돈이 안 된다면 이런 사회적인 관심을 불러일으키지 못할 거라고 봐요. 기에 대한 관심은 어떤 면에서는 '힘'을 통해서 돈을 벌려고 하는 그런 추세하고도 맞물려 있다고도 봅니다. 요즘에 건강식품, 건강 보조식품을 판매하는 것을 보면 사실 과학적 근거를 대기는 해요. 하지만 그것보다 광고 문안은 대부분 그렇지 않습니다. 그것은 사람들한테 자기가 사기 치지 않는다는 것만 보여주는 거고, 이 베개를 베고 자면 무병장수할 수 있다, 아침에 활력이 솟는다, 활기찬 남성, 뭐 이런 식의 표현들이 대부분이죠. 그것이 바로 힘과 연관된 영역이 확대되고 있다고도 볼 수 있는데…….

소독이라는 것이 결국 우리가 오늘날의 관점에서 봤을 때 소독이지 당시로써는 다른 관점으로 볼 수 있었던 거죠. 시대나 사회에 따라 질병의 개념도 바뀌는 것이죠. 이를테면 고대에 '나쁜 악령이 들어와서 된 것이다'라고 병의 원인을 봤을 때에는 그 사회, 그 시대에서는 그것이 진리입니다. 그렇기 때문에 그것을 몰아내는 방식으로 기도라든지 아니면 극단적인 방법으로 마녀를 화형하는 이런 방법까지도 구사됐던 것이고요. 그래서 소독이라는 개념이, 과학이 발전해서 사회가 발전해서 결정된 것이 아닙니다. 다시 말해서 오늘날 우리 시대에 우리가 그것을 소독이라는 개념으로 정리한 것에 지나지 않죠.

의학사적인 측면에서 보면 파스퇴르 같은 사람이 세포나 세균에 대해서 관심을 갖게 된 것은 결국은 사람 몸 밖에 문제가 있다고 보는, 병인이 내인보다 외인이 더 중시되는 그런 과정하고도 일치되거든요. 그래서 오늘날의 의학은 임상의학도 아니고 해부의학도 아니고 이제는 실험실 의학입니다. 모든 것이 실험실에서 검증이 되고 개발이 되어서 그것이 임상에서 쓰이고 있는 것일 뿐이죠. 그래서 의사가 하는 역할이 이제는, 연구하는 의사들도 있지만, 일반 임상에 임하는 의사들로서는 사실 의학의 발전하고는 관계가 없는 사람이 되어버린 거예요. 단순한 결과를 적용하는, 응용하는 사람에 불과하게 되가는 것이죠.

아까 공간과 힘에서 힘 쪽으로 갔다고 그러는데 어떻게 보면, 그 문제를 다시 얘기하면, 과거에 몸의 외부에 있는 것에 관심을 가졌다고 하면 이제는 내 몸 안으로 관심을 가져오는 과정으로도 볼 수 있을 것 같습니다. 그래서 특히 전근대 사회에서 의학이라는 것은 물론 외부의 병인에 대해서도 매우 많은 주의를 기울였고, 그것에 따라 요즘에 얘기하는 열성 급성 전염병, 이런 것들에 대해서도 여러 가지 치료약이나 예방법들이 나와 있었습니다.

그런데 기본적으로 동아시아의 전근대 의학이라는 것은 인체 내부의 정기신精氣神이라는 세 가지 요소를 가장 중요한 요소로 여기고 그것을 어떻게 수련하고 잘 보존해서 외부의 병인이 되는 것들을 이길 수 있느냐, 사실은 여기에 관심이 모아져 있는 것이죠. 이것은 어떻게 보면 의학을 보는 눈, 시스템의 차이라고 할 수 있을 것 같아요. 그것을 어느 하나의 관점으로 재단하기에는 사실상 불가능한 문제가 아니냐 하는 그런 생각이 듭니다.

중요한 것은 결국 저로서는 한의학을 전공하니까 기라는 문제를 떠날 수가 없지만, 특별히 기에 대해서 관심을 갖게 되는 것은 바로 그러한 일면, 곧 기는 몸을 통해 드러나는 현상이기 때문이죠. 몸 밖에 있는, 주객이 분리되어 있는 것들에 대한 객관적 분석은 사실은 서양에서도 상당히 근대적인 현상이라는 것이고, 특히 우리나라의 경우, 재미있는 것은 식민지를 거치면서 외부의 자본주의가 이식되는 과정과 주객이 분리되는 과정이 일치하고 있다는 겁니다. 그런 점에서 기에 대한 관심과 연구, 이런 것들은 결국에는 전근대와 근대라는 문제를 해결하는 하나의 고리가 될 수 있다. 저는 그런 관점에서 기에 관한 연구를 보려고 하고, 또 그런 측면에서 오늘날의 근대라고 하는 것을 어떻게 극복하고 비근대사회로 나아갈 것인가 그런 관점에서 기라는 문제가 중요하게 되는 것이 아니냐, 저는 그렇게 생각하고 있습니다.

질문자 조금 다른 얘긴데요. 우리가 근대와 전통을 얘기할 때 한 가지 놓치는 부분이 있어요. 마치 하나의 과학이나 학문 같은 것들이 현실을 움직이는 힘이 있다고 생각할 것 같은데, 만약에 조선시대에 양의와 한의의 문제가 발생했다, 그러면 사대부들이 어떻게 할까 생각해보신 적 있으세요? 그러면 아마 더 잘 치료하는 사람이 치료해라는 얘기가 나올 거 같습니다. 어떻게 보면 양자의 차이가 있다, 사고 방식이 다르다고 하는 것이 전체 사회에서 전혀 문제가 안 된다는 거죠.
예를 들면 어떤 특정한 분야에서 한의학이 훨씬 더 치료효과가 좋았다면 이 쪽에 주는 거고, 오히려 이런 질병들에 대해선 양의가 효과적으로 치료하더라 하면 그걸 주는 거죠. 바로 이러한 방식이 공존하고 이것이 합리적인 논리가 돼야 하는데 그렇지 못할 때 생기는 문제들, 예를 들면 양의학이 모든 것을 다 먹으려고 한다든가, 한의학이 모든 걸 다 차지하려고 한다든가 하는 식의 논리들은 사실상 불합리한 것이죠.
그러니까 기라고 하는 개념도 저는 그렇게 생각해요. 우리가 설명할 수 있고 또는 매개할 수 있는 문화적인 현상이라든가 효과적인 대상들에 적용될 때 기라고 하는 것이 의미와 가치가 있어야지, 기라고 하면 대단한 것인 양 그냥 붕붕 하는 식의 논의는 상당히 설득력이 없을 거란 생각이 들거든요. 그런 의미에서는 아까 얘기했던 대로 과거 전통 사회에서 기라고 하는 것이 어느 정도의 위상을 가졌고 실제로 문화적으로 얼마만큼 힘을 가졌는지 철저한 고증 작업이 있어야지만 지금 우리가 지나치게 비대해져 있는지 아니면 너무나 왜소해져 있는지 검토해볼 수 있지 않을까 하는 생각이 듭니다.

박석준 오늘 다 말씀드리지 못했지만 한 사회에서 어떤 이론 체계를 받아들이고 그것을 일반화하는가 하는 문제는 단순한 이론 또는 효과의 문제만은 아닐 겁니다. 아주 사소하게 보이는 부분일지라도 거기에는 그 사회의 전체와 연관되어 하나의 시스템으로 움직일 수 있는 계기가 있어야 할 겁니다. 그래서 의학의 경우에도 전근대 사회에서의 의학은 오늘날의 의학과 전혀 다른 사회구조 속에서, 사회운동 시스템 속에서 움직였던 거거든요. 그러므로 당시에 한양방을 함께 제시할 수는 없는 조건이었지만, 만일 그렇다고 해도 저는 단순한 치료효과의 차이가 아니라 그 의학이 그 사회에서 어떻게 하나의 고리로 작용할 수 있는가에 따라 결정되었을 거라고 생각합니다.

물론 방금 지적하신 것처럼 전근대에서 기라는 말이 어떻게 쓰였고 또 그 내용은 무엇이었는지는 정말 철저한 고증이 필요하다고 생각합니다.

질문자 처방을 쓰는 데 아주 옛날에 나왔던 고방이 있고, 그후에 나왔던 후대방이 있고, 그리고 최근에 한국에서 창안된 체질방이라는 게 있는데, 지금 한국 한의사들이 세 가지를 골고루 쓰고 있어요. 다 치료효과가 있다는 건데, 몸은 정기신 기본 구도에서 한 가지 몸인데 세 가지 관점의 치료효과가 가능한지, 그게 궁금합니다.

박석준 그러니까 기에 대한 논의가 더 어려운 점 중의 하나는 뭐냐면, 아까도 영역에 따라서 기가 의미하는 바가 다 다르다고 하지 않았습니까? 그런데 사실 한의학에서 치료의 기본적인 원칙은 뭐냐면, 병은 사람이 기본적으로 자연의 흐름에 따라가지 못하기 때문에, 맞추지 못하기 때문에 생기는 것이라고 보고요. 그 다음에 음식이라든지 잘못된 것들, 아니면 정서적인 측면이 잘못된 것들 이렇게 크게 세 가지로 봅니다.

물론 거기에 과로, 지나친 노동도 포함될 수 있죠. 그래서 어떤 특정한 상태가 초래가 될 겁니다. 문제는 뭐냐면, 예를 들어 간에 열이 많아졌다 하면 간의 열을 없앨 수 있는 방식은 상당히 다양합니다. 그것은 오행 논리에 따르면 목화토금수가 서로 살려주기도 하고 서로 제압하기도 하는 관계에 있기 때문이죠.

그렇기 때문에 그것을 어떤 측면에서 보고 거기에 따라 어떻게 다스릴 것인가에 따라서 처방이 달라질 수 있는 것이고, 그 치료되는 경과도 달라질 수 있어요. 물론 가장 빠르게 접근하는 방식도 있을 수 있지만, 우리가 당구를 칠 때 여기 있는 것을 몇 번 돌려서 맞추잖아요. 그런 방식도 가능하다는 거죠. 직접 맞추는 방식도 있고 돌려서 맞추는 방식도 있는데, 그것은 우리 몸에 있는 모든 구성요소들이 서로 유기적인 관계가 있기 때문에 그렇다는 거죠. 이를테면 간 질환이라는 것은 철저하게 정신적인 측면만으로도 치료가 가능합니다. 꼭 처방만의 문제가 아니라 치료방식이 전혀 다른 차원에서도 갈 수가 있다는 얘기죠. 그러니까 한의사마다 똑같은 병이 있는 환자를 놓고 처방이 달라지고 진단이 달라진다는 것은 있을 수 있고 가능한 얘기라는 거죠. 그동안 강의를 경청해주셔서 감사합니다. 이만 마칩니다.

7강
표정, 氣와 情을 통해 본 '몸의 현상학'

'몸의 현상학'을 찾아서

인간은 분명 몸으로 살아간다. 우리가 스스로를 하나의 개체로, 또는 살아 움직이는 몸을 지닌 존재로 의식하기 전부터 인간은 몸으로 살아왔다. 하지만 '몸으로 산다'는 것과 '몸을 의식한다'는 것은 전혀 다른 차원의 문제다. 달리 말해 우리가 몸으로 살아왔다고 해서 몸이란 개념이 애초부터 있었던 것은 아니다. 몸이 개념적 차원, 인식의 차원으로 들어오는 데에는 오랜 시간이 필요했다. 또한 몸을 표현하고 지칭하는 개념적·언어적 틀은 문화에 따라 다르며, 게다가 같은 문화권의 경우에도 시대에 따라 차이가 있다. 고대 그리스인의 신체에 대한 표상은 이러한 면모를 잘 보여준다.

호메로스 시대의 그리스인은 신체를 하나의 통일체로서가 아니라, 독립된 개개의 부분을 모은 집합체로 파악했다. 고전시대에 이르러 인간의 신체를 지칭하는 말로 사용되는 소마sôma는 본래 살아 움직이는 인간의 신체가 아니라 죽은 시체를 가리키는 말이었다. 고전 그리스의 문화가 활짝 피어나던 기원전 5세기경의 조형예술에 이르러서야 인간의 신체는 비로소 각 부분이 서로 유기적이고 통일적인 관련을 맺는 실체적인 신체라는 인식이 싹트게 된다.● 하지만 고전시대 그리스에서 표상된 신체가 오늘 우리가 사용하는 몸에 이르는 데는 장구한 시간을 기다려야만 했다.

●브루노 스넬, 김재홍 옮김, 『정신의 발견—서구적 사유의 그리스적 기원』(까치, 1994), 23~7쪽. 역자는 같은 책의 부록에서 호메로스의 신체 묘사에 대한 스넬의 논의를 다음과 같이 요약한다.
"그리스인들이 인간을 묘사하는 경우에서도 인간의 신체는 통일체로서가 아니라, 독립된 개개의 부분을 모은 집합체로서 파악되고 있다. '신체'로 해석될 수 있는 여러 말들의 경우와 조형예술에서의 인간의 묘사에서 나타나는 것처럼 그들은 인간의 신체를 통일체로서가 아니라, 각 관절들의 결합으로서 파악하고 있다. 결국 신체에 사용되는 여러 말들은 각기 나름의 고유한 기능을 수행하는 사지의 활동성을 표현하는 말에 지나지 않는다. 그래서 호메로스는 '민첩한 다리' '약동하는 무릎' '아주 건강한 팔'이라는 표현으로 인간을 묘사한다(466쪽)."

서구 철학에서 몸이 핵심 쟁점으로 부상하게 된 것은 최근의 일이다. 그래서 몸철학 담론의 새로운 영역을 개척해온 조광제는 서구 철학 전통에서 신체는 늘 부수적이거나 악의 근원으로서 천시되었다면, 세계 속을 살아가는 존재로서의 몸은 메를로-퐁티M. Merleau-Ponty에 와서야 이루어졌다고 말하기도 한다. 이것은 사실 욕망의 주체로서 몸을 의식하게 된 것과 무관하지 않은 듯하다. 몸으로 사는 것과 그 몸을 인식하는 것은 이와 같이 다른 것이다. 인간의 몸이 늘 가시적으로 드러나 있음에도 그 몸이 개념의 영역, 인식의 영역으로 진입하는 데에는 오랜 시간이 걸렸다. 그런 면에서는 서구의 철학이나 동아시아 철학이나 크게 다르지 않다.

현대 한국어에서 '몸'이란 정신과 신체 또는 영혼과 육체를 아우르는 개념으로 이해된다. 이러한 몸 개념은 본래부터 정신과 신체를 나누지 않았던 자연스러운 전통으로 설명된다. 하지만 여기에는 기묘한 역설이 도사리고 있다. 서구적 의미에서의 정신과 신체, 영혼과 육체, 정신과 물질과 동일한 개념이 애초부터 존재하지 않던 사유 전통에서, 몸 개념이 정신과 신체를 아우르는 개념이라 선언하는 것은 전혀 무의미한 주장이기 때문이다. 오히려 얄궂게도 몸이 정신과 신체를 아우르는 개념이라 선언하는 순간 몸에 접근하는 방식이 서구화된다는 점이다. 실제로 이와 비슷한 방식의 서구화는 동아시아 철학 영역에서 흔하게 발견된다.

예를 들어 성리학의 理와 氣를 아리스토텔레스의 형상과 질료, 體와 用을 실체와 현상과 유사한 개념으로 파악하는 것은 이미 상식이 되어 있다. 물론 이러한 이해나 개념적 정의가 전혀 잘못된 것이라 말할 수는 없다. 하지만 중요한 것은 이와 같은 이해 방식 아래에서 움직이는 세계관과 사유의 방식이 이미 서구의 문제의식 틀로 전환된다는 점이다. 본래의 理와 氣, 體와 用이 어떠한 문제의식에서 발전된 개념인지 그리고 주변의 여러 개념들과 어떤 구조적 관계를 맺고 있는지는 뒷전으로 밀려나고, 이른바 서구적 형이상학이나 존재론 분야의 기본 개념들로 편입되고 마는 것이다.

이런 문제점은 우리가 몸에 해당하는 한자漢字를 고대 문헌에서 찾으려 할 때 쉽게 확인할 수 있다. 오늘날 우리가 몸으로 훈하며 읽는 한자 '身'과 '己'는 정신과 신체를 아우르는 개념과는 거리가 멀다. '身'의 원시적 의미는 '임신하다'는 뜻으로 사용되거나 동형의 사람을 재생산하는 기관, 사지와 뼈의 결합체, 구부렸다 폈다 할 수 있는 동작이 일어나는 기관의 의미를 지니고 있었다. 비슷하게 '己' 또한 구부러짐, 펴짐, 이름과 같은 여러 가지 의미적 계기가 있으며, 글자의 형상 자체가 구불구불한 모양이어서 다른 사람과 구분되는 한 사람의 특정한 모양새나 행위의 산출자를 의미하는 것으로 추정된다.●

● 신정근은 「책임적 행위자 용어 '自/己'의 기원」이란 글에서, '自' '我' '己' '身'과 같은 고대 한자들이 어떤 과정을 거쳐 1인칭 대명사가 되고, 오늘날의 자아의 개념을 획득해가는지 다양한 용례를 통해 분석하고 있다. 이에 따르면, '我'는 독단적이고 적대적인 행위자를 가리키는 반면, '自' '己'는 행위의 산출자로서 행위를 숙련을 위해 배워야 하고, 행위의 결과에 책임을 져야 하는 자기 책임, 자기 반성의 특성을 가리킨다고 추론한다. 이와 같은 분석은 이와 관련된 사상의 전개에 기존의 해석과 다른 많은 논의를 가능하게 할 것으로 보인다 〔『철학논구』(제27집, 1999), 23~45쪽〕.

1973년 중국 호남성湖南省 장사長沙 마왕퇴馬王堆 한묘漢墓 1호에서 발굴된 그림으로 보통 'T-자형 백화帛畵'라고 부른다. 중국의 학자 유위초俞偉超에 따르면, 이 그림은 3단의 구성으로 되어 있는데, 윗부분은 천상 세계, 아랫부분은 지하 세계 그리고 중간은 인간 세계를 각각 표상한다고 한다. 천상의 세계와 지하 세계는 신화학적 이미지로 표현되어 있는데, 천상에는 두꺼비가 있는 달과 까마귀가 있는 해와 여러 가지 별들이 표상되어 있다. 그리고 지하 세계는 여러 수중 동물과 수중의 궁궐을 나타내는 그림이고, 가운데의 인간 세계는 무덤의 주인 모습과 그 일상생활을 나타낸 것이라 한다. 여영시 余英時는 이 그림이 『예기』에 기록되어 있는 복례復禮, 즉 사람이 죽었을 때 혼魂을 불러 다시 백魄과 결합하도록 하는 초혼복백招魂復魄을 하고 나서 망자의 시신을 덮는 수의(繡)로 쓰였던 것이라 해석한다.

클로드 라르에 따르면 마왕퇴 백화의 중간 부분은 세 개의 혼과 일곱 개의 백, 즉 삼혼칠백三魂七魄을 형상화한 것이다. 클로드 라르는 이 부분에 대해 "혼은 죽은 왕비와 함께 나오는데, 그녀의 뒤에서 허무를 향해 걸어가고, 아니 걸어간다기보다 미끄러지듯 나아가고 있는데 그들의 소매 가장자리는 회오리치는 듯한 자락 속에 숨어 있다"고 묘사한다. 클로드 라르, 「본신편강의 本神籲講義」 중에서.

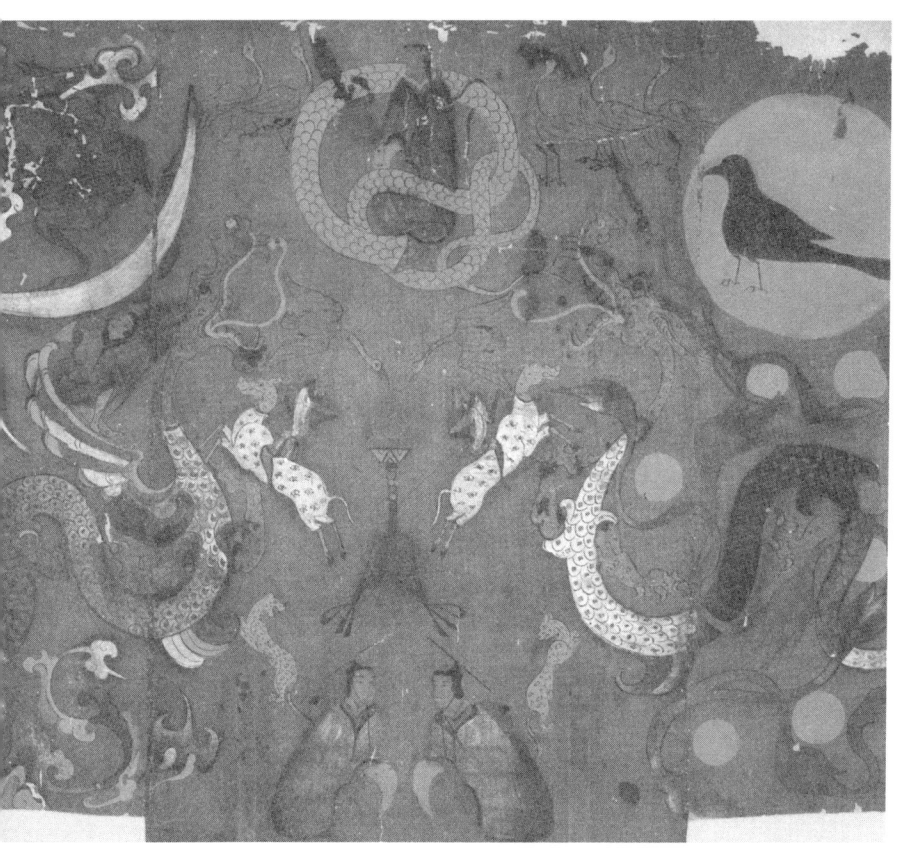

가운데 중심축을 중심으로 끈에 묶여 있는 두 신이 날아가 버릴 듯한 이 그림은 신神을 묘사한 것으로 해석한다. 인간의 생명은 신이 와서 머뭄으로써 사람에게서 정신精神의 작용이 가능한 것인데, 사람이 죽으면 이 신은 떠나게 된다. 이 그림은 사람이 죽게 될 때 다시 천상으로 돌아가려는 신의 모습을 형상화한 것으로 해석하기도 한다.

우리가 몸이란 개념을 따로 두고서 정신과 신체 또는 영혼과 육체라는 서구적 개념과 유사한 용어를 찾는 것은 쉬운 일이다. 『회남자淮南子』에 등장하는 '정신精神'이나 '신神'은 오늘날의 정신 개념에 상응할 만하며, '형해形骸'나 '골해骨骸'와 같은 한자어는 오늘날의 신체에 상응하는 개념으로 나온다. 『회남자』보다 성립이 조금 늦은 『황제내경』에서는 이것들을 간략하게 '神'과 '形'으로 구분하기도 한다. 또 유래는 다르지만 우리가 지금도 사용하는 '혼백魂魄' 또한 영혼과 육체에 상응하는 개념이다.● 따라서 개념적 차원에서 서구의 정신과 신체, 영혼과 육체에 상응하는 개념이 없다고 말하는 것은 명백한 오류다.

● 여영시余英時의 분석에 따르면 漢代 중국인에게도 영혼과 사후 세계에 대한 신앙이 있었다. 魂과 魄은 서로 유래가 다르지만 둘 다 영혼의 개념에 상응하는 용어이며, 사후에 각각 다른 세계로 가는 것으로 믿었다고 한다. 본래 泰山 신앙과 밀접한 연관이 있던 영혼과 사후 세계에 대한 관념은 나중에 불교가 유입됨으로써 불교적 관념으로 대체되어 오늘에 이른 것이다. 이렇게 보면, 상식적으로 魂魄은 사후에 각각 하늘과 땅으로 돌아가는 것으로서 魂은 영혼에 魄은 육체에 상응하는 것으로 보는 관점은 음양이론 속에 혼백이 포섭되면서 이루어진 것이다. Ying-Shih Yue, "O Soul, Come Back! A Study in the Changing Conceptions of the Soul and Afterlife in Pre-Buddhist China," in *Harvard Journal of Asiatic Studies*, 47.2(December, 1987) 363-95쪽.

중요한 것은 개념이 아니라 그러한 개념들이 형성하는 그물망이며 사유의 장이다. 마치 바다 위에 드러난 빙산의 일각이 비슷하게 생겼다 해서 바다 속에 잠겨 있는 빙산의 모습이 닮았다고 말하는 것이 엉뚱한 것처럼, 몇 가지 개념의 유사성이나 차이만을 가지고 다르다거나 같다고 선언하는 것은 오류를 벗어나기 어렵다. 더욱이 이러한 담론은 전통적 사유의 참모습을 이해하는 데 방해만 될 뿐이다. 이는 서구적 개념들의 번역어로 성립된 현대 한국어로 고전에 접근할 수밖에 없는 우리들의 한계를 의미하는 것이다. 여기서 논하려는 氣 또한 예외일 수 없다. 나는 이 글에서 개념들 사이의 현대적 연상보다는 고대 문헌에 나타난 용례를 더 존중하고자 한다.

이와 같은 방식으로 氣에 접근하게 되면 우리는 기존의 담론과는 약간 다른 길을 따라가지 않을 수 없다. 왜냐하면 氣를 핵심적인 매개로 하여 고대 문헌의 '몸 담론'에 다가가다 보면 딱딱한 형이상학보다 부드러운 은유의 세계로, 엄격한 도덕성의 주재자인 性에서 살아 움직이는 인간의 모습인 情으로, 논의의 초점을 수정해야 하기 때문이다. 이러한 논의를 거쳐 고대 문헌에 나타난 풍부한 기론氣論의 세계에 다가갈 수 있는 가장 용이한 접근 경로가 情의 개념에 있으며, 이 情이야말로 이른바 고대 동아시아 세계에서 펼쳐진 철학과 과학—나는 이 용어로 한의학을 주로 염두에 두고 있다—이 만나는 중심에 있는 '몸의 현상학'*의 중심 개념임을 보여주고자 한다.

● '몸의 현상학'이란 서구의 현상학과는 구분된다. 여기서 말하는 몸의 현상학이란 우리의 몸이 드러내는 현상적 특징들을 규명하려는 기론적 접근 방식을 의미한다. 氣 그 자체는 우리의 감각기관에 포착되는 대상이 아니다. 마치 호흡을 할 때 우리가 볼 수 있는 것은 호흡하는 동작, 소리, 모양일 뿐이다. 하지만 우리는 호흡하는 동작과 소리를 통해 氣의 흐름을 볼 수 있다. 마찬가지로 얼굴에 드러난 표정이나 안색, 맥박 등은 氣 그 자체는 아니지만 우리는 이런 것들에서 우리 몸속의 氣의 흐름과 상태를 알 수 있다. 이렇게 볼 때 한의학이란 이와 같은 몸의 현상학에 바탕을 둔 치료적 접근이라 할 수 있다. 달리 말하면, 몸의 현상학이란 보이는 몸(形, the expressions of body)을 통해 보이지 않은 몸(神, the flux of Ch'i in body)을 규명하려는 이론적 접근을 말한다. 여기서 구태여 현상학이란 용어를 사용한 이유는 몸의 '안'을 들여다보는 서구적 방식인 '해부학'과 차별성을 드러내기 위해서다.

氣, 보이지 않는 몸

우리는 일상적으로 '몸'이란 용어를 사용하지만 고전 문헌에서 몸의 개념을 이해하기란 쉽지 않다. 단지 서구적 전통에서 말하는 물질과 정신의 개념을 아우르는 것이라고 간단하게 규정하는 것은 문제의 본질을 흐리는 것이다. 이러한 접근 방식은 고전 문헌에 나타난 몸의 개념을 이해하는 것과는 무관하다. 요컨대 현대 심리철학에서 물질과 정신의 관계를 인간의 몸을 매개로 규명하려는 갖가지 노력은 서구 철학의 오랜 전통을 전제로 할 때 성립하는 것이며 그 나름의 의미가 있다. 하지만 동아시아 고전 철학에서 물질과 정신의 이원화가 없다는 점을 지적하면서, 동아시아 철학의 몸 담론에는 이원론적 오류가 없다고 말하는

● 『管子四篇』이란 고대 중국 제齊나라의 승상 관중管仲에 가탁한 문헌인 『管子』 중에서 그 사상적 내용이 유사한 것으로 추정되는 네 개의 편, 즉 「內業」 「심술상心術上」 「심술하心術下」 「백심白心」을 함께 묶어서 지칭하는 용어다. 이 편들은 대략 기원전 4세기 초에서 기원전 2세기까지 오랜 시간을 걸쳐 형성된 같은 계열의 문헌으로 추정되는데, 과거에는 곽말약郭末若의 견해에 따라 제나라 직하학궁稷下學宮의 송견宋鈃과 윤문尹文의 저술로 보았으나 최근에는 전병田騈과 신도愼到의 작품으로 보는 견해가 더 우세하다. 『管子四篇』은 인간 생명의 유래를 精·氣·神에 바탕하여 설명하고자 한 가장 오래된 저술로 평가되며, 흔히 한대에 유행하는 황로학黃老學의 선구로 평가된다. 미국의 학자 로스는 이 문헌에서 유래하는 사상적 발전이 《管子四篇》-《呂氏春秋》-《老子》-《淮南子》로 이어진다는 계보를 재구성하기도 했다.

것은 견강부회牽強附會에 지나지 않는다.

그렇다면 도대체 氣를 통해 몸을 이해한다는 의미는 어떤 것일까? 이미 앞에서 말했듯이 동아시아 고전 문헌에서 서구의 정신과 신체 개념에 상응하는 용어들은 얼마든지 찾을 수 있다. 하지만 여기서 우리에게 중요한 것은 그러한 상응성이 아니라, 이 두 용어 계열을 구분할 수 있는 분명한 기준이다. 우리는 고전 문헌 가운데 기론氣論과 관련된 가장 이른 시기의 문헌으로 추정되는 『관자管子』 「내업內業」에서 이에 대한 실마리를 찾을 수 있다.

> 무릇 사람이 태어나는 과정은 이러하다. 하늘이 그 정기를 내주고, 땅이 그 형체를 내주니, 이 두 가지가 합하여 사람이 되느니라. 이 두 가지가 조화를 이루면 살 것이요, 조화를 이루지 못하면 살지 못하리라 凡人之生也, 天出其精, 地出其形, 合此以爲人. 和乃生, 不和不生(『管子』「內業」).

「내업」에 따르면 인간 존재는 하늘과 땅이라는 두 생명의 근원이 각각 정기와 형체를 부여하고 이 두 가지가 결합함으로써 태어난다고 말한다. 우리의 몸을 이루는 정신精神과 형해形骸는 이와 같이 하늘과 땅이라는 생명의 근원이 합작하여 이루어낸 작품이다. 사람의 삶과 죽음은 하늘과 땅에서 유래하는 두 기운이 조화를 이루고 있느냐 그렇지 못하느냐에 따라 결정된다. 그리고 사람의 생명이 다하게 되면 혼魂, 정신精神, 신神은 하늘로 돌아가고 백魄, 형해形骸, 형체形體는 땅으로 돌아간다. 이와 같이 天地를 하나의 생명 세계로 이해하는 세계관은 학파에 상관없이 선진 제자에게 공통된 사유방식이다.

일반적으로 『관자사편』은 인간 생명의 삼 요소로 精, 氣, 神을 제시하면서 인간 존재가 나오게 되는 배경을 설명한 문헌으로 평가된다. 즉 『장자』에서 인간의 생명을 氣가 모이고 흩어지는 과정으로 설명하듯이 이 精, 氣, 神 삼 요소가 모여 인간의 몸을 이루는 것으로 보는 것이다.

하지만 실제로 『관자사편』을 읽어보면 이런 방식의 이해는 적절하지 않다. 왜냐하면 『관자사편』의 주된 논제는 그 제목에서 드러나듯이 주로 인간 몸의 내부를 다스리는 일(內業), 마음의 작용을 다스리는 기술(心術), 마음을 깨끗하게 하는 방법(白心)을 다루고 있기 때문이다. 이것은 정신에 관한 논의이지 형해에 관한 논의와는 다소 거리가 있는 것이다.

비교를 위해 나는 『노자』의 황로학적 해석을 담고 있는 문헌으로서 한대 초기의 『노자』 이해를 잘 보여주는 문헌인 『노자하상공장구老子河上公章句』의 한 구절을 소개하고자 한다. 『노자』 6장의 '곡신부사谷神不死, 시위현빈是謂玄牝, 현빈지문玄牝之門, 시위천지근是謂天地根'이란 구절에 대한 하상공의 주석은 다음과 같다.

> 영원한 생명(不死)의 도가 현玄과 빈牝에 있다는 것을 말한다. 현은 하늘에 해당하는 것으로 사람에게서는 코다. 빈은 땅에 해당하는 것으로 사람에게서는 입이다. 하늘은 오기五氣로 사람을 먹여 기르는데 코로 들어가서 심心에 저장된다. 오기는 맑고 미세하여 정신, 총명聰明, 음성音聲, 오성五性이 된다. 그 귀신을 혼이라 하는데, 이 혼은 수컷으로 사람의 코로 출입하는 것을 주관한다. 따라서 이것은 하늘과 통하므로 코를 현이라고 한 것이다. 땅은 오미五味로 사람을 먹여 기르는

데 입으로 들어가 위위胃에 저장된다. 오미는 탁하고 굵어 형해, 골육骨肉, 혈맥血脈, 육정六情이 된다. 그 귀신을 백이라 하는데, 이 백은 암컷으로 사람의 입을 통해 드나드는 것을 주관한다. 따라서 이것은 땅과 통하므로 입을 빈이라고 한 것이다. 여기서 근根이란 근원을 말한다. 즉 코와 입 두 가지 문은 바로 하늘과 땅의 원기元氣와 소통, 왕래하는 통로임을 말한 것이다.

言不死之道, 在於玄牝. 玄, 天也, 於人爲鼻. 牝, 地也, 於人爲口. 天食人以五氣, 從鼻入藏於心. 五氣淸微, 爲精神聰明, 音聲五性. 其鬼曰魂, 魂者雄也, 主出入人鼻, 與天通, 故鼻爲玄也. 地食人以五味, 從口入藏於胃. 五味濁辱, 爲形骸骨肉, 血脈六情. 其鬼曰魄, 魄者雌也, 主出入人口, 與地通, 故口爲牝也. 根, 元也. 言鼻口之門, 乃是通天地之元氣所從往來也(『老子河上公章句』, 第六章)

이 구절은 『노자』에서 말하는 '현빈玄牝'을 천지라는 거대한 생명의 근원에서부터 인간의 몸이 그 기운을 소통하는 통로로 파악하는 시각에서 해석하고 있다. 그런데 여기서 눈여겨볼 것은, 하늘에서 오는 기운은 인간의 호흡을 통해 폐肺를 거쳐 심心에 저장된다는 것이고 이로부터 정신이 이루어진다는 내용이다. 달리 말해 오장五臟이란 하늘로부터 오는 氣가 저장되는(藏) 곳이며, 한의학에서는 이를 몸의 내부로 지칭한다. 흔히 오장五臟과 육부六腑*를 몸의 내외內外로 구분하는 방식은 이와 같이 하늘에서 오는 기운과 관계되느냐 또는 땅에서 오는 기운과 관련되느냐에 따라 구분해볼 수 있다.

전통 한의학 문헌에 등장하는 수많은 그림들은 바로 우리 몸 안에서 氣가 흐르는

●전통 한의학에서 五臟은 간장·심장·비장·폐장·신장을 가리키고, 六腑는 대장·소장·쓸개·위·삼초三焦·방광을 말한다. 여기서 장臟과 부腑는 저장하는 곳이란 뜻이다. 삼초는 예부터 논의가 분분한 기관으로 해부학적으로 발견되지 아니하며 일반적으로 상초上焦·중초中焦·하초下焦를 말한다.

통로를 형상화하는 데 목적이 있었다. 달리 말하자면 이는 '보이지 않는 몸'을 드러내고자 한 것이라 할 수 있다. 그리고 이러한 '보이지 않는 몸'과 개념적으로 같은 핵심 용어가 바로 '기'다. 기란 본래 바람처럼, 구름처럼 흐르는 것이며, 이 우주 안을 가득 메우고 있는 일종의 '힘'이다.

우리가 자동차를 만들 때, 엔진이나 구동 장치에 대한 기하학적 설계는 눈으로 도표화하여 볼 수 있지만, 실제로 자동차를 굴러가게 하는 그 힘, 에너지의 흐름은 눈에 보이지 않는다. 엔진이 시동되고 기어가 돌아가고 바퀴가 움직이는 것은 보이지만, 이러한 운동을 가능하게 하는 힘은 우리 눈에 보이지 않는다. 동아시아인은 바로 그 힘의 흐름을 개념적으로 포착하려 했던 것이고, 이를 설명하는 용어가 바로 '기'였던 것이다.

고대 동아시아인은 눈에 보이는 세계보다 보이지 않는 세계의 중요성을 일찍부터 깨달았다. 그것은 신적인 세계도 아니고, 물질을 초월한 세계도 아니다. 그것은 물질적 요소를 통해 구현되지만 그 바탕은 눈으로 보이지 않는 그런 것이었다. 이런 맥락에서 중요한 것이 바로 마음(心)이다. 고대 문헌에서는 인간 생명의 근원을 '정기精氣'로 설명하는데 이러한 정기가 인간의 마음에 깃들어 활발하게 작용하는 것을 '정신精神'이라 불렀다. 정신이야말로 기가 드러내는 생명력의 징표였고, 이 정신이 떠날 때 생명은 호흡을 멈춘다. 동아시아인은 바로 인간의 몸-생명의 주체를 '정신'에서 찾고자 했다.

그렇다면 왜 '정신', 또 이를 설명하고자 한 '기'와 같은 용어들이 대두하게 되었는가? 또 이 '기'를 통한 몸의 이해에 왜 음양오행론陰陽五行論과 같은 복잡한 체계가 결합되었는가 하는 점이 중요하다. 그것은 바로 '차이의 생성'이라는 측면이다. 왜 인간의 몸은 이렇게도 다른가?

그것은 우리 몸을 구성하는 힘의 배분, 흐름이 다르기 때문이다. 어떤 몸은 뚱뚱하고 느긋하지만 또 어떤 몸은 마르고 신경질적이다. 이러한 차이는 오장육부五臟六腑에 퍼져 있는 기의 분포와 흐름, 달리 말해 정신의 분포와 흐름이 다르기 때문이다. 따라서 걸리는 병이나 성격상의 특성이 다르고 몸의 형태도 차이가 나는 것이다.

'바람'의 형이상학

기원전 3세기경, 고대 동아시아에서는 인간의 '몸'에 대한 구체적 인식이 나타나기 시작한다. 앞서 인용했던 『관자사편』에서는 인간의 신체나 그 일부를 표상하는 '사지四肢' '이목耳目' '피부皮膚' '근골筋骨'과 같은 용어가 구체적으로 사용되고, 생명의 근원적 요소인 精·氣·神은 形으로 표현되는 신체에 담기는 것으로 묘사된다. 마치 제사에 쓰이는 그릇에 음식물이 담기는 것처럼 인간의 생명의 근원인 정신精神은 하늘에서 내려와 땅이 내는 또 하나의 요소인 形에 담기는 것으로 생각했던 것이다. 그래서 『관자사편』에는 이 그릇의 안과 밖—신체의 안과 밖, '보이는 몸'과 '보이지 않는 몸'의 경계—에 대한 구분 의식이 확연하게 드러난다.

> 도라는 것은 사람의 형체를 가득 채우는 것이니, 사람은 이를 붙잡아 둘 수 없도다. 가면 오지 아니하고 오면 머물지 아니한다. 고요하구나! 그 소리를 들을 수 없도다. 갑작스럽구나! 내 마음속에 있도다. 어둡도다! 그 모습이 보이지 아니하도다. 충일하구나! 나와 함께 나왔도다. 그 모습이 보이지 아니하고, 그 소리가 들리지 아니하지만, 차례로

다 이루어내니 그것을 일러 도라 하느니라.

夫道者, 所以充形也, 而人不能固. 其往不復, 其來不舍. 謀乎莫聞其音, 卒乎乃在於心; 冥冥乎不見其形, 淫淫乎與我俱生. 不見其形, 不聞其聲, 而序其成, 謂之道(『管子』「內業」).

일반적으로 도道는 우주론 또는 본체론의 중심 개념으로 이해되지만, 『관자』「내업」의 의미 맥락은 독특하다. 그것은 우리의 형체를 채우는 것으로서 '보이지 않는 것'이며 우리의 마음●에 머무는 것이다. 이는 『관자』「내업」에서 주로 이야기하는 정·기·신과 다를 바 없다. 하지만 도는 『관자』「내업」이 목표로 하는 마음을 다스리는 일의 절차이자 방법, 마땅히 따라야 하는 길이기에 도라고 불린다. 여기서 도를 설명하는 "그 모습이 보이지 아니하고, 그 소리가 들리지 아니한다"는 구절은 『노자』와 『여씨춘추』에서 정형화되어 후대의 문헌에서 거의 그대로 반복되는 구절이다. 달리 말하면 인간의 몸이란 땅에서 비롯되는 '보이는 몸'으로서의 형체와 하늘에서 비롯되는 '보이지 않는 몸'이라는 중층성을 지닌다.

'보이지 않는 몸'을 보이지 않는다고 표현한 까닭은 그것이 추상적 개념이어서가 아니라 일정한 모양을 지니고 있지 않기 때문이다. 『노자』에서 도를 형용하기 위해 물의 이미지를 끌어들이는 것처럼, 여기서 보이지 않는다는 것은 일정한 형체를 갖지 않기(無形) 때문이다. 형체를 갖는 것(有形)은 곧 일정한 구속을 갖는다는 것과 같은 의미며, 따라서 형체가 없어야 구속이 없다. 또

● 동아시아 고전 문헌에서 '마음'에 해당하는 한자 心은 다양한 의미를 지닌다. 心을 해부학적 장기인 '심장heart'이라 하지 않고 마음이라 풀이하는 까닭은, 心이 이미 인간의 의식 일반 또는 정신을 가리키는 의미로 사용되기 때문이다. 한의학에서 말하는 心 또한 혈액을 움직이게 하는 장기인 심장만을 의미하는 것이 아니라 의식작용, 신경작용 등을 아우르는 넓은 의미로 사용된다. 『관자사편』에서 心은 中, 內와 같은 한자로 통용되면서, 精神·道·神이 머무는 곳을 뜻한다. 이러한 의미에서 心은 精神 등에 주어졌던 갖가지 의식적 의미들을 포괄하는 넓은 의미로 확장된다. 그럼에도 心은 심장이라는 장기를 지칭하는 의미가 늘 그 바탕에 함께하고 있다. 다만 이때에도 해부학적 장기 형태라기보다는 고동치며 움직이는 그 역동성을 가리키는 것으로 이해되어야 한다.

● 『노자』는 물의 이미지를 이용하여 도의 모습을 형용한다. 34장에서는 "도는 그득히 넘실거리며 왼쪽으로도 오른쪽으로도 갈 수 있다.(道汎呵其可左右也)" 김홍경은 이 구절을 옮기면서 다음과 같이 설명한다. 『장자』「제물론」의 "무릇 도에는 경계가 없다'는 것을 『노자』의 말로 옮기면 '도는 그득히 넘실거린다'이다. 또 「제물론」은 도에는 경계가 없지만 세상에는 경계가 있다고 하면서 왼쪽·오른쪽 등 이른바 팔덕八德을 그런 경계의 사례로 들고 있다. 도에는 경계가 없으므로 당연히 이런 경계를 넘나들 것이다. 곧 도는 '왼쪽으로도 오른쪽으로도 갈 수 있다.'[김홍경 지음, 『노자: 삶의 기술, 늙은이의 노래』(들녘, 2003), 845쪽]" 더 나아가 『노자』의 물의 이미지는 지극히 부드러워 오히려 가장 강한 것의 전범으로, 모든 만물을 이롭게 하는 힘의 이미지를 강하게 품고 있다. 그런 의미에서 『노자』의 도와 물의 이미지는 정치적이며, 처세적이다.

한 일정한 형체를 가진 것들에게는 이름(名)이 따르며, 이 이름은 그 존재의 자리, 행위를 구속하는 규범으로 작동한다.* 이러한 논리가 정치적으로 응용될 때 황제는 이름이 없다. 황제는 물과 같은 존재, 도와 대등한 존재로서 이 도를 천하에 구현하는 존재기 때문이다.

『노자』가 말하는 도가 물의 이미지를 사용하는 물의 도라면, 『관자』「내업」은 하늘의 도를 말한다. 그래서 『관자』「내업」에서 말하는 '도'는 하늘의 도(天之道)이다. 그것은 곧 『관자』「내업」이 도를 형용하는 이미지를 하늘에서 일어나는 현상에서 빌려오고 있음을 의미한다. 이것은 道와 氣가 서로 통용되는 것을 잘 설명한다. 氣의 본래 자형은 아래의 그림과 같다. 학자들은 이것이 구름이 흘러가는 모습을 통해 바람의 흐름을 표상하고자 했던 것으

갑골문과 금문에 나타난 氣
바람이나 구름을 본뜬 모양에서 알 수 있듯이 고대인은 기를 추상적인 사고로 접한 것이 아니라 자연현상의 하나로 받아들였다.

로 해석한다. 계절풍 기후 지역에서 바람은 생명을 살리고 죽이는 힘을 지닌다. 바람이 바뀌면 계절이 바뀌고 그에 따라 생명은 이 기운을 호흡하면서 자라고 숨는다.

그래서 고대 문헌에서 氣는 하늘과 땅 사이를 흐르는 바람이요, 바람의 흐름을 보여주는 구름(雲氣)이며, 사람이 들이쉬고 내쉬는 숨이다. 추운 겨울에 내쉬는 숨을 통해 우리는 몸 안의 바람이 드나드는 것을 보게 되고, 따스한 봄바람과 더불어 산과 들은 푸른 잎사귀를 틔우며 생명을 유행한다. 차가운 가을바람이 불면 가지는 옷을 벗고, 사람은 죽으면 숨을 거두고 심장이 멎는다. 하지만 바람은 본래 형체가 없다. 그것은 보이지 않는 것이요, 다만 우리의 호흡과 심장의 고동을 통해 느낄 수 있을 뿐이다. 그 무형의 바람이 우리의 마음에 깃들 때 생명은 살아 숨쉬는 것이다. 그런 의미에서 인간의 생명이란 바람의 흐름이요, 인간 생명에 대한 논의는 은유적으로 바람의 형이상학이라 할 수 있다.

『관자』「내업」과 비슷한 시기에 성립된 것으로 추정되는『장자』「내편」*에서는 인간 존재를 이러한 바람의 형이상학을 통해 은유적으로 표현한다. 「제물론」에서 제자 안성자유顔成子游에게 스승인 남곽자기南郭子綦는 이렇게 말한다.

> 저 따님(大塊)이 숨을 내쉬는 것을 이름하여 바람이라고 한다. 바람이 일지 않으면 그뿐이지만 일단 바람이 일면 온갖 구멍이 다 요란하게 울린다. 너는 저 웅웅거리는 바람소리를 들어보았을 것이다. 산 속에 커다란 나무가 있다. 그 큰 나무는 온통 구멍으로 가득한데 마치 코

● 『장자』는 고대 중국철학에서 『노자』와 더불어 도가의 가장 중요한 두 문헌 가운데 하나로 여긴다. 전통적으로 『장자』는 『노자』의 사상을 이어 발전시킨 문헌으로 여겨왔지만, 최근에는 오히려 『장자』가 『노자』보다 앞선 것으로 보려는 시각이 우세하다. 「소요유逍遙遊」에서 「응제왕應帝王」에 이르는 내편 7편은 『장자』의 저자로 여겨온 장주莊周 자신의 저술로서 대략 기원전 4세기 말~3세기 초에 이루어진 것으로 추정되고, 나머지는 기원전 3~2세기에 이루어진 것으로 추정된다. 이런 추정에 따르면 『장자』는 『관자사편』가운데「내업」과 비슷한 시기에 성립된 문헌이라 할 수 있다.

와 같고 입과 같고 귀와 같고 옥로 같고 술잔 같고 절구 같고 깊은 웅덩이 같고 얕은 웅덩이 같은 갖가지 모양을 하고 있다. 여기에 바람이 불면 콸콸 거칠게 물 흐르는 소리, 씽씽 화살 나는 소리, 나직이 나무라는 소리, 흑흑 들이키는 소리, 외치는 듯한 소리, 울부짖는 듯한 소리, 웅웅거리며 깊은 데서 울려나는 것 같은 소리, 새가 울듯 가냘픈 소리 등 수많은 소리가 울려나온다. 앞의 바람이 휘이휘이 울리면 뒤의 바람이 우웅우웅 따른다. 산들바람에는 가볍게 응하고 거센 바람에는 크게 응한다. 그러다가도 태풍이 멎으면 모든 구멍이 고요해진다. 너는 나무가 크게 흔들리기도 하고 가볍게 흔들리기도 하는 것을 들어보았겠지?

夫大塊噫氣, 其名爲風. 是唯無作, 作則萬竅怒喝. 而獨不聞之翏翏乎? 山林之畏佳, 大木百圍之竅穴, 似鼻, 似口, 似耳, 似枅, 似圈, 似臼, 似洼者, 似汚者, 激者, 謞者, 叱者, 吸者, 叫者, 譹者, 宎者, 咬者, 前者唱于而隨者唱喁. 泠風則小和, 飄風則大和, 厲風濟則衆竅爲虛. 而獨不見之調調, 之刁刁乎? (『莊子』「齊物論」)

남곽자기는 대괴가 숨(氣)을 내쉼으로써 부는 바람이 땅의 온갖 구멍을 통해 내는 피리소리에 대해 들려준다. 여기서 바람이란 하늘과 땅 사이에 유행하는 생명의 바람이며 氣다. 이 氣는 흐르면서 대지의 온갖 생명체의 내부로 드나들며 찬연한 생명의 소리를 연출한다. 바람은 때로 거세게 불기도 하고 부드럽게 어루만지듯이 스치듯 지나가기도 한다. 피리의 종류가 다르면 그 소리가 다르듯이 온갖 생명의 다른 구멍들을 통해 바람은 무수한 소리의 향연을 연주한다. 그러다가 바람이 멈추면 세상은 고요한 무無에 감싸인다.

여기서 말하는 無는 형이상학적인 비존재가 아니라 고요함(靜)이며 바람이 멈춘 상태를 의미할 뿐이다. 다시 바람이 불면 세상은 또 온갖 소리로 요동치듯이 바람은 늘 존재한다. 온갖 소리로 드러나는 모습이 有라면 無는 드러나지 않는 존재 방식이다. 바람은 늘 무형이지만 잎사귀의 떨림, 구름의 움직임, 온갖 구멍이 내는 소리를 통해 스스로 드러낸다. 우리는 이와 같은 떨림과 움직임, 요동과 소리를 통해 무형인 바람의 흐름에 감응하는 것이다. 이와 같이 동아시아의 형이상학은 추상적 논리를 바탕으로 하기보다 은유를 통해 전개되는 형이상학이다. 『장자』「제물론」의 이와 같은 논의는 바람의 은유를 통해 기를 드러내는, '바람의 형이상학'이라 할 수 있다.

『장자』「제물론」의 이 이야기는 현대 학자들이 다양하게 해석했는데, 프랑스 출신의 중국학자 클로드 라르Claude Larre는 이어지는 '사람의 피리소리'에 대한 이야기에서 재미난 해석을 이끌어낸다.

"여기의 한자 '뢰籟'는 음악소리를 내는 갈대를 형상화한 글자다. 그것은 소리가 울려나오는 갈대 내부의 빈 공간에 지나지 않는다. 그것은 어떤 구조 안에 포함된 공기의 단순한 운동일 뿐이다. 하지만 籟라는 한자는 이보다 훨씬 더 많은 것을 말한다. 우리들 각자는 마치 속이 비어 있는 대롱과 같으며 그 안에는 울림vibration이 있다. 우리들 각자가 공명하는 파이프라면 정情이란 이 파이프가 울려내는 소리the sounding of this pipe이다."●

클로드 라르는 이와 같은 방식으로 『장자』「제물론」의 이야기를 인간의 '정'에 대한 논의로 연결시킨다. 『장자』「응제왕」의 마지막에 나오는 '혼돈渾沌' 이야기에서 본래 얼굴이 없던 혼돈에게 일곱 개의 구멍을 주듯이, 인간의 몸은 안팎에 통하는 일곱

● 클로드 라르는 프랑스의 신부로서 중국 고대 도가철학과 한의학에 대해 다수의 저술을 한 중국학자다. 그의 저술로는 『황제내경소문』의 제1, 2편을 강설한 『天의 道』『황제내경영추』의 제8편을 강설한 『本神』이외에 간肝, 심心, 비脾, 폐肺, 신腎 등 한의학적 주제를 철학적 관점에서 다룬 여러 저술이 있다. Claude Larre and Elisabeth Rochat de la Vallée, *The Seven Emotions—Psychology and Health in Ancient China*, transcribed and edited by Caroline Root, London: Monkey Press, 1996. 5~6쪽. 나는 이 저서에서 情과 관련된 많은 계발을 받았다.

개의 구멍으로 기가 왕래한다. 이 기가 흐르면서 온갖 구멍에서 소리를 내듯이 인간의 몸은 요동치며 정으로 감응한다. 얼굴에 일곱 개의 구멍이 있듯이 사람에게는 칠정七情이 있다. 이렇게 보면 정이란 인간 몸의 안팎이 감응하면서 일어나는 생명의 떨림이며, 생명의 표현이 된다. 인간의 정이란 요컨대 '보이는 몸'과 '보이지 않는 몸'의 접면에, '보이는 몸'을 통해 '보이지 않는 몸'을 보게 하는 매개다. 이 정에 대한 논의로 가기 전에 먼저 '자연自然'을 다루어보자.

몸, '저절로 그러함'의 세계

우리는 자연이라는 말을 아주 낭만적으로 사용한다. 이때의 자연은 대체로 '문명' 또는 '인간'과 대립되는 것으로서 우리 주변의 환경이나 외재하는 대상을 가리킨다. 빌딩과 빌딩, 담과 울타리로 주위가 온통 인위적인 구조물로 둘러싸인 오늘날 자연은, 그래서 도시를 벗어나 나무와 풀이 우거지고, 논과 밭이 쭉 펼쳐져 있는 시골 풍경을 연상할 때에야 나오는 말이다. 그러나 고전 문헌에서는 이런 풍경을 '자연'이라 하지는 않았다. 동아시아 고전 문헌에 나오는 자연이 외재적인 어떤 것을 가리키는 경우는 기원후 삼국시대에 이르러서야 나타난다. 오늘날 우리가 일상적으로 사용하는 '자연'은 영어 'Nature'의 의미에 해당한다.

근대 과학―특히 기계적 우주론을 바탕으로 한 뉴턴 역학―적 맥락에서 규정된 의미로서의 'Nature'는 과학적 연구 대상이 되는 현상 세계를 지칭하는 말이다. 바로 해가 뜨고 지는 운동이나 높은 곳에서 낮은 곳으로 물건이 떨어지는 '자연 현상'을 탐구한다고 할 때의 그 자연이 이에 해당한다. 하지만 동아시아의 고전적 어법에서 이 같은 자연

현상에 해당하는 용어는 '자연自然'이 아니라 '산천초목山川草木'이나 '천지天地'와 '만물萬物'이다. 고전 문헌에서 '自然'은 '스스로 그렇게' 라는 술어적 의미일 뿐 어떤 대상을 갖는 것은 아니다. 그것은 어떤 실체를 표상하는 말이 아니라 실체의 운동과 변화를 기술하는 술어다.

따라서 '자연이란 무엇인가'라는 물음은 다소 어색한 말이 아닐 수 없다. '자연'은 어떤 '것'이 아니라 그런 어떤 '것'들이 이 세계에서 운동하고, 흘러가는 양상에 사용된 말이기 때문이다. 예를 들어 물이 아래로 흐르는 것은 '스스로 그렇게' 되는 것이며, 이때 '것(物)'이라 말할 수 있는 것은 물物에 대해서지 '스스로 그렇게'에 대해서가 아니기 때문이다. 그래서 어떤 이는 고전적 의미의 자연과 현대적 의미의 자연을 구분하여, 고전적 의미의 '자연'을 '자연의 자연성the naturalness of nature'이라 말하기도 한다. 우리 주변의 자연 환경이 '자연'이 아니라, 봄이 되면 싹이 트고 여름이 되면 무성해지는 그런 운동과 변화가 '자연'인 것이다.

여기에서 自然을 논하려는 한 굳이 유가와 도가처럼 학파를 구분하여 생각할 필요는 거의 없다. 그것은 고대 동아시아의 공통된 세계관에 속하는 것이기 때문이다. 다만 지적할 것은 고대 유가 문헌들인 『시경詩經』 『서경書經』 『논어論語』 『맹자孟子』 『주역周易』 『춘추좌씨전春秋左氏傳』에는 '自然'이란 용어가 나오지 않는다는 점이다. 自然은 주로 도가 문헌에 속하는 『장자』(7회), 『여씨춘추』(5회), 『노자』(5회), 『관자管子』(1회)와 제나라 직하稷下 계열의 유가 문헌인 『순자荀子』(2회)에 나온다. 이들 문헌들에 등장하는 '자연'의 맥락적 의미를 고려할 때 우선 주목할 만한 점은, 『여씨춘추』의 경우 5회 가운데 4회가, 『장자』의 경우 7회 가운데 5회가, 『순자』와 『관자』는 3회 모두 사람과 관련되어 쓰인다는 점이다. 특이하게 『노자』에서는 단 한 번만 명시적으로 사람과 관련하여 사용된다.

사람과 관련되어 사용되는 용례는 대개 '自然'은 心, 性, 眞, 才, 情과 같은 인간 본성의 영역과 관련된다. 이와 같은 용례에 근거할 때 自然이 문명이나 인위에 대립되어 사용된다는 것은 전혀 근거 없는 해석이다. 自然이 글자 그대로 '스스로 그러함'이라 한다면 그것은 오히려 『장자』의 용례에서 드러나듯이 '늘 변함없는 것(常)' '바꿀 수 없는 것(不可易)' '사물이 지닌 본래 그러함(物自然)'이라는 함축을 지닌다. 따라서 自然이란 '늘 따라야 하는(인순인循)'으로 표현되며, 바꿀 수 없고 조작할 수 없는 필연의 영역(自然之命)에 해당한다. 이것은 마치 천지의 세계에서 봄이 되면 초목이 싹을 틔우는 것과 같은 것이다.

이들 문헌들에 등장하는 '자연'이란 자연 현상에 대한 탐구 과정에서 비롯된 술어라기보다 인간의 몸의 '자연성', 다시 말하면 몸이 지닌 자연적 본성을 규정하는 술어라고 보는 것이 훨씬 타당하다. 어색하게 들리겠지만 도가의 논리에 따르면 문명에도 '자연'이 있다. 문명과 자연을 대립 개념으로 사유하는 근대 서양적 전제에서 이런 표현은 엉뚱한 말로 들린다. 또한 이는 우리의 상식적인 도가 이해와도 상충된다.

그러나 도가에서 말하는 '자연'이 어떤 '것'이 아니라 어떤 것들이 운동, 변화하는 양상에 대한 술어적 표현이라는 점을 미루어보면 납득할 수 있는 말이다. 해가 뜨고 지는 것이 스스로 그렇게 되듯이 사람이 먹고 자는 것도 스스로 그렇게 되는 일이다. 마찬가지로 어느 특정 사회의 사람들이 모두 악수로 인사를 나누는 것 또한 '스스로 그렇게' 되는 것이다. 문명과 자연이 불연속이라는 것은 착각이다.

도가가 반대했던 것은 문명이 아니라 권력의 강제성이었다. 추운 곳에 사는 사람에게는 털옷이 필요하고, 더운 지방에 사는 사람에게는 풀잎 치마가 적당한 법이다. 그러나 규범이란 것은 그렇지 않다. 규범은 기본적으로 통일성을 지향하게 마련이다. 통일 이전의 춘추전국시대는 다양한 문화와 습속, 언어 전통이 공존하던 시대였다. 그러한 다양한 사회를 강력한 무력으로 단일한 정치적 질서로 통합하려는 권력의 강제는, 사람들에게 몸에 익숙하던 규범을 버리고 새로운 규범을 받아들이게 했던 것이다. 사계절이 순조롭게 운행하는 것이 자연스럽고 익숙한 것처럼, 늘 하던 식의 규범에 따르는 것 또한 자연스럽고 익숙한 것이다.

그러나 강압적으로 모든 사람들의 습속과 규범을 통일하려는 방향으로 역사는 진행되었고, 이를 강요당해야 했던 사람들에게 이는 '제국주의적 행위'로 비쳐졌을 것이다. 기존의 공동체적 질서를 보전하는 것—이를 『장자』에서는 '덕을 함께한다(同德)'라고 한다—달리 말해 자연스럽고 익숙한 규범에 따라 삶을 영위하는 것을 『장자』는 '소요하는 무위(逍遙無爲)'라고 불렀던 것이다. 그런 의미에서 '자연'에 대립되는 개념은 문명이 아니라 『맹자』가 경계하고자 했던 '조장助長'이다. 이는 『여씨춘추』에서 '자연'과 '강제(使)'를 대립시키는 것과 통한다.

몸에 병이 났을 때 몸의 저항력을 길러 저절로 치유되게 하는 법과 신체를 절단하고, 상한 부위를 잘라내는 법은 전적으로 다른 인간관에 기초한 치료 행위다. 밥을 먹고 나면 숭늉을 먹어야 제격이듯이 스테이크를 먹으면 커피를 즐겨야 좋다. 우리의 위장은 적어도 그렇게 길들여져 있으며, 그것이 자연스러운 것이기 때문이다. 몸으로 감당할 수 없는 문명이 문제인 것이지 문명이 문제되는 것은 아니다. 문제의 본질은 오히려 인간 사회의 속성에 있다. 자연과

● 고전 문헌에서 '무위無爲'는 단일 개념이 아니라 적어도 네 가지 이상의 개념이 있는 다의성을 지닌 용어다. 첫째로 '무위'는 군주의 모범적인 행위와 덕을 통해 백성이 자연스럽게 교화된다는 함축이 있다. 이는 '교화적 무위' 또는 '유가적 무위'의 이상이라 할 수 있다. 둘째로 제왕이 관료제를 효율적으로 통제하는 정치적 기술이란 뜻이 있다. 이때의 무위는 '주술적 무위' 또는 '법가적 무위'라 할 수 있다. 셋째로 양생의 한 방법으로서 정신을 기르는 행위를 뜻하기도 한다. 이는 '양생의 무위'라 할 수 있다. 넷째로 정치적 강제에서 벗어나 유유자적한 삶을 향유한다는 의미가 있는데, 이 개념은 『장자』에서 두드러지는 개념이다. '소요의 무위'가 이에 해당하며 이는 정치적 강제나 억압에 대립하는 개념이다. 이에 대해서는 다음을 참조할 것. 김시천, 「노자의 양생론적 해석과 의리론적 해석」(숭실대학교 박사학위논문, 2003), 157~62쪽.

문명의 대립이란 인간 사이의 정치적 대립을 흐리기 위한 조작에 지나지 않는다. 생동하는 몸에 '정치적 강제'를 가하는 것만큼 반자연적인 것은 없다.

'심성'에서 '심정'으로

'자연'이란 일차적으로 몸의 자연성이다. 그런데 몸의 자연성이라 말할 때 그 자연이 술어적인 것이라면, 도대체 그 자연이 술어가 되는 것은 무엇일까? 우리는 『순자』의 다음 몇몇 구절에서 자연이 술어가 되는 것을 찾을 수 있다. 여기서 우리는 다시 '정'과 만나게 된다.

> 사람이 나면서부터 그러한 것을 일컬어 性이라 한다. 이 '성'의 조화로움이 낳는 것, 하늘과 땅의 두 기운이 만나 감응하는 것 그리고 일삼지 않아도 스스로 그렇게 되는 것을 일컬어 성이라 한다. 이 성이 좋아하고 싫어하고 기뻐하고 노여워하고 슬퍼하고 즐거워하는 것을 일컬어 情이라 한다.
> 生之所以然者謂之性. 性之和所生, 精合感應, 不事而自然謂之性. 性之好惡喜怒哀樂謂之情(『荀子』「正名」).

이 문장에 따르면 '자연'이 술어가 되는 궁극적인 그 무엇은 인간의 '성'이다. 그것은 나면서부터 그러한 것이고 일삼지 않아도 저절로 그렇게 되는 것이다. 또한 그것의 내용은 좋아하고 싫어하고 기뻐하는 등의 '정'이다. 달리 말해 인간의 몸에서 저절로 그렇게 된다고 표상할 수 있는 것은 '성'과 '정'으로, 나면서부터 그러하다는 측면에서 말하면 성이요, 그 구체적 내용으로 말하면 정이 되는 것이다. 마치 동전의 양면과 같은 그러한 것이 성과 정이다. 그런데 『순자』는 여기에 덧붙여 인간의 몸과 관련된 논의를 제시한다.

> 사람이 형체가 갖추어지고 정신이 생기면 여기에 좋아하고 싫어하고 기뻐하고 노여워하고 슬퍼하고 즐거워하는 마음이 담긴다. 이것을 일컬어 '타고난 정'이라 한다.
> 形具而神生, 好惡喜努哀樂臧焉, 夫是之謂天情(『荀子』「天論」).

내용은 간단하지만 이 구절에는 우리가 그동안 지나왔던 이야기들이 거의 다 들어 있다. 인간의 몸의 두 측면, 즉 하늘에서 유래하는 '보이지 않는 몸'인 神과 땅에서 유래하는 '보이는 몸'인 形이 갖추어지는 순간, 마치 봄이 되면 '스스로 그렇게' 싹이 터 나오듯이 인간의 그 몸에서 '정'이 그 안에 배태되어 있다는 것이다. 그래서 그것은 '타고난 정'이라 부른다. 이렇게 보면 『순자』에서 말하는 성과 정의 관계는 『중용』에서, "기뻐하고 노여워하고 슬퍼하고 기뻐함이 아직 발동하지 않았을 때를 '중中'이라 한다. 이것들이 발동하여 규범에 맞을 때 그것을 조화라고 한다(喜怒哀樂之未發謂之中, 發而皆中節謂之和)"는 것과 다르지 않다.

하지만 여기서 『순자』가 우리의 관심을 끄는 중요한 이유는 다른 유가 문헌과의 연결성보다 그가 말하는 '정'이 위치하는 자리에 있다. 『순자』는 정을 성과 욕을 매개하는 가운데 자리에 둔다.

> 성이란 타고난 경향이요, 정이란 성이 움직이는 바탕이요, 욕은 정의 감응이다.
> 性者, 天之就也. 情者, 性之質也. 欲者, 情之應也(『荀子』「正名」).

● 『순자』에서 "'정'은 행위 활동을 일으킬 수 있는 가능성만이 있는 것인 반면에 '욕'은 행위 활동을 실제로 발동시키는 현실성을 지닌 것이다. 만약 '정'의 좋아함, 싫어함, 기뻐함, 분노함, 사랑함, 즐거워함이 자연적으로 우리 몸에 있는 것이라면 우리의 행위 활동은 '욕'이 외부 사물과 계속적으로 관계하는 데서 발동한다고 할 수 있다. ……따라서 '성악'은 엄밀한 의미에서 악으로 흐르기 쉬운 경향성 속에서 파악될 수 없고, '욕'으로 실제 발동된 행위 활동에서 파악되어야 한다." 김철운, 『순자와 인문 세계』(서광사, 2003), 54~5쪽.

이 언명은 인간의 행동이 일어나는 동인에 관한 설명이다. 인간은 몸이 갖추어지면 자연스러운 본성(性情)을 갖게 되는데, 이러한 본성이 외부 사물과 감응할 때 '욕'이 발동하여 실제의 행위가 일어난다는 것이다. 이런 의미에서 볼 때 『순자』의 "인간의 본성은 악하다"라는 주장은 욕과 관련된 것이다.

성과 정에서 욕이 발동하는 과정은 그 자체가 '자연'으로서 어찌할 수 없는 스스로 그러한 것이다. 이렇게 볼 때 몸의 자연성이란 무엇보다 성·정과 관련되는데, 이때 '성'은 맥락상 유래의 차원, 생래의 차원을 의미할 뿐이다. 즉 『맹자』에서 "타고나는 것을 성이라 한다(生之謂性)"와 같이 동어반복에 지나지 않는다. 이와 달리 '정'은 그 구체적인 내용인 '호오희로애락好惡喜怒哀樂'을 가리킨다. 이러한 방식의 사고는 순자 이전 직하에서 유래하는 『관자』「내업」에서 이미 선취되어 있던 생각이다.

무릇 마음이 드러나는 모습은 스스로 가득 차고, 스스로 생겨나 완성된다. 사람이 이 마음의 본모습을 잃는 까닭은 필시 근심, 즐거움, 기쁨, 노여움, 욕심, 이익을 탐하는 마음 때문이다. 근심, 즐거움, 기쁨, 노여움, 욕심, 이익을 탐하는 마음을 버릴 수 있으면 마음은 다시 본래의 가지런한 상태로 돌아간다. 이 마음의 본성은 편안함을 좋아하니, 번거롭게 하지 말고, 혼란스럽게 하지 말라. 그리하면 온화함이 곧 저절로 이루어진다.

凡心之形, 自充自盈, 自生自成. 其所以失之, 必以憂樂喜怒欲利. 能去憂樂喜怒欲利, 心乃反齊. 彼心之情, 利安而寧. 勿煩勿亂, 和乃自成(『管子』「內業」).

『관자』「내업」은『순자』가 기술했던 내용을 마음이 드러나는 전개 과정으로 서술한다. 그리고 그 과정은 '스스로 가득 차고, 스스로 생겨나 완성되는' 자연이다. 『관자』「내업」에서 성과 정은 성격상의 차이는 없다. 여기서 '心之情'을 '마음의 본성'이라 옮긴 것은 그러한 이유에서다. 아직 발동하지 않은 마음은 성이라고도 할 수 있고 정이라고도 할 수 있으며, 고요한 상태는 본래의 모습이다. 이것은 태풍이 불어오기 전의 고요함과도 같다. 하지만 거센 바람이 불고 비가 내림과 동시에 천지 사방의 나뭇가지와 잎사귀가 흔들리고 요동치듯이 마음 또한 이에 감응한다. '바람의 형이상학'은 이와 같이 마음의 공명을 은유적으로 드러내기 위해 채택된 은유다.

성과 정을 이와 같이 엇바꿔 쓰면서 인간 본성의 문제를 다루는 것은 성악설을 주장하는『순자』와 달리 성선설을 주장하는『맹자』또한 마찬가지다.『맹자』「고자상」에서 "지금 선생께서는 사람의 본성(性)이 선하다고 말씀하십니다. 그렇다면 저들은 모두가 틀린 것입니까?"라는 질문에 '정'으로 바꾸어 말한다. 『맹자』에 따르면 사람의 참마음(情)으로 말할 때 사람이 선하게 될 수 있다고 답한다. 이것은 타고난 것(才)으로서 사단이 이에 해당한다고 덧붙인다. 이렇게 볼 때 맹자가 말하는 성선이란 '정'으로 가능한 것이요, 또한 이 정 안에서 인의

● "사람의 참된 마음(情)이 관계되는 한 사람은 선하게 될 수 있다는 것이니, 이것이 내가 '사람의 본성은 선하다'고 말하는 것의 의미입니다. 사람이 선하지 않게 되는 것은 그가 본래 타고난 것(才)의 잘못이 아닙니다. 측은지심惻隱之心, 수오지심羞惡之心, 공경지심恭敬之心, 시비지심是非之心은 사람이면 누구나 갖고 있는 것입니다. 측은지심은 인仁이요, 수오지심은 의義요, 공경지심은 예禮요, 시비지심은 지智입니다. 인의예지는 바깥에서 들어와 나에게 붙는 것이 아닙니다. 그것들은 본래부터 내 안에 있는 것입니다. 다만 우리가 이것을 깨닫지 못했던 것일 뿐입니다. 그래서 '구하면 얻을 것이요, 버리면 잃을 것이다'라고 말하는 것입니다. 경우에 따라 사람은 다른 사람보다 두 배 또는 다섯 배, 심지어는 셀 수 없을 정도로 멀어지는데, 이것은 단지 사람이 본래 타고난 것(才)을 다 발휘하지 못해서일 뿐입니다."
乃若其情, 則可以爲善矣, 乃所謂善也. 若夫爲不善, 非才之罪也. 惻隱之心, 人皆有之, 羞惡之心, 人皆有之, 恭敬之心, 人皆有之, 是非之心, 人皆有之. 惻隱之心, 仁也, 羞惡之心, 義也, 恭敬之心, 禮也, 是非之心, 智也. 仁義禮智, 非由外鑠我也, 我固有之也, 弗思耳矣. 故曰, '求則得之, 舍則失之' 或相倍蓰而無算者, 不能盡其才者也(『孟子』告子上 11:6)

예지라는 도덕성의 네 가지 실마리를 발견했던 것이다.

이렇게 볼 때 『순자』나 『맹자』나 인간의 행위와 관계되는 한, 선한 행동을 하느냐 악한 행동을 하느냐라는 행위 차원의 논의는 정에 초점이 놓여 있다. 『순자』나 『맹자』가 성선과 성악을 주장한다 해서 양자의 논의가 모순된다거나 대립적이라 파악하는 것은 우리에게 아무런 의미도 주지 못한다. 인간 본성에 관한 논쟁은 실상 성에 있다기보다 정에 있으며, 이는 '심성론'이 아닌 '심정론'이었음을 말해준다. 인간의 본성, 우리가 말할 수 있고 몸으로 드러나는 본성이란 심성이 아닌 심정이 되는 것이다.

거센 바람에서 상쾌한 바람으로

『맹자』에서 쓰이는 '정'은 여러 면에서 우리의 눈길을 끈다. 맹자는 제나라의 뛰어난 군주 선왕宣王이 왕의 덕德이 어떠해야 하는가를 묻자 자신이 들은 이야기로 되물었다. 즉 선왕이 제물로 바칠 소가 측은하게 끌려가는 모습을 보고 불쌍히 여겨 소를 양으로 바꾸라고 했다는 이야기가 사실인가를 확인하고, 이것이 사실이라 하자 맹자는 바로 그 마음으로 왕도를 실천하면 된다고 대답했다. 이 이야기는 『맹자』가 말하는 정이 어떠한 성격의 것인지 잘 보여준다. 맹자는 제나라 선왕의 행동에서 '차마 하지 못하는(不忍)' 마음을 보았던 것이다. 『맹자』에서 말하는 '마음'이란 이와 같이 말과 행동으로 '드러나는' 것이다.

현대인은 '정'을 이야기할 때 이것이 악의 경향성을 지닌 무엇, 또는 객관적이지 못하고 우리의 이성을 흐리는 격정으로 여기기 쉽다. 감정에 따라 행동하는 것이 금기가 되고, 감정적인 것은 합리적인 것과 대립되는 것으로 여기는 것이 현대인의 상식이다. 하지만 『논어』나 『맹자』에서 쓰이는 '정'은 대체로 긍정적인 의미를 지닌다. 『맹자』에서 '정'은 모두 네 번 사용되는데, 이때의 의미는 본래 그대로의 마음, 참 마음, 속사정과 같은 실정實情의 의미를 지닌다. 이는 『논어』의 경우에도 마찬가지다. 『논어』에서도 정은 어떤 상황을 초래하게 된 속사정, 진실한 마음의 의미가 있다.

특징적인 것은 『논어』와 『맹자』의 어느 용례에서도 정과 '희로애락'을 연결지을 구체적인 근거가 없다는 점이다. 이는 『논어』가 희로애락을 정과 연결하기 이전의 사유임을 보여준다. 다만 『논어』와 『맹자』가 차이를 보이는 것은 '기'의 용례다. 『논어』에서 기는 '숨'이라는 뜻과 더불어 어떤 것이 지닌 힘이나 기세(辭氣, 屛氣, 食氣)를 뜻한다. 특히 『논어』 「향당鄕黨」의 '혈기血氣'는 색욕과 다툼, 탐욕을 일으키는 동인으로 평생토록 경계해야 할 것으로 쓰인다. 『논어』의 기에는 본래부터 어떤 사납고, 폭발적이며, 격정적인 의미가 들어 있음을 보여주는 좋은 예라 할 수 있다.

미국의 중국학자 루이스M. E. Lewis는 『논어』에 나오는 혈기를 비롯하여, 『상군서商君書』 『한비자韓非子』 『위료자尉繚子』 『손빈병법孫臏兵法』 등에서 기가 헤아리거나 억제할 수 없는 파도처럼 일어나는 일종의 에너지로서 주로 분노나 투쟁과 관련된 의미가 있다고 분석하고, 기 개념을 중심으로 폭력의 자연철학을 재구성해 보여주고 있다. 오늘날에도 쓰이는 '사기士氣'는 특히 병법에서 전투의 승리와 지휘술의 핵심을 구성하는 개념으로 기와 폭력성의 연관성을 잘 보여주는 개념이다. 루이스의 논의에 기대어 페어뱅크는 이러한 폭력성을 중심으로 하는 士에서 인간성을 중심으로 두는 어진 士의 이미지로 방향

● 루이스는 '기'와 폭력의 관계를 자연 철학적으로 재구성하면서 다음과 같이 말한다. "인간의 기의 일차적 표현인 개인의 호전성과 용맹함은 인간 사회의 가능성을 부정하고 인간을 야수의 수준으로 끌어내린다. 폭력의 사회사에서 이러한 야수성은 성인의 혁신으로 극복되었다. 폭력의 자연 철학에서 질서의 창조는, 분할 불가능한 원초적 혼돈에서 출현하는 하늘의 패턴이라는 모델에 바탕하여 광포한 혼돈인 기에 일정한 형식을 부여함으로써 상상되었다(Mark Edward Lewis, Sanctioned Violence in Ancient China, New York: SUNY Press, 1990. 226쪽)."

을 전환한 것이 공자 철학의 공헌이라 평가하기도 했다.

부정적 이미지를 그대로 간직한 『논어』와 달리 『맹자』에 나오는 기는 우리가 '바람의 형이상학'이라 불렀던 것을 상기시켜주는 재미난 이야기를 들려준다.

> 비록 사람에게 있는 것 가운데 인의仁義의 마음이 어찌 전혀 없겠는가. 다만 사람이 제 참된 마음(良心)을 놓아버림이 마치 나무와 도끼와 자귀의 경우와 같은 것이다. 날마다 나무가 베어지니 어찌 이를 두고 보기 좋다고 할 수 있겠는가. 낮과 밤에 쉬고 상쾌한 아침의 기운(平旦之氣, the effect of the morning air)을 받음에도 자신이 좋아하는 것과 싫어하는 것이 다른 사람들과 서로 가까운 자가 아주 드물다면, 그것은 그가 하루 중에 하는 것이 다시 그 얻은 바를 흩어버리기 때문이다. 이렇게 흩어버리는 일이 반복되면 밤바람의 시원한 기운(夜氣, the influence of the air in the night)이 더는 보존되지 못하게 된다. 밤바람의 시원한 기운이 더 보존되지 않으면 금수와 다를 바가 거의 없게 된다. 다른 사람들이 그가 금수와 다를 바가 없음을 보고서 그에게 아예 타고난 것(才)이 없었다고 하게 될 것이다. 그런데 이것이 어찌 사람의 참 모습(人之情)일 수 있겠는가?
> 雖存乎人者, 豈無仁義之心哉? 其所以放其良心者, 亦猶斧斤之於木也, 旦旦而伐之, 可以爲美乎? 其日夜之所息, 平旦之氣, 其好惡與人相近也者幾希, 則其旦晝之所爲, 有梏亡之矣. 梏之反覆, 則其夜氣不足以存, 夜氣不足以存, 則其違禽獸不遠矣. 人見其禽獸也, 而以爲未嘗有才焉者, 是豈人之情也哉?(『孟子』「告子上」 11:8)

흔히 『맹자』 수양론의 핵심인 '호연지기'와 더불어 자주 논의되는

'평단지기'와 '야기'를 나눈 라우D. C. Lau를 따라 구체적으로 번역해보았다. 앞서 바람의 형이상학을 논하면서, 우리는 『장자』에서 인간의 몸을 불어오는 바람(氣)에 공명하는 피리에 비유하고 있음을 상기해본다면 이 구절에서 『맹자』가 말하려는 의도를 아주 구체적으로 이해할 수 있을 것이다. 해가 막 떠오는 아침에 우리는 바람을 맞으며 상쾌한 하루를 시작한다. 어제의 잘못을 오늘은 되풀이하지 말자. 또 힘겨운 하루를 끝내고 돌아오며 시원한 밤바람과 마주할 때 우리는 하루의 일과를 돌이키며 스스로 반성한다.

『맹자』가 말하는 '야기'나 '평단지기'는 모두 바람의 기운이 우리 몸에 공명하며 일으키는 마음이다. 바람은 무엇보다 하늘에서 불어오는 기이고, 우리들의 호흡이며, 또한 우리 몸의 구멍으로 들어와 마음에 머무는 정신이다. 공자 철학의 계승자로 자처하는 맹자지만 그는 적어도 기와 관련된 논의에서는 공자와 상당히 멀어져 있다. 공자의 몸에 불어닥쳤던 바람이 거센 바람이라면, 맹자의 가슴에 불어온 바람은 상쾌하고 시원한 바람이었던 것이다. 아마도 이것은 같은 士의 신분으로서 '풍기風氣'가 춘추시대와 전국시대에 얼마나 다른 것이었는가를 보여주는 좋은 사례일 수 있다.

물론 이것은 『논어』에 나타난 삶의 지극한 경지에 대한 언설들은 공자 또한 얼마나 '정'이 많은 인간이었는가를 느끼게 한다.

> 공자가 말씀하셨다. "배우고 때때로 그 배운 것을 익힌다면 또한 기쁘지(說) 않겠는가? 벗이 있어 먼 곳에서 막 왔을 때 또한 즐겁지(樂) 아니한가? 다른 사람이 나를 알아주지 않더라도 조금도 마음이 흔들리지 않는다면(不慍) 또한 군자가 아니겠는가?
> 子曰, "學而時習之, 不亦說乎? 有朋自遠方來, 不亦樂乎? 人不知而不

慍, 不亦君子乎?(『論語』「學而」)

공자는 자신의 인생을 회고하면서 자신이 궁극적으로 도달한 경지, 곧 군자君子―사실 이것은 그에게는 상당한 회한이 담긴 말이다. 여기서 군자는 성인聖人과 다를 바가 없다―의 특성을 '정'의 언어로 담아내고 있다. '기쁨'과 '즐거움' 그리고 '성내지 않음'은 그가 평생을 통해 도달한 인격의 경지를 드러내는 표현이다. 비록 '보이는 몸'은 늙었지만 '보이지 않는 몸'은 오히려 건강했던 것이다. 이것은 그의 또 다른 유명한 말과 다르지 않다.

> 공자가 말씀하셨다. "나는 열다섯에 배우는 일에 뜻을 두었다. 서른이 되자 나름의 뜻을 세우게 되었고 마흔이 되어서는 의혹되는 일이 없었다. 쉰에 이르자 하늘의 명命을 깨달았고 예순이 되어서는 듣는 것이 부드러워졌다. 일흔에 이르러서는 마음이 원하는 대로 해도 법도에 어긋남이 없었다."
> 子曰, "吾十有五而志于學, 三十而立, 四十而不惑, 五十而知天命, 六十而耳順, 七十而從心所欲, 不踰矩."(『論語』「爲政」 4)

공자가 추구한 세계는 말이나 용어의 다름은 있지만, 실제로 도가의 경우와 마찬가지로 정의 언어로 충만하다. 이것은 오늘날 우리가 합리적 정신의 체현자로 이해하는 공자와 다르다. 그는 이성의 철학자라기보다는 감정 조절의 달인이다. 여기서 우리는 위진시대가 이해한 공자의 모습이 '보통 사람과 동일한 감정이 있으나 거기에 매이지 않는(聖人有情而不累)' 체무體無의 성인으로 묘사되는 이유를 알게 된다. 몸으로 사는 삶, 인간관계라는 복잡한 그물에서 인간은 갖가지 희로애락을 겪는다. 희로애락은 그런 의미에서 몸으로 사는 인간이 드러내는 '보이지 않는 몸'의 모습이며, 마음의 떨림이요, 생명의 맥박이다.

  몸속에서 울려나오는 정을 어떻게 다스릴 것인가는 인생을 어떻게 살 것인가에 가장 절실한 숙제가 된다. 희로애락을 누리며 살되 거기에 이끌리지 않는다는 것은 쉬운 일이 아니다. 기쁘고 노여워하고 슬프고 기뻐한다는 것은 단순히 주관적 감정, 무질서한 요동이 아니라 몸이 지닌 '자연'이, 생명이 주변 세계에 감응하고 대처하여 자기 삶을 보전하기 위한 원초적 전략이다. 바로 거기에서 우리는 '정'의 또 다른 이름, '기'와 다시 만난다. 이 마지막 여정에서 만나는 기는 바로 '보이지 않는 몸'과 '보이는 몸'의 사이, 우리 몸의 안팎을 드나드는 바람이며, 보이지 않는 몸의 얼굴 '정'이다.

표정, 몸의 안에서 밖으로

나는 이 글에서 인간의 몸을 말하면서 '보이는'과 '보이지 않는'이란 말을 무수히 많이 사용했다. 그리고 여기서 '보이는'과 '보이지 않는'이란 말은 전통 개념 가운데 '무형'과 '유형'을 염두에 둔 표현이라고 했다. '보이지 않는'이란 말은 달리 말해 어떠한 형태라고 말할 수 없기에, 좀더 추상적으로 표현하자면 구체적으로 어떠하다고 규정할 수 없다는 뜻이다. '바람의 형이상학'은 이러한 '보이는 몸'과 '보이지 않는 몸'의 관계를 은유적으로 잘 보여준다. 대지 위에 버티고 서 있는 나무의 형체가 보이는 몸이라면 그 나무의 온갖 구멍을 통해 흐르는 바람은 보이지 않는 몸이다. 나무는 하늘에서 불어오는 바람, 기를 호흡하며 살아 움직인다.

  그런데 보이지 않는 몸이 자기를 전혀 드러내지 않는 것은 아니다.

우리는 잎사귀의 떨림에서, 구멍에서 울려나오는 소리를 들으며 바람의 존재를 감지한다. 보이는 몸은 울림과 떨림을 통해 보이지 않는 몸을 순식간에 드러낸다. 클로드 라르가 적절하게 말했듯이 이러한 울림과 떨림은 인간의 '정'이다. 바람의 형이상학은 이렇게 해서 인간의 정에 관한 이야기로 넘어간다. 『관자』「내업」과 『회남자』「정신훈」은 이에 대해 비슷한 이야기를 들려준다.

> 봄·여름·가을·겨울은 하늘이 드러내는 때요, 산·구릉·시내·계곡은 땅의 가지요, 기뻐하고 노여워하고 빼앗고 주는 것은 사람의 모습이다.
> 春秋冬夏, 天之時也; 山陵川谷, 地之枝也; 喜怒取予, 人之謀也(『管子』「內業」)

> 정신은 하늘이 내려준 것이요, 형체는 땅이 내어준 것이다. …… 사람의 머리가 둥근 것은 하늘을 본뜬 것이요, 사람의 발이 모난 것은 땅을 본뜬 것이다. 또 하늘에 사시四時, 오행五行, 구야九野, 366일이 있듯이 사람에게도 또한 사지四肢, 오장五臟, 구규九竅, 360마디가 있다. 하늘에 바람과 비, 추위와 더위가 있듯이 사람에게도 또한 빼앗고 줌, 기뻐하고 노여워함이 있다.
> 夫精神者, 所受於天也; 而形體者, 所稟於地也 …… 故頭之圓也, 象天; 足之方也, 象地. 天有四時五行九解, 三百六十六日, 人亦有四支五藏九竅, 三百六十節. 天有風雨寒暑, 人亦有取與喜怒(『淮南子』「精神訓」).

우주와 인간의 몸을 대우주와 소우주와 동형으로 파악하는 세계관의 전형적 예로 여겨지는 앞의 문장들은 '바람의 형이상학'이 인간의 '정'을 설명하는 효과적인 은유임을 보여준다. 고대 동아시아인이 생각하는 사계절이란 바람의 바뀜일 뿐이다. 하늘에서 바람이 불어 생명을 유행하듯이 인간의 몸에서도 바람이 불면 이에 호응하여 기뻐하고 노여워하는 정이 울려나온다. 마치 바람이 지날 때 소리와 나뭇가지의 떨림을 통해 바람의 존재를 지각하듯이, 인간 존재 내부의 심연에 자리하는 '보이지 않는 몸'은 기뻐하고 노여워하는 '정'을 통해 드러난다.

그것은 달리 말하면 안에서 밖으로의 나옴이다. 『회남자』「정신훈」은 사람이 십 개월의 기간을 거쳐 하나의 생명으로 탄생하는 과정을 기술한 후에 형체와 오장에 대해 말한다. "인간의 형체가 다 이루어지고 나면 정신이 깃드는 오장 또한 모습을 갖춘다. 그래서 폐는 눈을 주관하고 신은 코를 주관하고 담은 입을 주관하고 간은 귀를 주관한다. 그래서 바깥의 눈·귀·코·입과 같은 외관外官은 '보이는 몸'이라 하고 안의 폐·신·담·간과 같은 내장內臟은 '보이지 않는 몸'이라 한다(形體以成, 五藏乃形. 是故肺主目, 腎主鼻, 膽主口, 肝主耳, 外爲表, 而內爲裏)." 여기서 안과 밖, 겉과 속의 대비는 실체와 작용, 본체와 현상의 관계라기보다는 '보이는 몸'과 '보이지 않는 몸'을 지칭할 뿐이다.

한의학에서 말하는 '오장'이란 근대 해부학적 장기와는 거리가 있다. 해부학적 장기로서의 오장이란 단지 기가 흐르는 통로나 기가 담기는 그릇에 지나지 않는다. 한의학 문헌에 나오는 오장육부도는 대개 장기의 모양이나 형태를 묘사하는 것보다 그 속에 흐르는 것을 가시화하는 데 주력하고 있다.● 한의학에서 진단이란 이 오장육부를 흐르는 기, 즉 정신을 보는 것이다. 달리 말하자면 '보이

● "중국 의학에서 고정적인 물체로서의 장기나 소화관, 골격이라는 것은 중요하기는 해도 의료의 중요한 목표가 되어 있지는 않은 것이다. 좀 더 정확히 말하면, 장기나 소화관, 골격은 용기容器나 관에 지나지 않고, 그 속을 흐르는 것이야말로 인간의 신체에서 본질적인 것이다. 그렇다면 의학의 주된 관심이 인체를 흐르는 유체의 관계도 측면을 지향하는 것도 당연하다는 이야기가 될 것이다." [이시다 히데미, 이동철 옮김, 『기, 흐르는 신체』(열린책들, 1996), 25쪽]

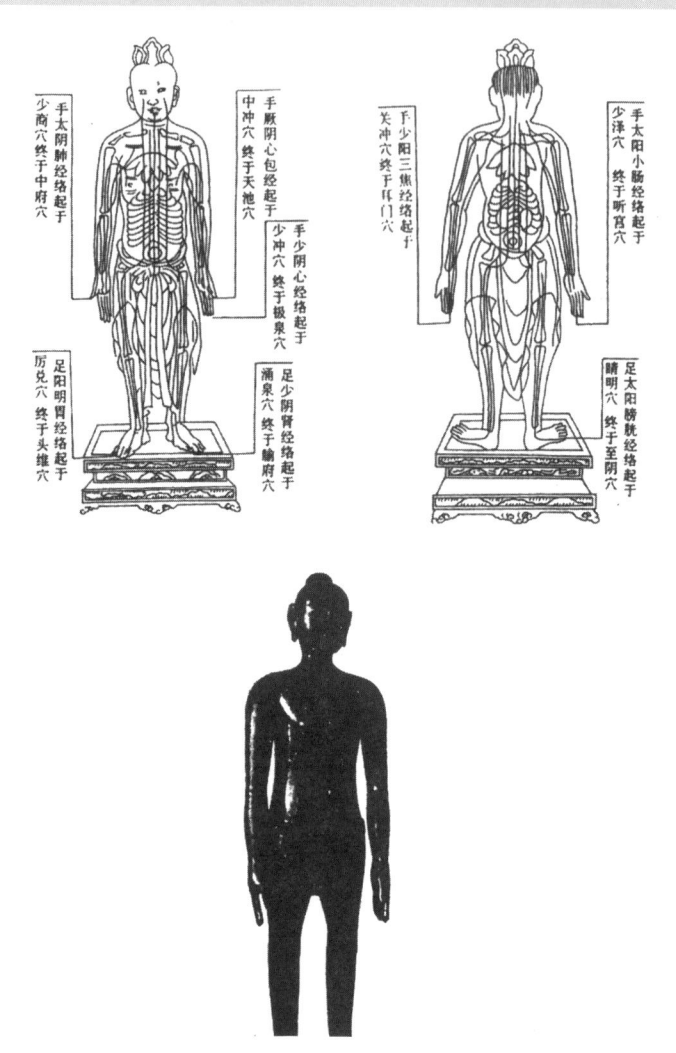

『동인유혈침구도경銅人兪穴鍼灸圖經』(1026)에 실려 있는 이 그림은 궁실에서 침구를 다루는 의자醫者를 시험하기 위해 만든 동인銅人의 그림(위)이다. 실제 청동으로 만든 동인(아래: 송대에 주조된 동인)은 속이 물로 꽉 채워져 있어서, 여기에 의자醫者가 정확하게 침을 꽂으면 발라 놓았던 왁스가 벗겨져서 물이 흘러나오도록 되어 있다. 경혈을 표시한 그림과 사진의 동인의 대비는 보이지 않는 몸과 보이는 몸을 의학적 관점에서 잘 보여준다.

는 몸'의 울림과 떨림을 통해 '보이지 않는 몸'을 보는 것이다. 그래서 『황제내경영추』에서는 침을 놓는 행위조차 환자의 신에 근거해야 한다(本神)고 말한다. 침을 놓는다는 것은 '보이는 몸'에 자극을 가하여 '보이지 않는 몸'을 깨우는 것, 흐르는 몸이 잘 흐르게 하는 것이다.

그런데 보이는 몸을 통해 보이지 않는 몸을 본다고 할 때 도대체 우리가 보는 것은 무엇일까? 우리가 무엇을 보기 위해서는 무언가 보이는 것이 있어야 한다. 그런데 보이지 않는 몸이 어떻게 우리에게 보인다는 것인가? 『순자』에서 보았듯이 정 또한 '자연'이고 보이지 않는 몸이라면 '정'을 본다는 것은 어떻게 가능한 것인가? 여기서 우리는 『순자』가 '정'을 '성과 동일하게 본성의 영역으로 상정하면서도 '욕'과의 관계에서 가운데에 둔다는 점을 상기할 필요가 있다. 이를 우리의 논리에 가져온다면 '정'은 보이는 것과 보이지 않는 것의 사이 또는 접면에 위치하는 것이 된다.

고전 문헌에서 '본다'는 것은 눈의 작용이며, 이 눈의 목적어로 흔하게 나오는 말이 '色'이다. 『순자』「천론」에서 귀, 눈, 코, 입, 형체 각각의 기능을 나열한 것에 대해 주석자 양경楊倞은 소리, '색', 냄새, 맛 그리고 차고 뜨겁고 아프고 가려운 것을 구별하는 것이라 한다. 고대의 한자 '目'은 그래서 감각 기관인 눈을 가리키기도 하지만 '보다'는 동사의 뜻으로 쓰이기도 한다. 본다는 것은 눈과 관련되며 이 눈이 보는 것은 '색'이다. 그렇다면 색을 본다는 것은 무엇인가? 이 '色'이란 한자는 춘추전국시대의 고전 문헌에서는 상식처럼 여기는 색깔이 아닌 '안색顔色'을 뜻한다.● 그래서 공자는 『논어』「계

● 시게히사 쿠리야마는 고전 문헌에 나타난 色의 다양한 용례들을 분석한 후에 다음과 같이 결론짓는다. "색과 안색은 동의어다. 周나라 말과 전국시대의 용법에서 색의 가장 흔한 의미는 색깔이 아니라 모습mien이다. …… 중국 최초의 사전인 漢代의 『설문해자說文解字』에서는 색을 안면에 나타나는 기색(氣)이라 규정하고 있으며, 훨씬 후대인 淸代의 주석자 단옥재 段玉裁조차도 여전히 안顔은 두 눈썹 사이의 공간을 가리킨다. 마음은 기색(氣)으로 나타나고 기색은 안면에 나타나는데 이것이 '색'이라고 한다. 현대의 『사해辭海』도 단옥재의 주석을 근거로 인용하면서 얼굴의 기색(顔氣)을 '색'의 첫째 의미로 놓고 색깔은 둘째 의미로 열거한다." (Shigehisa Kuriyama, "Visual Knowledge in Classical Chinese Medicine", in *Knowledge and the Scholarly Medical Traditions*, edited by Don Bates, MacGill University).

씨」에서 '얼굴빛(顔色)'을 살피지 않고서 말하는 장님 같은 행동'의 어리석음을 말하고, 『논어』「향당」에서 당에서 "나와서 계단 하나를 내려와서는 얼굴빛(顔色)을 편다."

고대의 의서인 『황제내경』에서는 얼굴이 하얗게 되면 감기에 걸린 것이고, 검어지면 통증을 나타낸다고 한다. 또 '간'에 열이 있으면 왼쪽 뺨에 붉은색이 나타나고 '폐'에 열이 있으면 오른쪽 뺨에 붉은색이 나타나고 '심'에 열이 있으면 이마에 붉은색이 나타난다고 한다. '색'이란 이와 같이 일차적으로 얼굴빛이며 이는 오장의 상태와 연결되는 것이었다. 한의사들이 얼굴빛에 골몰했던 것은 이와 같이 얼굴빛을 신체의 내부, '보이지 않는 몸'을 보는 통로로 생각했기 때문이다. 그런데 '안색'이란 한자어는 단순히 얼굴빛이란 의미 이상의 함축을 전달해준다. 왜냐하면 우리가 흔히 말하는 안색이란 '표정表情'을 뜻하기 때문이다.

이렇게 보면 색이란 표정이 드러나 있는 얼굴countenance을 의미한다. 그런데 우리의 논의와 관련시켜 볼 때, 이 표정이란 한자어는 아주 재미있는 글자다. 글자 그대로 옮기자면 그것은 '겉에 드러난 정'이기 때문이다. 달리 말해 우리가 얼굴빛을 본다는 것은 표정을 읽는다는 것이고 또한 그것은 '정의 드러남'을 보는 것이 된다. 이는 곧 마음을 읽는 것이다. 왕충王充의 『논형』에서 양혜왕은 순우곤淳于髡을 두고 이렇게 말한다. "내 뜻은 가슴속에 숨어 있어 보이지 않는데 순우곤은 이를 알았다. 순우곤은 성인이다." 이에 대해 왕충은 순우곤이 "양혜왕의 얼굴빛을 보고서 마음을 들여다본 것(觀色以窺心)"이라고 말한다. '얼굴빛', 곧 '표정'이란 마음의 드러남인 것이다.

이미 앞에서 언급했던 것처럼, 맹자가 제나라 선왕이 벌벌 떨며 끌려가는 소를 보고 양으로 바꾸라고 한 행동에서 '차마 하지 못하는 마음'을 보았다. 맹자는 제 선왕의 말과 행동에서 그에게 인의예지의 덕을 실현할 수 있는 실마리로서의 정, '차마 하지 못하는 마음'을 보았던 것이고 이윽고 그가 왕도정치를 펼쳐 덕을 이룰 수 있다고 말한다. 이와 같이 '정'이란 마음의 드러남이요, 정신의 드러남이요, '보이지 않는 몸'의 드러남이다. 동아시아 고전 철학에서 몸의 현상학이 향하고자 하는 것, 사태 자체는 후설의 의식과 다르며 하이데거의 존재가 아니라 '정'이다. 우리가 심성론이 아닌 심정론의 맥락에서 고대의 인성 논쟁을 다시 검토해야 하는 이유가 바로 여기에 있다. 이 정은 바람의 형이상학이란 은유를 통해 기와 밀접한 관련이 있고, '보이지 않는 몸'과 '보이는 몸'과 관련된 몸 담론의 중심에 있다.

 고대 동아시아 철학의 다양한 갈래의 핵심에는 이와 같이 정을 중심으로 하는 '몸의 현상학'이 있는 것이다. 그것은 인간 본성을 둘러싼 다양한 철학적 갈래를 형성하기도 했고, 한의학이라는 동아시아 과학을 산출하기도 했고, 법과 제도를 세우는 가장 기본적인 토대 이론의 역할을 했던 것이다. 특히 예술의 영역으로 들어가게 되면 우리는 정情의 세계를 말하지 않을 수가 없다. 따라서 우리가 기氣를 통해 동아시아 문화라는 넓은 외연을 다루기 위해서는 정情을 핵심 개념으로 하는 몸의 현상학에 대해 더 많은 관심을 기울여야 하지 않을까 한다.

열·린·대·화

전호근　재미있게 잘 들었습니다. 그런데 한자의 문자학적 해석에 대해 몇 가지 첨언을 할까 합니다. '身(신)'의 원시적 의미는 '임신하다'는 뜻으로 사용되거나 동형의 사람을 재생산하는 기관, 사지와 뼈의 결합체, 구부렸다 폈다 할 수 있는 동작이 일어나는 기관이라고 했는데, '身'은 갑골문甲骨文에서 불룩하게 튀어나온 아랫배와 엉덩이를 그린 모양이므로 이런 해석은 매우 타당하다고 생각합니다.

그런데 '己(기)' 또한 구부러짐, 펴짐, 이름과 같은 여러 가지 의미가 있으며, 글자의 형상 자체가 구불구불한 모양이어서 다른 사람과 구분되는 한 사람의 특정한 모양새나 행위의 산출자를 의미하는 것으로 추정된다고 했는데, 이에 대해서는 약간의 조정이 필요하지 않나 생각합니다. '己'는 청동 금문金文에서야 비로소 구부러진 모양으로 표기되기 시작했고, 갑골문에서는 '口(구)' 아래에 '十(십)'을 붙여놓은 글자로서 '子(자)'와 구분이 되지 않는 모양이기 때문에 구부러진 모양과는 거리가 있습니다. 이에 대해서는 좀더 세밀한 논의가 있어야 하지 않을까요?

김시천　좋은 지적입니다. '身'과 '己'의 원시적 의미에 대한 논의는 주석에서 밝혔듯이 신정근 선생님의 논의에서 따온 것입니다. 신정근 선생님도 '己'의 원시적 의미를 해석하는 논의에서 그간 여러 학자들이 다양하게 해석해온 것을 언급하고 있습니다. 이에 대해서는 더 전문적으로 연구하신 분들의 몫으로 돌려야 할 것 같습니다. 다만 제가 여기서 지적했던 것은 우리의 상식적인 의미 연관을 문제삼았던 것입니다. 즉 우리가 보통 '몸'이라 말할 때 가장 먼저 떠오르는 것이 정신과 육체라는 두 관념이죠. 하지만 이런 현대적인 방식의 개념 연상이 한자의 원시적 의미와는 무관한 것이라는 이야기일 뿐입니다. '身'이나 '己'란 한자를 고대 문헌에서 접했을 때 이런 방식으로 접근하는 것은 본래의

● 금장태는 이와 관련된 문제를 다음과 같이 명쾌하게 설명한다. "『대학』의 원문에는 '身有所忿懥……'(제 몸에 분하고 노여워하는 바가 있다면)라 하여, 몸에 분치忿懥·공구恐懼·호락好樂·우환憂患의 감정이 있다고 언급되어 있는데, 이에 대해 정이程頤가 '신身'자를 '심心'자로 고쳐야 한다고 주장했다. 그러나 다산은 이 절이 치심治心의 일을 말한 것이니, '신유신유身有'를 '심유심유心有'로 고치게 되면 『대학』에는 '수신修身'의 절이 없는 것이 되고 말 것이라면서, 이렇게 되면 '수신'에 대한 '보망전補亡傳'을 지어야만 『대학』을 온전하게 할 수 있을 것이라고 반론을 제기했다. 여기서 다산은 '원래 신身과 심心은 오묘하게 결합되어 둘로 나눌 수 없다. 그러므로 특별히 '身'자를 써서 신심합일身心合一의 쇠못을 삼았다. 이제 이 못을 뽑아내면 『대학』에는 수신이 없게 된다'라고 하면서…… 치심治心하는 것이 수신修身하는 것으로 통할 수 있음을 확인하는 것이다." [금장태, 『도와 덕—다산과 오규 소라이의 중용·대학 해석』(이끌리오, 2004), 250~1쪽]

의미 맥락을 훼손하기 쉽다는 점을 지적했던 것입니다.

전호근 거기에는 저도 전적으로 공감합니다. 김 선생의 이야기를 들으니 갑자기 다산茶山의 『대학』 해석이 생각나는군요. 일찍이 주희朱熹는 정이程頤의 견해를 받아들여 『대학』의 '신유소분치身有所忿懥'의 '身'을 '心'으로 바꾸었습니다. 이것을 두고서 다산 선생은 주희가 '身'과 '心'을 이원화시킴으로써 유학에서 말하는 수신修身의 절실한 의미를 훼손했다고 비판하고, 다시 '身'으로 복원해야 수신의 의미가 간곡하게 드러난다고 한 바 있습니다. 이렇게 본다면 잃어버린 몸을 복원하려는 시도는 다산이 먼저했다고 할 수 있지 않을까요? (웃음)

김남희 물질-정신의 이원론을 둘러싼 문제의식이 없었던 동양철학을 두고 물질-정신의 분열을 극복했다고 선전하는 것은 잘못이라는 데 전적으로 동의합니다. 그렇게 이야기하는 것은 환경문제를 전혀 생각하지 못했던 원시인들을 두고 환경친화적이었다고 얘기하거나 노자를 여성주의자라고 이야기하는 황당한 주장과 비슷하겠죠. 그렇지만 그런 역사적 사실을 중시하는 엄밀한 해석, 즉 항상 '원래 있는 그대로만' 해석한다면 재해석이 나올 수 있을까 하는 생각도 듭니다. 재해석 과정에서 방향을 완전히 곡해한 것은 문제지만 어슷비슷하게 가면서 당대의 주제를 연결시키는 것은 어떨지요.

한편 이야기한 내용 가운데에서 '몸을 드러내기 위한'이라는 표현이 좀 거슬리는군요. 이것은 몸을 개념화하기 위해 '기氣'를 끌어들였다고 하는 것 같은데 그렇게 되면 벌써 김 선생님이 부정하는 정신과 몸의 대결에 관한 문제의식을 전제하는 것이 아닐까요? 기는 실체나 대상을 설명하기 위한 개념이 아니라 운동과 작용, 변화를 설명하기 위한 개념이지요. 그렇다면 '몸을 드러내기 위한'이라는 표현은 적절하지 않은 게 아닐까요?

김시천 먼저 제 표현이 은유적이라는 것을 이해해주셨으면 합니다. 때로는 명석한 개념보다는 부드러운 은유가 더 유용할 때가 있다고 생각합니다. 여기서 제가 '몸을 드러내기 위한'이란 표현을 쓴 것은, 제1절에서 제가 쓴 '몸의 현상학'이란 용어와 연관지어서 이해해주셨으면 좋겠습니다. 서구의 현상학을 이야기할 때, 후설은 흐르는 '의식 그 자체로', 하이데거는 '존재 그 자체로'라고 말하듯이 '사태/사상 그 자체로'라는 표어를 내걸었던 것으로 알고 있습니다. 제가 '몸의 현상학'이라 표현했던 것은 이런 맥락에서 따온 것입니다.

간단하게 말하면, '보이는' 몸을 통해서 '보이지 않는' 몸을 밝히려는 접근 태도를 가리키는 것으로 쓰고자 했습니다. 달리 말해, 보이지 않는 몸인 '정精-기氣-신神'이 보이는 몸을 통해 '드러난다'는 것이지요. 여기서 현상이란 보이지 않는 몸이 이미 보이는 몸을 통해 드러나는 그 '접면'을 의미하는 것으로 사용하고자 했습니다. 이원론을 배제하려는 것이지요.

김남희 그렇군요. 하지만 그래도 역시 납득되지 않는 부분이 있습니다. 한편으로는 "보이는 몸이 울림과 떨림을 통해 순식간에 보이지 않는 몸을 드러낸다"고 말하고, 다른 한편으로는 "『순자』에서 보았듯이 '정' 또한 '자연自然'이고 보이지 않는 몸이다"라고 하는데, 그렇다면 '정'은 보이지 않는 몸입니까? 아니면 보이는 몸의 '떨림'입니까? 전체 논리의 흐름으로 보면 아마 '정'은 보이지 않는 몸을 드러내 보이는 매개일 텐데, 그렇다면 뒤의 표현은 잘못된 것 아닌가요? '정'은 그러니까 '몸짓'이네요. '몸짓'을 통해 보이지 않는 몸을 본다는 것이로군요.

이런 이야기는 뉴욕 주립대에서 불교 연구로 유명한 박성배 선생님의 이야기와 비슷한 것 같습니다. 박성배 선생님은 '몸'과 '몸짓'에 대해 고찰을 많이 하셨죠. 그분은 '몸'이 원래 눈으로는 보이지 않는 것이라고 생각하는 것 같던데, 그렇다면 그것은 체용론體用論이라고 봐야겠죠. 하지만 김 선생님은 체용론을 말하는 것 같지는 않은데, 그러면 박성배 선생님의 논의와 완전히 같은 것도 아니겠군요.

헌데 김 선생님의 논리에서 가장 큰 문제점은 "보이지 않는 몸이 있다"고 선언하고서는 "그것도 보인다"고 이야기한다는 점입니다. "꼴이 없지만 보인다"고 한다면 이것은 말이 되죠. 하지만 "보이지 않지만 보인다"는 것은 이상하지 않습니까?

<u>김시천</u> 물론 '정情' 그 자체는 보이지 않는 것이죠. 그것은 분명 본성의 차원에 속하는 것입니다. 하지만 희로애락의 차원으로 말하면 보이기도 하는 것이죠. 제가 『순자』를 끌어들인 것이 바로 이 때문입니다. 『순자』에서는 성性과 욕欲의 중간에 정情을 설정하고 있습니다. 또 우리가 지금 사용하는 표정表情이란 말을 생각해보면 쉽게 이해할 수 있지 않을까 합니다. 왜 우리가 안색을 표정이라 하는지…… 물론 '정情'과 표정은 약간은 다르죠. 적어도 정은 드러나기 이전의 그 무엇, 본성의 영역과 관계되기 때문입니다. 그래서 '자연'에 해당하는 것이죠.

그럼에도 그것은 희로애락과 같은 감정으로 드러나기도 합니다. 그래서 저는 정情이 지닌 이러한 개념적 특성을 보이는 것과 보이지 않는 것의 '접면'이라 말했던 것입니다. 인간의 표정을 말할 때, 희로애락이란 외적 조건과 관계 맺으면서 그 사람의 내면-내부-본성이 감응(떨림)하는 것이죠. 제 논의는 이런 맥락을 타고 있는 것입니다. 그래서 '정'은 보이기도 하고 보이지 않기도 하는 '접면'에 있다고 한 것입니다. 박성배 선생님이 그런 논의를 하고 계시다는 것은 몰랐습니다. 언제 기회가 되면 저도 읽어보고 싶네요.

제가 의도한 '보이는 것'과 '보이지 않는 것'이란 표현은 전통 개념인 유형有形과 무형無形을 염두에 둔 것입니다. 여기서 '형形'이란 단순히 모양이나 형태라는 제한된 의미에서가 아니라 시각은 물론 청각이나 촉각 등의 여러 가지 것들을 대표하는 은유로 사용하고자 했습니다. 구체적인 예를 들어보자면, 한의학에서 안색·표정·색깔·맥박과 같이 이미 '보이는 것'을 통해 몸에 흐르는 보이지 않는 기의 운동, 즉 정신, 보이지 않는 몸에 접근해가는 방법을 '몸의 현상학'이라 이름 지어보았던 것입니다.

물론 이때 '보이지 않는 몸'은 인식의 '대상'이 아니라 감응感應의 관계에 있는 것이지요. 이런 문제까지 구체적으로 다루지는 못했지만, 아무튼 저는 이런 논의 과정에서 성性이 아닌 정情의 담론을 재구성하는 것이 기氣와 관련된 본래의 의미 맥락에 더 쉽게 다가갈 수 있다고 본 것입니다.

<u>전호근</u> 다른 이야기를 해보지요. 김 선생님은 "문명과 자연이 불연속이라는 것은 착각이다." 또 "도가가 반대했던 것은 문명이 아니라 권력의 강제성이었다"라고 했는데, 저도 이에 절대적으로 찬성합니다. '문

'명文明'이란 말은 본래 『주역』에 '문명지덕文明之德'으로 나오는 개념이죠. 『주역』에서 문명은 태양을 상징하면서, 동시에 제왕의 덕을 의미합니다. 그런데 그것을 장자가 부정했다는 것은 말이 되지 않습니다. 그러려면 장자가 덕을 부정했다는 주장이 성립되어야 하는데, 덕의 개념을 달리 해석한다 하더라도 그것은 불가능한 얘기지요. 게다가 「변무駢拇」 같은 편의 논의를 보면 덕이 곧 자연의 덕이란 뜻으로 표현되고 있으니, 장자 내편은 물론이고 외편의 논의 또한 같은 맥락으로 봐야겠죠. '자연自然'에 대립된 개념은 문명이 아니라 『맹자』가 경계하고자 했던 '조장助長'이다라고 보면 맹자와 장자가 내연의 관계가 아닌가 싶네요. (웃음)

김남희 만약 제가 김 선생님의 주장에 대해, "문명에 대한 반동으로 일어난 자연의 향수에 기대어 장자의 자연 개념을 실체화하고 신비화해 유명하게 된 유소감劉笑敢과 달리 적어도 자연을 알기 쉽도록 설명해주고 반문명 또는 초문명의 자연이 갖는 신비적 이미지를 세속화했다"고 한다면 어떨까요? 그렇지 않은 것 같은 게 김 선생님은 자연이 문명에 대한 반동이 아니라고 하는 것 같기 때문입니다. 하지만 여전히 자연이 도대체 무엇이냐 하는 의문은 그대로 남습니다. 곧 몸이 아플 때 '자연스럽게' 신체의 저항력을 증진시켜 병을 극복하도록 하는 것은 '자연'이고, 상한 부위를 잘라내는 것은 '비자연'이라고 말할 수는 없다는 것입니다. 상한 부위를 잘라내야 사는 것도 '자연'이지요?

자연이 문명이 아니라 조장과 반대되는 개념이라는 것도 마찬가지입니다. 지금 이 주장에서 '문명'과 '조장'의 개념이 분명하지 않기 때문에 '자연'도 덩달아 모호해집니다. 도가적 맥락에서 '자연'은 어떤 맥락에서는 분명 문명과 반대되는 개념입니다. 전호근 선생님의 글자 풀이와 상관없이 적어도 '유가적 문명'에는 반대되는 개념이죠. 권력의 강제성은 '자연'과 반대되는 것 같지만, 거기에서 어떤 시대에 어떻게 구사되는 권력의 강제성인가 하는 점에 관한 역사적 맥락을 빼버리고 단순히 일반화해서 권력의 강제성은 '자연'과 반대된다고 하면 반대의 주장도 성립합니다.

또 '자연'이 곧 권력의 강제성의 기반이 될 수도 있다는 것은 김 선생님도 잘 알잖아요? 우리는 좀더 구체화된 맥락 속에서 논의해야 하지 않을까 생각합니다.

김시천 너무 아픈 곳을 찌르는 이야기네요. '자연'을 구체적으로 다루어야 한다는 말은 매우 적절한 이야기입니다. 워낙 다양하고 복잡한 논의가 개입되는 문제라서 쉽게 단정적으로 말하기가 어려운 것도 사실입니다. 이와 관련된 좀더 구체적인 것은 앞으로도 많은 논의와 토론이 있어야 할 것이라 생각합니다. '자연'을 구체화하여 논의한다는 것은 앞으로도 한참 더 많은 연구가 축적되어야 가능하지 않을까 싶습니다. 아직 우리는 전통 문헌에서 말하는 '자연'의 구체적인 맥락을 말하기에는 연구 성과가 턱없이 모자라지 않나 생각합니다.

또 다른 문제로 넘어가서, 자연이 권력의 강제성의 기반이 된다는 것은 특히 『노자』에서 두드러지는 것이죠. 『노자』의 자연은 제왕의 치술治術이거나 또는 그 근거인 경우가 대부분이니까요. 이 문제 또한 왕필王弼 식의 해석만 정통 해석으로 받아들이는 상황에서는 상당히 많은 설명이 필요한 것이죠. 『노자』가 통치술이나 처세를 핵심으로 하는 문헌이라는 생각이 자리 잡으려면, 『노자』 해석의 역사를 좀더 치밀하게 논의해야 충분히 이해될 것이라 봅니다. 적어도 그런 의미에서 왕필 식의 해석이 『노자』 본래의 의도와 일치한다는 생각은 바뀌어야 하겠지요.

선생님의 지적 가운데 '자연'이 권력의 강제성의 기반이 되기도 한다는 것은 시사하는 바가 많다고 봅니다. 헌데 거꾸로 생각해보면, 선생님께서 "권력의 강제성이 '자연'을 기반으로 한다"는 것 또한 문명이 자연스럽다는 것을 긍정하는 이야기가 아닐까요? 어떤 면에서 보면 문명의 발전이란 정치적 지배기술의 심도가 강화되는 것이기도 하니까요. 수많은 인간을 동원하지 않는 고대 문명은 있을 수 없잖아요?

김남희 김 선생님의 이야기 중에서 가장 눈에 띄는 것은 무엇보다 고대 중국철학의 핵심을 심성론心性論이 아니라 심정론心情論으로 보아야 한다는 주장입니다. 참신한 생각이라 여깁니다. 하긴 본래 마음이란 것이 정情이 반이고, 본성性이 반이니까 심정론이라고 못할 것도 없겠네요. 이렇게 본다면 인간 내면에 대한 논의에 중요한 변화가 올 수도 있겠네요. 왜냐? 심성론은 목적론이고, 심정론은 기계론이 되기가 쉽지 않을까요? 심성론은 인간(心)들에게 "사람들이여, 좀 요렇게 살아봅시다"라고 말하려는 것이고, 심정론은 "사람들이여, 우리가 요렇게 느끼는 건 요런 거다"라는 심리활동의 '자연적' 메커니즘에 대한 논의가 되기 쉽잖아요?

또 딴지를 걸고 싶은 게 있네요. 『관자管子』「내업內業」과 『순자』는 완전히 다릅니다. 「내업」이 "마음 흔들지 말고 가만히 놔두어라" 한다면, 『순자』는 "감정 없는 사람 없으니까 더더욱 좋은 감정을 가지려는 마음씀이 중요하다"라고 하려는 것 아닐까요? 감정으로 마음을 다치지 않게 하라는 게 「내업」이라면, 감정이 없이는 마음도 없다는 게 『순자』인데, 어떻게 「내업」과 『순자』가 비슷하다고 보는 것인가요? 좀 곤란하잖아요?

김시천 한마디 한마디가 정곡을 찔러오니 답변하기가 무척 힘이 드네요. 물론 선생님의 지적처럼 「내업」과 『순자』에서 마음에 대해 처리하는 태도는 정반대 방향으로 가지요. 하지만 저는 그러한 '목적론적' 방향을 타기 이전에 『순자』 또한 '정情'의 세계를 인간의 일차적 본질로 본다는 점에서 동일하다고 생각합니다.

우리는 흔히 철학사적 서술, 허구적 서술 방식에 너무 쉽게 동조하고 있는게 아닌가 하는 반성을 해볼 필요가 있습니다. 중국 고대의 철학사 하면 막연히 공자에서 맹자로, 다시 순자로 건너가는 과정을 연상하기가 쉽지요. 맹자의 성선설에 대해 순자의 성악설이 나왔다는 식의 도식적 이해는 선진 시대의 중국철학을 이해하는 데 오히려 걸림돌이 되기 쉽다고 봅니다. 중요한 것은 순자 자신이 대결하고자 했던 사상가가 누구인가를 생각해보아야 한다는 것이죠.

『순자』의 철학이란 요컨대 『맹자』에서 방향을 선회한 것이 아니라, 직하稷下에 포진해 있던 바로 앞 선배들, 나중에 황로학黃老學의 선구자라 불리는 사상가들의 정치적 술수화로의 방향에 제동을 걸려고 한 것이겠죠.

그리고 심정론이 기계론이 된다. ……물론 그런 점은 있습니다. 한의학은 그런 수동성에 지배되는 듯합니다. 하지만 그것은 우리가 '기술적'으로 접근할 때의 이야기죠. 적어도 어떤 치료 행위가 일반화되기 위해서는 최소한의 수동성은 인정되어야 할 테니까요. 만약 인간의 몸이 최소한의 법칙적 반응을 하는 것이 아니라 사회문제처럼 방향을 잡기 어려운 방식으로 반응한다면 어떤 의사도 병을 치료하기가 어렵겠지요. 꼭 그것을 서구적 의미에서의 법칙이라고 부르지는 않더라도 어떤 패턴이나 유사한 반복성을 보이지 않는다면 진단과 처방이 어렵지 않겠습니까?

다만 우리가 선진 고전 철학을 이해할 때 중요한 것은 서구적 방식의 전제들을 걷어내고 텍스트 자체의 논리에 충실하게 따라가야 한다는 것입니다. 여기서 제가 말하려는 것은 인식론 대신 감응론感應論을 말해야 한다는 것이죠. 저는 고대 중국철학적 사유의 핵심을 인식론보다 감응론이라 말해야 한다고 봅니다. 저는 바로 감응론이야말로 중국철학이 실천성을 확보하는 계기라고 봅니다.

김남희 앞으로 더 많은 이야기가 나오기를 기대합니다. 마지막으로 한마디한다면 공자가 '생각보다' 또는 '보기보다' 정情이 많은 인간이었다는 데에는 공감합니다. 공자가 죽기 전에 자공을 만나는 대목은 정말 눈물 없이는 볼 수 없는 비장한 정감을 불러일으키죠. 그렇더라도 물론 '생각보다' 그런 것이겠죠. 과연 공자의 철학을 '정'적으로 재구성할 수 있을까요?

김시천 그렇습니다. '생각보다' 그렇다는 것이지요. (웃음) 공자의 『논어』는 지금 우리 눈으로 보아도 지극히 합리적이라고 해야 적절하겠지요. 혈기왕성한 전사(士)를 합리적인 선비(士)로 바꾸어놓은 위대한 전환을 이룬 것은, 적어도 상징적으로나마 공자 아닌 다른 사람을 생각하기가 어려울 것 같습니다. 미비한 논의에 세심한 비판과 조언을 해주신 두 선생님께 감사드립니다. 아쉽지만 이것으로 이야기를 마칩니다. 감사합니다.

에필로그 : 기획대담

추상에서 구체로, 인식에서 감응으로

김시천 전통 동아시아에서 기를 둘러싼 담론은 갖가지 문화 영역에서 핵을 이루고 있었습니다. 그런데 19세기 서구와 조우한 뒤에 근대화 과정에서 기는 이성logos과 과학natural sciences의 주변부로 밀려나면서 서구적 개념들의 그림자로서만 정위定位되고 있는 것이 현실입니다. 즉 앙상한 철학적 개념의 뼈대만 남게 된 것이지요. 그래서 20세기 내내 기는 형이상학적 실체나 본체本體, 우주의 근원이라는 식의 논의가 중심을 차지해왔습니다. 어떻게든 동아시아의 전통 개념들을 서구의 철학적 개념에 필적하는 그 무엇으로 만들어보려는 것이 20세기 지식인들의 고뇌였던 것 같습니다. 그러다 보니 기의 풍부한 함의들이 왜소해진 게 아닌가 생각합니다.

'기학의 모험'이란 말은 생각하기에 따라 상당히 도발적으로 들릴 수 있을 것 같습니다. 도대체 기라는 말 자체도 아직 명확하게 규명되지 않았는데, '기학'을 운운한다는 것이 얼마나 설득력이 있겠느냐는 것입니다. 좀더 엄밀하게 말하면 '기학으로 가는 길'이라고 해야 더 적당하지 않을까 하는 생각도 해봅니다. 그럼에도 우리가 기학의 모험이라 한 것은 기학이란 말에 우리 나름의 역사적 체험과 철학적 기획의 의지가 담겨 있기 때문입니다. 기와 관련된 철학적·문화적 전통은 우리뿐 아니라 중국이나 일본에도 유구한 역사가 있지만 그것을 '기학'이라 부르는 것은 오직 우리의 독자적인 전통입니다.

그래서 기학이란 말은 단절된 우리의 전통적 사유를 잇는다는 것과 더불어 새로운 사유를 개척하려는 의지를 담기에 적당한 말이라 생각합니다.『기학의 모험 2』가 추구하려는 것은 이 두 가지 과제 가운데 앞의 것에 해당합니다. 동아시아 전통 문화의 갖가지 영역에서 중심을 차지해온 기의 주변을 살핌으로써, 본래의 기를 싸고 있던 살과 그 안에 흐르던 피를 되돌려 온전한 기의 몸뚱이를 찾아보자는 것이지요.『기학의 모험 1』이 "옛 것을 숙고함으로써 우리의 지각을 새롭게 한다(溫故而知新)"는 방향을 타고 있다면,『기학의 모험 2』는 전통 문화 속의 "일상적 체험을 궁구함으로써 좀더 원숙한 사유의 세계에 도달하려는(下學而上達)" 시도라고 말할 수 있을 것 같습니다.

이러한 작업을 위해서는 적어도 주변 정리는 있어야 할 것 같습니다. 어쨌든 기의 주변을 살피는 작업 또한 개념적 작업을 방기하는 것은 아닐 테니까요.

이정우 개념적으로 사유한다는 것은 인간의 고유한 특징입니다. 동물과 인간의 차이가 있다면, 동물은 행위와 행위 사이에 개념을 매개하지 않는다는 점입니다. 호랑이가 토끼를 잡는다거나 거미가 거미집을 짓는다고 할 때 거미는 그냥 집을 짓지 집이라는 개념을 매개하여 집을 짓지 않습니다. 그런데 인간이라는 존재는 참 묘하게도 자기의 행동과 행동 사이사이에 개념을 매개시킵니다. 전쟁을 하더라도 내가 왜 너를 공격하는가 하는 대의명분을 제기하죠. 이와 같이 개념적 사유란 인간의 특징인데, 가끔 그 개념의 의미가 부정적으로 작용할 때도 있습니다. 개념이란 것은 인간만이 가진 독특한 능력이지만 동시에 인간이 그 개념에 파묻혀 헤매는 경우도 있습니다. 그래서 이런 개념을 명확하게 사용하려는 것이 철학적 사유의 출발입니다.

개념에는 외연과 내포가 있는데 외연이라는 것은 그 말이 가리키는 것이죠. 내포라고 하는 것은 그 말이 갖고 있는 뉘앙스 또는 어떤 가치론적인 느낌 같은 것입니다. 내포는 다 달라요. 내포가 사람마다 다른 건 당연합니다. 외연은 고정되어 있는데 내포가 다른 것은 그리 큰 문제는 아닙니다. 하지만 외연 자체가 애초부터 다를 때에는 심각한 문제가 발생합니다. 예를 들어 사전을 뒤져보면 아주 기본적인 단어일수록 항목이 길어지는 것을 확인할 수 있습니다. 영어 사전은 어려운 단어는 딱 한두 마디 정도 풀이되는데 기본적인 단어일수록 수많은 항목으로 의미가 나열됩니다. 왜냐하면 기본적인 말일수록 연원이 오래되었기 때문이죠. 특정한 시대에 특정한 맥락에서 특정한 인물이 사용한 말은 의미가 명확합니다. 하지만 인류가 언어를 쓰기 시작하면서 지금까지 계속 내려온 그런 말의 의미는 매우 복잡합니다.

기가 바로 그런 말에 해당합니다. 기라는 말은 수천 년 동안 수많은 맥락 속에서 사용되어 왔습니다. 이 때문에 기라는 말은 복잡할 수밖에 없습니다. 더욱이 기가 지닌 문제점은 묘하게도 내포는 비슷한데 오히려 외연이 다르다는 점입니다. 동북아시아 문화 속에서 성장하고 살아온 사람에게 기라는 말이 주는 느낌은 크게 다르지 않을 겁니다. 그런데 문제는 기를 이론적으로 규정할 때에는 사람마다 기의 개념이 다 다르다는 점입니다. 이 점이 서양 문화와 다른 점입니다. 서양 문화에서는 의학에 사용되는 개념들과 문학과 미술에서 사용하는 개념들

_김시천 '기학의 모험'이란 말은 생각하기에 따라 상당히 도발적으로 들릴 수 있을 것 같습니다. 도대체 기라는 말 자체도 아직 명확하게 규정되지 않았는데 '기학'을 운운한다는 것이 얼마나 설득력이 있겠느냐는 것입니다. 좀더 엄밀하게 말하면 '기학으로 가는 길'이라 해야 더 적당하지 않을까 하는 생각도 해봅니다. 그럼에도 우리가 기학의 모험이라 한 것은 기학이란 말에 우리 나름의 역사적 체험과 철학적 기획의 의지가 담겨 있기 때문입니다.

은 거의 관련이 없습니다. 하지만 동아시아에서는 의학, 예술, 무술 등 이질적인 여러 영역들을 기가 모두 관통하고 있습니다. 그러다 보니 기 개념은 어려울 수밖에 없습니다.

김시천 그렇습니다. 기 개념의 진폭은 가늠하기가 어려울 정도로 많은 변화를 겪었습니다. 기의 전통적 의미가 주로 인간의 마음과 관련되었다면 요즘에는 물질과 관련되죠. 아마도 이것이 기의 개념적 변화 가운데 가장 커다란 진폭을 드러내는 것 같습니다. 물론 전통 사상가들 사이에서도 기 개념의 진폭은 매우 넓지요. 그러다 보니 기의 개념을 명확하게 규정하기가 어려워진 것 같습니다.

이정우 기의 개념을 둘러싼 논의가 분분한 것은 아마도 기에 어떠한 의미를 부여하느냐, 즉 어느 정도까지 그 외연을 인정하느냐와 관련됩니다. 구체적인 예를 들어보면 어떤 사람은 인간의 도덕성, 동물에게는 없는 도덕성은 기에 들어가지 않는다고 봅니다. 그럴 경우 기는 도덕성과 관련된 담론에서는 제외되고, 도덕성을 위해서는 다른 말이 필요하다고 보는 입장이죠. 이와 달리 어떤 사람은 인간의 감정이나 도덕성까지 다 기에 포함이 된다고 봅니다.

그래서 전통철학 문헌을 읽다보면 허탈할 때가 많아요. 왜냐하면 정말 치열하게 논쟁을 했는데 한참 있다 보면 결국 그 말에 대한 규정이 다른 겁니다. 이 때문에 다산이 그런 말을 하기도 했죠. "이기론理氣論 논쟁은 마치 고무줄 같아서, 당기면 길어지고 놓으면 짧아진다"라고. 기라는 말의 외연을 어디까지로 보느냐에 따라 달라지는 거죠. 그러니까 어떤 내용을 가지고 싸우는 것 같지만 유심히 보면 그게 아니고 서로 말을 달리 규정하기 때문에 논쟁하는 거예요. 이 때문에 대단히 혼란스럽죠.

기라는 개념에는 양면성이 있어요. 그 한 가지는 기라는 개념에 회화, 의술, 무술 나아가 요리와 같은 것에까지 인간 문화의 모든 것을 다 관통하고 있다는 측면입니다. 이와 달리 서양 문화는 그게 전부 분화되어 있어요. 의학자들이 쓰는 범주, 예술가들이 쓰는 범주, 체육이 쓰는 범주는 완전히 다릅니다. 이렇게 보면 기라는 개념은 인간의 모든 문화를 포괄적으로 이해할 수 있는 그런 역동적인 잠재력을 지닌 동시에, 대단히 복잡하게 얽힌 개념적 난해성을 함께 가지고 있다고 봐야 합니다.

또 다른 한 가지는 기가 보편적이라는 측면입니다. 그런데 기의 보편성은 서구적 보편성과는 다릅니다. 서구 철학에서 보편적인 것은 항상 추상적입니다. 예를 들어 여기 사람이 있으면 인간으로 추상되고, 인간과 다른 동물들은 동물로 추상되고, 동물과 식물들은 생물로 추상되는 식입니다. 보편자일수록 추상적이에요. 그런데 기란 개념은 아주 묘합니다. 기는 가장 보편적인 개념이면서도 감각적이고 구체적인 개념이에요. 그렇지 않습니까? 몸을 움직일 때 기를 느끼고, 음식을 먹을 때 기를 느끼고, 의사가 맥진할 때 기를 느끼죠. 이것은 아주 본질적인 차이예요. 서구에서는 보편적일수록 추상적입니다. 그런데 기 개념은 보편적인 동시에 구체적이에요. 이것은 대단히 놀라운 점입니다. 저는 이게 대단히 중요한 실마리를 품고 있다고 봅니다.

김시천 좀더 구체적으로 말씀해주시겠습니까?

이정우 보편적이면서 구체적이라는 기의 특징은 우리가 앞으로 어떤 식으로 기의 문제를 다루어야 하는가와 중요한 관계가 있습니다. 첫째는, 같은 기의 개념을 사용하지만 영역에 따라 시대에 따라 개념이 달라요. 『황제내경黃帝內經』의 기 개념, 『주역周易』의 기 개념, 성리학의 기 개념, 또 성리학 내부에서조차 이기이원론理氣二元論의 '기'와 기일원론氣一元論의 '기'가 다 다릅니다. 시대적으로 공간적으로 또 예술, 무술, 의술 등 영역에 따라 기가 다 다르죠. 그런 기의 개념들을 각자 명료화할 필요가 있어요. 따라서 처음부터 기란 이런 거다라고 규정하기보다는 한의학적 기를 명료하게 하고 서예의 기를 명료화하고 우주적 기를 명료히 해야 합니다.

  그 다음에 그런 개념들이 서로 소통하는 과정에서 기란 무엇인가에 대한 보다 넓은 틀이 잡힐 수 있습니다. 그리고 기에 대한 이런 물음을 서양 의학이나 철학으로 번역하는 문제는 신중해야 합니다. 왜냐하면 개념이라고 하는 것은 다 연계성을 가지고 있기 때문입니다. 기를 얘기하다 보면 도道 얘기가 나오고, 도 얘기하다보면 성性, 정情, 신神 얘기가 나오듯이 다 이어집니다. 그러니까 어떤 개념이 홀로 있는 게 아니라 그물처럼 얽힌 시스템을 갖고 있습니다. 이런 하나의 시스템을 다른 하나의 시스템으로 옮긴다는 것은 무척 어려운 일입니다.

  전혀 다른 시스템을 가지고 있는 한의학 체계가 완전히 다른 개념 체계인 서구 의학으로 번역이 되어야 의미가 있다는 것은 근본적으로 난센스입니다. 그렇다고 해서 양자를 비교하지 말아야 한다는 것은 물론 아닙니다. 오히려 적극적으로 비교할 필요는 있습니다. 그러나 어느 하나를 다른 하나로 환원시킨다는 발상은 대단히 위험합니다. 이것은 서구의 과학 자체 내에서도 마찬가지입니다. 그런 점에서 화이트헤드 같은 사람은 환원주의의 문제점을 잘 지적해주었죠. 하물며 역사와 맥락이 다른 두 개의 체계를 서로 다른 것으로 환원시키려는 것은 학문적 논리라기보다는 힘의 논리라고 봐야 합니다.

무엇보다 중요한 것은 기 개념을 영역별로 다듬어야 한다는 것입니다. 그리고 그런 영역별로 다듬어진 기 개념을 서로 소통함으로써 기 일반에 대한 개념을 조금씩 만들어갈 수 있지 않겠느냐, 이런 생각을 하고 있습니다. 우리가 지금 시도하는 '기학의 모험' 시리즈는 이런 맥락에서 의미가 크다고 생각합니다.

<u>김시천</u>   체계가 전혀 상이한 언어들을 어느 하나로 환원하는 것은 난센스라는 말에는 전적으로 공감합니다. 사실 그동안 동양 철학 분야의 연구는 일면적으로 보면 그런 오류에 둔감했던 것이 사실입니다. 저는 이제는 보편성이란 개념에 대해서도 새롭게 고려해야 하지 않을까 생각합니다. 추상적인 개념들일 경우에는 서구 철학적 개념으로 동아시아 철학 용어를 설명해도 소통이 잘 됩니다. 특히 모종의 질서를 표현하는 용어들끼리는 서구의 것이든 동아시아의 것이든 소통이 서로 잘 됩니다.

하지만 구체적으로 자신들이 마주하고 있는 현실을 설명하는 언어는 이와 다릅니다. 『노자』에 나오는 유명한 문장인 "有生於無(유생어무)"라는 구절을 예로 생각해보면 쉽게 이해가 됩니다. 우리는 흔히 이 구절을 "有는 無에서 생겨난다"라고 풀이하죠. 물론 문법적으로 타당

한 번역입니다. 헌데 이때의 '無'를 어떻게 이해하느냐에 따라 이 문장의 의미는 전혀 달라집니다. 어떤 이들은 이 문장의 내용을 "비존재 Non-being로부터 존재Being가 생성한다"는 의미로 이해했습니다. 그리고는 이것을 기독교에서 말하는 무로부터의 창조(creatio nihilo)와 같은 의미라고 생각하기도 했습니다.

이와 같은 이해 방식은 동아시아와 서구 종교가 화해하는 데 중요한 디딤돌이 된 것도 사실입니다. 하지만 이런 해석은 무 개념 자체의 구체성을 무시한 이해 방식입니다. 『노자』에 나오는 이 구절은 전통 동아시아인들에게는 아주 단순한 의미였습니다. 땅 속에 잠겨 있던 뿌리(無)에서 싹(有)이 돋아 자라나는(生) 것이나 하얀 종이 위에 붓끝이 지나가면서 시원한 바람이 불어올 듯한 산수山水가 그려지는 것, 이런 것들이 "有生於無"의 의미였지요. 이렇게 너무나 상식적인 것이어서 전통 지식인들은 굳이 설명할 필요가 없었던 것입니다.

'무'의 개념을 비존재, 형이상학적 실체와 같이 추상적인 범주로 해석하게 된 가장 큰 이유는 나름의 체계를 갖는 전통 학문이 근대 서구적 학문체계로 바뀌면서 이루어진 것입니다. 그래서 『사기史記』는 역사학자들이, 『노자』와 『장자』는 철학자들이, 『시경』은 문학자들이 다루어야 당연한 것으로 생각합니다. 달리 말하면 근대적인 개념을 가지고 전통적인 것에 덮어씌운 점이 있다는 겁니다. 물론 이에 대해서는 더욱 많은 논의가 필요합니다.

기와 관련된 논의에도 이 같은 문제가 개입됩니다. 본래 전통적 학문체계 속에서 일정한 질서를 유지해온 텍스트들을 철학, 과학, 문학, 역사로 나누어놓은 것이죠. 즉 근대적 학문을 하게 되면서 서구적 기준을 가져다가 환원해온 것입니다. 이 때문에 전통철학의 기초 개념들을 논의할 때 갖가지 혼란이 생긴 것입니다. 고전 문헌에서 '氣'라는 글자가

_이정우

기의 세계에서는 삶, 느낌, 흐름, 사건이 먼저 있는 것입니다. 이와 같은 것들이 먼저 있고 그것을 이해하려 할 때 언어를 사용하는 것이죠. 달리 말하면, 기는 우선 존재론적으로 이해되어야 합니다. 더 정확히 말해 그 존재를 감지感知해야 합니다. 또는 스피노자의 용어를 빌면 감응感應이 중요하다고 할 수 있겠습니다. 감응이 먼저 있고 그것이 언어화, 체계화되는 것이지 감응이 빠진 상태에서 연역적으로 규정하는 것은 잘못입니다.

나오면 이것을 아리스토텔레스의 실체와 비교하고, '道'라는 글자가 나오면 파르메니데스의 존재나 그리스 철학의 'logos'와 비교해왔지, 그것들을 그 자체의 맥락에서 보려고 하지 않았다는 것입니다.

이렇게 보면 우리가 과거의 언어로 돌아가서 그 주변의 맥락에서 이해하려는 노력이 전통적인 개념들을 이해하는 가장 효과적인 수단이 될 수 있지 않을까 합니다. 가장 전근대적인 방식이 오히려 가장 현대적일 수 있지 않느냐는 생각을 다시 하게 하는 것 같습니다. 이는 달리 말하자면 전통적 개념들이 동아시아 문화 속에서 어떤 의미와 궤적을 그리며 운동해왔는가를 살펴봐야 한다는 것입니다.

이정우 기의 개념이 복잡하다는 것을 꼭 부정적으로 볼 필요는 없다고 생각합니다. 복잡한 것을 부정적인 것으로 생각하는 것은 편견일 수 있습니다. 저는 기 개념이 복잡한 것에 대해서도 이제는 철학적으로 근거지울 필요가 있다고 봅니다. 저는 인간의 사유가 공간과 힘이라는 두 가지 축을 둘러싸고 있다고 봅니다. 물론 이것은 사람마다 다르게 정리할 수 있고, 이것이 유일한 관점이라 보지는 않습니다. 다만 이것이 하나의 중요한 관점이라 할 수 있습니다. 저는 인간 사유에 공간과 힘이라는 두 가지 본질적인 축이 있다고 봐요.

그런데 명료하다는 것은 힘을 빼고 공간만 이야기할 때 성립합니다. 예를 들어 이 방에 스무 명이 있다고 합시다. 명료하잖아요. 따질 것이 없습니다. 스무 명이라는 게 명료한 것은 우리가 가지고 있는 느낌이나 정서 같은 것을 뺐기 때문에 명료한 것입니다. 과학적 사고라는 것은 사물들에게서 복잡한 요소들을 빼고 그 사물들을 공간 속에 배열하고 기하학적으로 표현하고 양적으로 측정할 때 가장 명료합니다. 과학이 엄청난 위력을 발휘하는 이유가 바로 그러한 명료성 때문입니다. 그런데 우리가 사는 삶은 그렇게 명료하지가 않습니다. 기의 개념도 마찬가지입니다.

그러나 또 다른 사유의 기본 축인 힘은 운동하는 것입니다. 힘이란 변화하고 운동하는 미묘한 것입니다. 그런데 그런 걸 다 빼고, 정확한 공간 속에, 질서의 틀 속에 사물들을 배열할 때 명료하게 되죠. 서양 전통철학이 대체로 이런 식입니다. 사물들을 분간하고 분석하는 것, 즉 공간에서 나누는 분석적 사고, 공간적 사고가 절대적인 방식이라 보았습니다. 그러나 서구의 현대철학이나 동아시아 철학은 이와 다릅니다. 분석적·공간적 사고는 사물을 바라보는 하나의 관점은 될 수 있어도 절대적 관점은 아니라고 보는 것이 현대철학의 입장입니다.

현대철학은 공간보다 힘을 중시합니다. 힘, 힘의 운동과 생성, 힘을 가하고 받는 것 이런 걸 중시합니다. 기라고 하는 것은 기본적으로 사물을 공간 속에 집어넣고 분석하는 게 아닙니다. 그것은 힘과 관련됩니다. 기가 여러 분야에서 사용되는 것도 이와 관련이 있습니다. 무술, 의학, 자연 세계 등 모두가 다 힘의 세계입니다. 기의 흐름, 힘을 느끼는 것입니다. 서예나 회화 같은 예술의 영역도 마찬가지입니다. 그래서 중국 속담에 붓끝은 칼끝을 닮는다는 말도 있습니다. 이 때문에 기는 모호한 듯 설명되지만, 그건 모호한 게 아닙니다. 힘이라고 하는 게 인간 존재의 가장 근원적인 요소이기 때문에 그런 것입니다. 모호한 것하고는 다른 문제입니다. 적어도 나는 그렇게 정리합니다.

김시천 재미있는 지적입니다. 저 또한 비슷하게 생각하고 있는데, 조금 다른 방식으로 이야기해볼까 합니다. 동아시아 전통철학 용어 가운데에는 기와 대등한 중요성을 가진 것들이 수없이 많습니다. 가까운 예로 조선조 내내 떠들썩했던 理를 생각해볼 수 있습니다. 그런데 재미있는 것은 理 개념을 문화 현상과 연결시키면 어색하다는 겁니다. 氣의 문화하면 자연스럽게 예술, 종교, 음악과 같은 다양한 문화 현상이 연결되지만 理의 문화하면 윤리와 규범 이외에는 따로 떠오르는 것이 거의 없습니다. 오히려 禮 문화라고 말하는 편이 더 낫죠. 그래서인지 理의 문화라고 말하게 되면 왠지 딱딱해 보이고 좀 답답한 느낌이 듭니다.

조금 부드럽게 이야기하기 위해 곁가지 이야기부터 해보겠습니다. 동아시아 문화에서 理를 다루는 것은 책밖에 없어요. 理를 다룬다는 것은 동아시아나 서구 사회나 기본적으로 이념적입니다. 즉 이념의 산물이라는 것이죠. 물론 理라는 개념 자체가 중국 고대철학부터 그랬다는 것을 말하는 것은 아닙니다. 하지만 우리가 현재 일반적으로 이해하는 理와 氣를 말할 때, 理를 이성적인 사유의 산물, 추상적인 요소로 이해하는 것이 쉽다는 것이죠. 하지만 氣의 경우는 이와 다릅니다.

방금 선생님께서 지적하신 것과 비슷하게, 기의 가장 근원적 특성은 늘 인간의 몸을 매개로 한다는 점입니다. 이것은 기 개념의 초창기부터 지금까지 그대로 유지되는 성격입니다. 즉 인간의 몸과 외부 사물 또는 몸과 자기 자신의 내부 구조—물론 여기에는 생리적·심리적 차원 모두가 관계된다는 의미에서—와의 관계가 주어지지 않으면, 다시 말해 몸을 매개로 하지 않으면 기와 관련된 언어를 실질적으로 이해하기가 어렵습니다. '차갑다'는 말은 어떤 사물의 차가운 기운을 내 몸이 '느꼈다'는 차원에서 말하는 것입니다. 기론적 세계에서는 '차갑다'는 것은 객관적인 것과 무관합니다.

예를 들어 영상 5도 이하의 물건은 '모두' 차갑다고 말할 수 없지요. 막 한증탕에서 나온 사람에게는 추운 겨울 날씨조차 시원하게 느껴집니다. 하지만 갓 아이를 분만한 여성이나 감기에 걸린 사람은 영상 25도에서도 추위를 느낍니다. 즉 기의 개념들의 대다수는 내 몸의 상태—기의 흐름—와 외부 사물의 상태의 관계 속에서 성립됩니다. 여기에 주관이나 객관이란 용어를 적용하여 판단하는 것은 타당하지 않습니다. 오히려 객관적 관념은 별 도움이 안 됩니다. 기라는 개념은 애초부터 우리 몸의 감응 관계에서 비롯된 개념입니다. 인식론이 아니라 감응론感應論인 것이죠. 쉽게 말하면 기가 표상하는 세계는 느낌의 세계입니다.

하지만 이와 달리 理를 중심으로 하는 사유는 이념적이고 추상적인 면이 강합니다. 구체성을 이야기하더라도 그것은 역사적인 구체성이지요. 그래서인지 理 중심의 사유를 했던 사람들의 언어는 딱딱한 편입니다. 그러나 기론자들은 문학적입니다. 『노자』, 『장자』, 『회남자』 등 기론적 사유를 견인해온 많은 텍스트들은 상대적으로 은유적이고, 문학적입니다. 理를 추구하는 텍스트들에 비해서 기를 추구하는 텍스트들이 훨씬 더 문학적이고 부드럽고 은유적이란 말이죠.

선생님께서는 공간과 힘이라는 두 가지 기본축으로 말씀하셨는데, 저는 이것을 몸의 사유와 머리의 사유로 구분해보고 싶습니다. 기의 문화 현상이란 것은 결국 음악이든 서예든 한의학이든 모두가 다 인간의 몸의 표현이거나 몸을 매개로 해서 일어나는 것이란 말이죠. 즉 이성의 세계가 아닌 몸의 세계, 몸과의 관련 속에서 일어나는 현상이기 때문에 명료성이 덜한 게 아닌가 합니다. 그런데 더 재미있는 것은 몸으로 빚어지는 세계는 꼭 명료하지 않아도 된다는 것입니다. 적어도 우리가 학문적 차원에서 말하는 명료성이란 언어적 명료성이죠. 하지만 달리 생각해보면 언어는 우리의 체험이나 경험을 '명료하게' 표현하지는 못합니다. 적어도 기를 말할 때에는 명료함이 아닌 생생함을 추구하는 것이 더 적절하다고 생각합니다.

이정우   공간적 사유가 언어적 명료성에 대한 것이란 이야기는 충분히 공감이 갑니다. 여기서 우리는 언어가 무엇인가를 생각해봐야 합니다. 언어는 항상 동일성을 전제로 합니다. 예를 들어 저는 '이정우'이죠. 그런데 제가 매일 변한다, 즉 매일 딴 사람이 되고 그 다음에 딴 사람이 되고 한다면 '이정우'라는 말 하나만 갖고는 안 되겠죠. 여러 개가 되어야 할 것입니다. 모든 언어는 언어가 가리키는 것에 대해 정확한 동일성을 전제로 합니다. 그런데 기는 유동적인 것입니다. 흐르고 변화하고 또 다양한 모습으로 표현되는 걸로 우리가 이해하잖아요. 그렇기 때문에 기에 대해서 언어로 명확히 얘기하라는 요구는 기의 본성에 어긋나는 것입니다.

  그러면 기를 포기해야 되느냐, 그건 물론 아닙니다. 왜냐하면 언어라는 것 그리고 공간적 사유는 기 자체를 잡을 수는 없지만 기의 흔적은 잡을 수가 있습니다. 한의학 책을 보면 침 놓는 자리를 이야기하죠. 이런저런 경락을 말하고 또 혈 자리를 말합니다. 하지만 여기에는 힘이 없습니다. 기 또한 없습니다. 기를 느끼는 것은 한의사가 그 사람의 몸을 잡고 있을 때 느끼는 겁니다. 인간의 분석적 사유나 언어는 공간적 흔적을 다루는 것입니다. 물론 이러한 흔적들도 중요합니다. 하지만 공간적 분석이나 언어적 규정보다는 기의 흐름, 변화, 운동이 일차적입니다. 기를 표현하기 위해 중요한 것은 체험의 두께입니다. 기의 체험이 부족한 상태에서 자꾸만 말로 기를 규정하려 하니까 애매모호해지는 것이죠.

하지만 예술의 경우는 다릅니다. 서예나 회화에서 기는 말로 하는 것이 아닙니다. 스스로 먼저 붓으로 그리거나 써보고, 그 느낌이 있은 뒤에 이 느낌이 뭐구나 하면서 말이 나오는 것이죠. 말이나 개념이라고 하는 것은 행위의 흔적이고 공간은 시간의 흔적이고 분석은 힘의 흔적이에요. 즉 기의 개념적 명료성을 추구하는 것은 타당치 않은 지적 요구를 하는 것이고, 더 강하게 말하면 주객이 전도된 것입니다. 기를 언어로 규정하면 문제가 해결된다고 보는 것은 난센스입니다. 간단한 예로 기의 개념을 잘 규정한다 해서 한의사가 갑자기 치료를 잘하는 것은 아닌 것과 같습니다.

기의 세계에서는 삶, 느낌, 흐름, 사건이 먼저 있는 것입니다. 이와 같은 것들이 먼저 있고 그것을 이해하려 할 때 언어를 사용하는 것이죠. 달리 말하면, 기는 우선 존재론적으로 이해되어야 합니다. 더 정확히 말해 그 존재를 감지感知해야 합니다. 또는 스피노자의 용어를 빌면 감응感應이 중요하다고 할 수 있겠습니다. 감응이 먼저 있고 그것이 언어화, 체계화되는 것이지 감응이 빠진 상태에서 연역적으로 규정하는 것은 잘못입니다.

김시천 스피노자에게도 감응이란 말이 있었군요.

이정우 그렇습니다. 원어는 'affectus'인데 '감정', '정동情動', '변용

變容' 등으로 번역되기도 합니다.

아까 김시천 선생이 말했듯이, 氣의 문화는 어울리는데 理의 문화 하면 왜 어색한가 하는 이야기는 사실 당연한 지적 같습니다. 문화란 '노는' 것입니다. 문화란 별 게 아니라 노는 겁니다. 축구하며 놀고, 영화 보며 놀고, 술 마시며 놀고 그런 것입니다. 여기서 '논다'는 말은 운동하는 것입니다. 이와 달리 理는 법칙성입니다. 당연히 문화와 어울리지 않는 것이지요. 理가 법칙성이라면 氣는 흐름이고 운동이고 사건입니다. 물론 법칙성이 무의미한 건 아닙니다. 예컨대 야구를 하더라도 법칙(룰)이 있잖아요. 하지만 운동이 먼저 있고, 즉 그런 기의 감응과 사건과 운동과 흐름이 먼저 있고 거기에 어느 정도의 룰이 주어지는 것이죠.

철학적인 차원에서 기는 차이입니다. 좀더 정확하게는 차이의 생성이라 말할 수 있습니다. 내가 무술을 한다, 의료를 한다, 음악을 한다 등 이 모든 것은 차이가 생성되는 것입니다. 언어와 분석은 동일성이에요. 그런데 우리는 차이의 생성보다 법칙성을 자꾸 우위에 놓으려는 습관이 있습니다. 이러한 사고방식은 바뀌어야 합니다. 예컨대 저 음악은 감미롭다고 할 때 그 감미롭다는 게 사람마다 들어보면 다 다르죠. 같을 수가 없는 것입니다. 그런데도 우리는 그냥 한마디로 감미롭다고 합니다. 이것이 언어의 빈약함입니다. 언어라는 것은 동일성을 잡아내는 것입니다. 그런데 잡아내기 이전에 흐름이 먼저 있는 것이죠.

요컨대 기와 함께 사는 것이 중요합니다. 기를 느끼면서 생활하는 것이 중요하죠. 그러나 기를 개념화하는 것 역시 중요합니다. 그것은 첫째 자신이 무엇인가를 하면서 그것이 무엇인지도 모른다는 것은 이성적 존재로서의 인간에게는 아쉬운 것이기 때문이고, 둘째 기와 함께 어떻게 살 것인가, 어떤 방향으로 살 것인가를 논하려면 기에 대한 학문적 이해가 동반되어야 하기 때문이죠. 그래서 우리가 기의 느낌, 기와의 삶을 강조한 것이 결코 단순한 반지성주의反知性主義로 받아들여져서는 안 됩니다. 내가 강조하는 것은 사유를 부정하는 것이 아니라 새로운 사유를 찾는 것입니다. 수영을 하기 전에 수영을 정의하려는 사유가 아니라 물 속에 뛰어들어 수영을 하면서 수영을 개념화하는 사유인 것이죠. 기를 논할 때는 특히 이런 태도가 필요합니다.

그런 의미에서 『기학의 모험 2』는 전통 문화라는 넓은 바다에서 氣라는 개념, 사유를 건져올리려는 해녀의 잠수와 비슷하지 않을까 생각합니다. '기학의 모험'은 우리 모두의 모험이고, 또 앞으로 더 많은 잠수부가 나와야 될 것입니다.